湖北省高校人文社会科学重点研究基地
武汉轻工大学食品安全研究中心资助出版

湖北省教育厅科学技术研究计划重点项目
"数字经济下生鲜社区团购供应链体系重构研究"
（项目编号：D20221614）成果

数字经济下生鲜食品电子商务研究

汪普庆　喻梦倩　著

WUHAN UNIVERSITY PRESS
武汉大学出版社

图书在版编目(CIP)数据

数字经济下生鲜食品电子商务研究/汪普庆,喻梦倩著.—武汉:武汉大学出版社,2024.6
ISBN 978-7-307-24290-6

Ⅰ.数…　Ⅱ.①汪…　②喻…　Ⅲ.食品—电子商务　Ⅳ.F713.36

中国国家版本馆 CIP 数据核字(2024)第 038813 号

责任编辑:沈继侠　　　责任校对:汪欣怡　　　版式设计:马　佳

出版发行:**武汉大学出版社**　(430072　武昌　珞珈山)
　　　　　(电子邮箱:cbs22@ whu.edu.cn　网址:www.wdp.com.cn)
印刷:武汉邮科印务有限公司
开本:720×1000　1/16　印张:16.75　字数:272 千字　插页:2
版次:2024 年 6 月第 1 版　　2024 年 6 月第 1 次印刷
ISBN 978-7-307-24290-6　　定价:68.00 元

汪普庆，男，湖北洪湖人，2009年毕业于华中农业大学，获管理学博士，现任武汉轻工大学管理学院教授，硕士生导师，工商管理一级硕士学位授权点负责人，食品安全研究中心食品安全政策研究所所长（湖北省高校人文社会科学重点研究基地），主要研究方向为：食品安全与供应链管理，中非农业技术合作，农产品电子商务。近年来出版学术专著5部，曾在《农业经济问题》《农业技术经济》等权威、核心期刊和国际学术期刊上发表学术论文30余篇，其中EI检索3篇；主持参与国家级和省部级课题20余项，其中，主持国家自然科学基金项目1项，教育部人文社科项目1项，农业农村部项目1项，湖北省社科基金项目1项，湖北省教育厅项目3项；先后赴爱尔兰、澳大利亚和美国访学；曾担任潜江市科技局副局长（挂职）。近年来担任中国技术经济学会高级会员、"科创中国""一带一路"国际水稻技术培训与推广中心骨干成员、湖北省工业经济学会理事和湖北省创业研究会会员等社会兼职。

喻梦倩，女，湖北武汉人，武汉轻工大学管理学院在读企业管理硕士研究生，主要研究方向为生鲜农产品电子商务，曾参与2022年度阿里活水计划开放研究项目"我国互联网内容电商成长路径与监管趋势研判"。

前　言

　　当今，数字经济发展速度之快、辐射范围之广、影响程度之深前所未有，正在推动人们的生产方式、生活方式和治理方式的深刻变革。2022 年我国数字经济规模达 50.2 万亿元，总量稳居世界第二，同比名义增长 10.3%，占国内生产总值比重提升至 41.5%。电子商务作为数字经济的重要组成部分，是提升人民生活品质的重要方式，推进治理数字化的重要引擎，推动国民经济和社会发展的重要力量。2022 年，我国网络零售继续保持增长，成为推动消费扩容的重要力量；全年网上零售额达 13.79 万亿元，同比增长 4.0%。2022 年我国农产品网络零售增势较好，全国农产品网络零售额 5313.8 亿元，同比增长 9.2%，增速较 2021年提升 6.4 个百分点。

　　自 2015 年来，党中央、国务院和相关部委已出台几十个关于农产品电商(农村电商、生鲜电商)的相关政策。2016 年中央一号文件首次直接将农村电商作为一个条目单独陈列出来，提出促进农村电子商务加快发展，形成线上线下融合、农产品进城与农资和消费品下乡双向流通格局；鼓励大型电商平台企业开展农村电商服务，支持地方和行业健全农村电商服务体系；建立健全适应农村电商发展的农产品质量分级、采后处理、包装配送等标准体系。2022 年中央一号文件提出"数商兴农""快递进村""互联网+"农产品出村进城三大强基固本工程。2023年中央一号文件提出深入实施"数商兴农"和"互联网+"农产品出村进城工程，鼓励发展农产品电商直采、定制生产等模式，建设农副产品直播电商基地；提升净菜、中央厨房等产业标准化和规范化水平；培育发展预制菜产业；加快完善县乡村电子商务和快递物流配送体系，建设县域集采集配中心，推动农村客货邮融合发展，大力发展共同配送、即时零售等新模式，推动冷链物流服务网络向乡村下沉。

近十年来,在有关推进生鲜电商(农村电商、农产品电商)发展的相关政策和措施的指引下,我国生鲜电商星火燎原,突飞猛进,在助力脱贫攻坚、乡村振兴和"三农"发展中作用显著。具体而言,发展生鲜电商有利于拓宽农产品销售渠道;有利于打破信息不对称,加速农业信息流通,加快农业信息化进程;有利于破解高物流成本,促进农产品流通,发展现代物流;有利于促进农业产业结构调整,提高农业国际竞争力;有利于扩大就业人数,促进农民增收。

然而,面对新的机遇和挑战,如何抓住数字化机遇,用数字赋能生鲜电商,助推生鲜电商高质量发展,值得进一步探索。本书围绕这一主题开展研究,其主要内容如下:第一章绪论,阐述研究背景与意义,对相关研究进行梳理和评述,介绍研究内容与方法等。第二章为相关概念及内涵,阐述生鲜食品、生鲜电商、数字经济和数字农业等相关概念及其内涵。第三章为生鲜电商发展现状,从生鲜电商的发展现状、生鲜电商的发展历程和生鲜电商发展中存在的问题等方面进行介绍和分析。第四章为生鲜电商主要模式及分析,分别从前置仓、店仓一体化和社区团购三种主要模式切入,对生鲜电商的运行机制进行分析。第五章为案例分析,分别以武汉市"盒马村"和武汉"盒马鲜生"及其供应链为案例,分析数字经济下生鲜电商的运作流程、管理模式及其存在的问题。第六章为社区团购供应链效率分析及其优化,基于对湖北省武汉市、天津市和四川省成都市等地农贸市场、连锁超市和社区团购三种模式的供应链的实地调研,通过深入分析比较不同模式供应链的效率。第七章为内容电商,介绍内容电商的内涵、分类、发展过程及其趋势。第八章为生鲜电商与预制菜,分别从预制菜内涵、预制菜产业发展现状、预制菜与生鲜电商之间的关系等方面进行分析。第九章为社交电商平台属性对品牌忠诚的影响研究,运用定量方法分析社交电商平台属性对品牌忠诚的影响。第十章为总结。

目　　录

第1章 绪 论

1.1 研究背景

1.1.1 数字经济兴起

数字经济是指以数字技术和互联网为基础，通过数字化、网络化和智能化的方式进行生产、交流和消费的经济形态。随着互联网、通信和大数据等技术的迅猛发展，中国已进入数字经济时代。2022 年 10 月，中国共产党第二十次全国代表大会胜利召开。党的二十大报告指出，加快发展数字经济，促进数字经济和实体经济深度融合，打造具有国际竞争力的数字产业集群。根据第 51 次《中国互联网络发展状况统计报告》，2022 年，我国数字经济持续保持较快发展，信息传输、软件和信息技术服务业增加值增长 9.1%；全国网上零售额 13.79 万亿元，比上年增长 4.0%，为保持国民经济稳定增长作出积极贡献。

截至 2022 年 12 月，我国 IPv4 地址数量为 39182 万个，IPv6 地址数量为 67369 块/32，IPv6 活跃用户数达 7.28 亿；我国域名总数为 3440 万个，其中，".CN"域名数量为 2010 万个，占我国域名总数的 58.4%；我国移动电话基站总数达 1083 万个，互联网宽带接入端口数量达 10.71 亿个，光缆线路总长度达 5958 万公里，详见表 1-1。

截至 2022 年 12 月，我国 IPv6 地址数量为 67369 块/32，较 2021 年 12 月增长 6.8%，我国 IPv6 活跃用户数达 7.28 亿，我国 IPv4 地址数量为 39182 万个，详见图 1-1、图 1-2、图 1-3。

表 1-1 **2021. 12—2022. 12 互联网基础资源对比**

分 类	2021 年 12 月	2022 年 12 月
IPv4(个)	392486656	391822848
IPv6(块/32)	63052	67369
IPv6 活跃用户数(亿)	6. 08	7. 28
域名(个)	35931063	34400483
其中".CN"域名(个)	20410139	20101491
移动电话基站(万个)	996	1083
互联网宽带接入端口(亿个)	10. 18	10. 71
光缆线路长度(万公里)	5488	5958

资料来源：中国互联网络信息中心：《第 51 次〈中国互联网络发展状况统计报告〉》，https：//www.cnnic.cn/n4/2023/0303/c88-1075.html，2023 年 5 月 28 日访问。

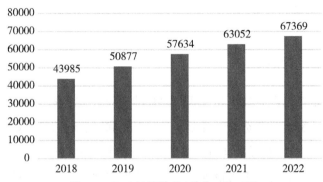

图 1-1 IPv6 地址数量(单位：块/32)

资料来源：中国互联网络信息中心：《第 51 次〈中国互联网络发展状况统计报告〉》，https：//www.cnnic.cn/n4/2023/0303/c88-1075.html，2023 年 5 月 28 日访问。

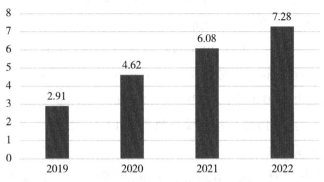

图 1-2 IPv6 活跃用户数(单位：亿)

资料来源：中国互联网络信息中心：《第 51 次〈中国互联网络发展状况统计报告〉》，https：//www.cnnic.cn/n4/2023/0303/c88-1075.html，2023 年 5 月 28 日访问。

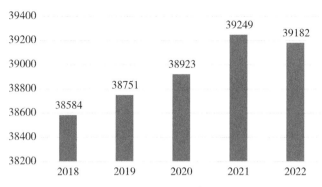

图 1-3　IPv4 地址数量(单位：万个)

资料来源：中国互联网络信息中心：《第 51 次〈中国互联网络发展状况统计报告〉》，https：//www.cnnic.cn/n4/2023/0303/c88-10757.html，2023 年 5 月 28 日访问。

截至 2022 年 12 月，我国移动通信基站总数超过 1000 万个，较 2021 年 12 月净增 87 万个。其中，5G 基站总数达 231.2 万个，占移动基站总数的 21.3%，较 2021 年 12 月提高 7 个百分点，全年新建 5G 基站 88.7 万个。2018—2022 年，移动电话基站数量持续上涨，详见图 1-4。

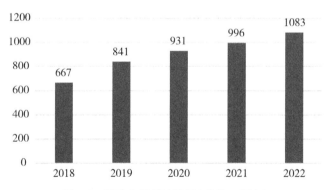

图 1-4　移动电话基站数量(单位：万个)

资料来源：中国互联网络信息中心：《第 51 次〈中国互联网络发展状况统计报告〉》，https：//www.cnnic.cn/n4/2023/0303/c88-10757.html，2023 年 5 月 28 日访问。

由图 1-5 可知，截至 2022 年 12 月，我国互联网宽带接入端口数达到 10.71 亿个，较 2021 年 12 月净增 5320 万个；其中，光纤接入（FTTH/O）端口达到 10.25 亿个，较 2021 年 12 月净增 6534 万个，占比由 94.3% 提升到 95.7%。具备千兆网络服务能力的 10G PON 端口数达 1523 万个，比上年年末净增 737.1 万个。2018—2022 年，互联网宽带接入端口数量一直呈现上涨的趋势。

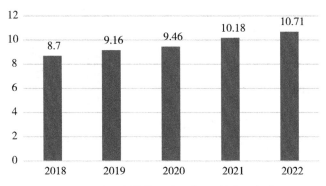

图 1-5　互联网宽带接入端口数量（单位：亿个）

资料来源：中国互联网络信息中心：《第 51 次〈中国互联网络发展状况统计报告〉》，https://www.cnnic.cn/n4/2023/0303/c88-10757.html，2023 年 5 月 28 日访问。

2018 年，我国移动互联网接入流量仅有 711 亿 GB，经过 4 年的发展，2022 年，我国移动互联网接入流量达 2618 亿 GB，同比 2021 年增长 18.1%。4 年间我国移动互联网接入流量上涨超过 3 倍，详见图 1-6。

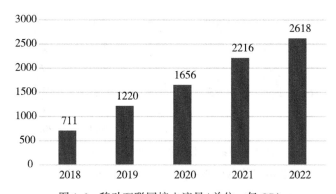

图 1-6　移动互联网接入流量（单位：亿 GB）

资料来源：中国互联网络信息中心：《第 51 次〈中国互联网络发展状况统计报告〉》，https://www.cnnic.cn/n4/2023/0303/c88-10757.html，2023 年 5 月 28 日访问。

截至 2022 年 12 月，我国网民使用手机上网的比例达 99.8%；使用台式电脑、笔记本电脑、电视和平板电脑上网的比例分别为 34.2%、32.8%、25.9% 和 28.5%，详见图 1-7。

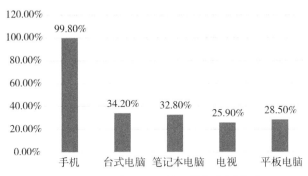

图 1-7　2022 年互联网接入设备使用情况

资料来源：中国互联网络信息中心：《第 51 次〈中国互联网络发展状况统计报告〉》，https://www.cnnic.cn/n4/2023/0303/c88-10757.html，2023 年 5 月 28 日访问。

截至 2022 年 12 月，三家基础电信企业的移动电话用户总数达 16.83 亿户，较 2021 年 12 月净增 4062 万户。其中，5G 移动电话用户达 5.61 亿户①，占移动电话用户的 33.3%，较 2021 年 12 月提高 11.7 个百分点，详见图 1-8。

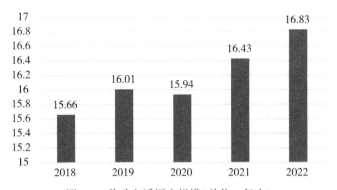

图 1-8　移动电话用户规模（单位：亿户）

资料来源：中国互联网络信息中心：《第 51 次〈中国互联网络发展状况统计报告〉》，https://www.cnnic.cn/n4/2023/0303/c88-10757.html，2023 年 5 月 28 日访问。

---

①　5G 移动电话用户：指报告期末在通信计费系统拥有使用信息，占用 5G 网络资源的在网用户。

自 2018 年至 2022 年 12 月，我国网民规模和互联网普及率都呈现持续上升的趋势。截至 2022 年 12 月，我国网民规模为 10.67 亿，较 2021 年 12 月新增网民 3549 万，互联网普及率达 75.6%，较 2021 年 12 月提升 2.6 个百分点。我国手机网民规模为 10.65 亿，较 2021 年 12 月新增手机网民 3636 万，网民中使用手机上网的比例为 99.8%，详见图 1-9、图 1-10。

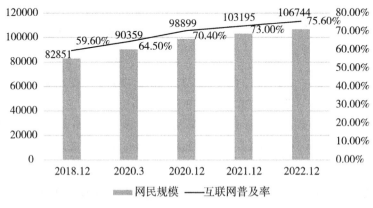

图 1-9　网民规模和互联网普及率

资料来源：中国互联网络信息中心：《第 51 次〈中国互联网络发展状况统计报告〉》，https://www.cnnic.cn/n4/2023/0303/c88-10757.html，2023 年 5 月 28 日访问。

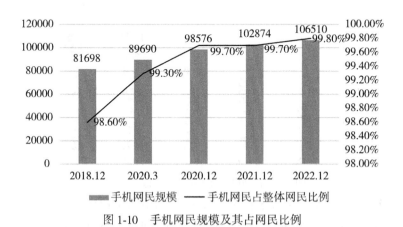

图 1-10　手机网民规模及其占网民比例

资料来源：中国互联网络信息中心：《第 51 次〈中国互联网络发展状况统计报告〉》，https://www.cnnic.cn/n4/2023/0303/c88-10757.html，2023 年 5 月 28 日访问。

　　截至 2022 年 12 月，我国城镇网民规模为 7.59 亿，占网民整体的 71.1%；农村网民规模为 3.08 亿，较 2021 年 12 月增长 2371 万，占网民整体的 28.9%。我国城镇地区互联网普及率为 83.1%，较 2021 年 12 月提升 1.8 个百分点；农村地区互联网普及率为 61.9%，较 2021 年 12 月提升 4.3 个百分点。城乡地区互联网普及率差异较 2021 年 12 月缩小 2.5 个百分点。农村地区互联网普及率上涨速度相较于城镇地区更快，并且有很大的发展空间，详见图 1-11、图 1-12。

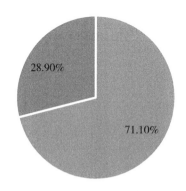

图 1-11　网民城乡结构

资料来源：中国互联网络信息中心：《第 51 次〈中国互联网络发展状况统计报告〉》，https://www.cnnic.cn/n4/2023/0303/c88-10757.html，2023 年 5 月 28 日访问。

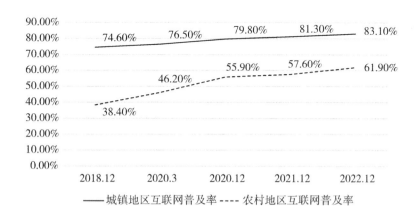

图 1-12　城乡地区互联网普及率

资料来源：中国互联网络信息中心：《第 51 次〈中国互联网络发展状况统计报告〉》，https://www.cnnic.cn/n4/2023/0303/c88-10757.html，2023 年 5 月 28 日访问。

由图 1-13、图 1-14 可知，2018 年至 2022 年，网络支付用户规模持续上升。截至 2022 年 12 月，我国网络支付用户规模达 9.11 亿，较 2021 年 12 月增长 781 万，占网民整体的 85.4%；我国网络购物用户规模达 8.45 亿，较 2021 年 12 月增长 319 万，占网民整体的 79.2%。网络零售的持续增长，成为推动消费扩容的重要力量。2022 年我国网上零售额达 13.79 万亿元，同比增长 4.0%。其中，实物商品网上零售额 11.96 万亿元，增长 6.2%，占社会消费品零售总额的比重为 27.2%，在消费

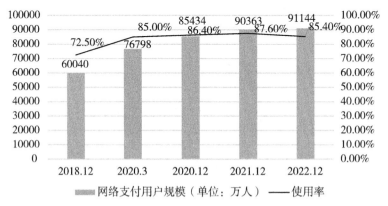

图 1-13　2018.12—2022.12 网络支付用户规模及使用率

资料来源：中国互联网络信息中心：《第 51 次〈中国互联网络发展状况统计报告〉》，https://www.cnnic.cn/n4/2023/0303/c88-10757.html，2023 年 5 月 28 日访问。

图 1-14　2018.12—2022.12 网络购物用户规模及使用率

资料来源：中国互联网络信息中心：《第 51 次〈中国互联网络发展状况统计报告〉》，https://www.cnnic.cn/n4/2023/0303/c88-10757.html，2023 年 5 月 28 日访问。

中占比持续提升。① 2022 年，新品消费、绿色消费、智能消费和工厂直供消费趋势相对明显，进一步推动生产制造端绿色化、数字化、智能化发展。

根据《数字中国发展报告（2022 年）》显示，2022 年我国网民规模已经高达 10.67 亿，互联网普及率高达 75.6%。数字经济规模高达 50.2 万亿元，稳居世界第二。并且报告称，数字经济成为稳增长、促转型的重要引擎，2022 年，我国数字经济规模达 50.2 万亿元，稳居世界第二，同比名义增长 10.3%，占 GDP 比重提升至 41.5%。

现如今，数字经济正处于快速发展的阶段，并对我国的经济和社会产生了巨大的影响。国内正在加快数字化的转型进程，已经有许多企业和组织积极采用数字技术来改善业务流程、提高效率和降低成本；云计算、大数据、人工智能等技术的广泛应用也推动了经济的发展；同时，人工智能的发展催生了很多新的商业模式和应用场景，包括智能客服、自动驾驶、智能家居等，正在逐渐改变人们的生活方式和工作方式；先进的数字化技术也为文化产业带来了新的机遇，包括数字音乐、网络游戏、网络影视等数字文化产品受到广泛关注和追捧，促进了文化创意产业的发展。

数字经济的兴起和发展对我国具有重要的意义：数字经济为经济增长注入了新的动力，通过数字化技术和互联网平台，企业可以降低成本、提高效率、拓展市场，并创造新的商业机会，数字经济的发展为就业机会增加和产业结构升级提供了推动力；数字经济的发展提高了国家的创新能力，新兴技术如大数据、人工智能等在数字经济中得到广泛应用，促进了各行各业的创新；数字经济的发展也催生出了许多新的创业公司和新兴产业，增强了国家和企业的竞争力；数字经济改变了人们的生活方式和消费习惯，电子商务、移动支付、在线娱乐等数字化服务给消费者带来了更多的便利和选择。同时，数字化技术也提高了企业的管理效率和运营效能，为客户提供更好的产品和服务；数字经济与可持续发展目标相一致，通过数字化技术的应用，可以更好地管理能源、环境和资源，实现绿色生产和低碳经济；数字经济也为推动全球合作、跨国交流和共同发展提供了新的契机。

1.1.2 电子商务迅猛发展

电子商务作为数字经济的重要组成部分，在过去几年取得了显著的成就，电

---

① 数据来源：国家统计局。

子商务平台不断涌现，线上购物、在线支付、供应链管理等电子商务活动蓬勃发展，为消费者提供了更多便利和选择。根据统计数据，2021 年全球电子商务销售额超过 4.5 万亿美元，预计未来几年将继续增长。2019 年，全球电子商务销售额占全球零售总额的比例只有 13.6%，而 2024 年预计全球电子商务销售额占全球零售总额的比例将增长至 21.8%（详见图 1-15、图 1-16），增速接近两倍，这说明全球的电子商务都将有进一步的发展，电子商务的发展也势必推动数字经济的进程。

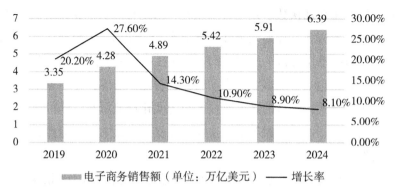

图 1-15 2019—2024 年全球电子商务销售额及预测(单位：万亿美元)

资料来源：《2021 年跨境数据：全球 21.4 亿买家，70% 喜欢国外网站购物》，https://www.360kuai.com/pc/92ab87c76a138290f? cota = 3&kuai _ so = 1&tj _ url = So-Vip&sign = 360 _ 57c3bbd1&refer-scene = so_1，2023 年 6 月 11 日访问。

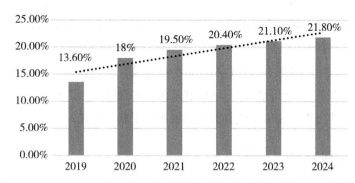

图 1-16 2019—2024 年全球电子商务销售额占全球零售总额的比例及预测

资料来源：《2022 年全球电商市场预测报告》，https://zhuanlan.zhihu.com/p/492054159，2023 年 6 月 11 日访问。

　　同时，亚洲地区成为全球电子商务市场最大、增速最快的地区，中国依然发挥着在全球电子商务市场的引领作用。中国拥有全球最多的数字买家，达到7.925亿，占全球总数的33.3%。由图1-17可知，2019年至2021年中国电子商务销售额以及中国电子商务销售额占零售总额的比例逐年增高，而根据预估，未来几年也将持续增长，到2024年，中国零售总额中预计有58.1%的销售额来自电子商务，中国将成为世界上第一个电子商务销售额超过零售总额一半的国家。

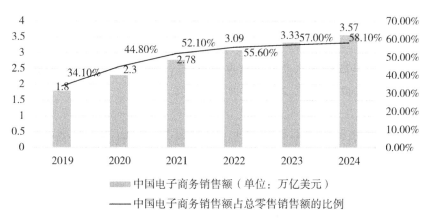

图1-17　2019—2024年中国电子商务销售额及预测（单位：万亿美元）

资料来源：《2022年全球电商市场预测报告》，https://zhuanlan.zhihu.com/p/492054159，2023年6月11日访问。

　　由图1-18可知，2017—2022年短短五年，我国快递包裹量从400.6亿件增长至1105.8亿件，增幅接近3倍；快递收入也从2017年的4957亿元增长至2022年的10567亿元，增幅超过两倍，由此可以看出，国内的电子商务行业发展得越来越繁荣，而且，未来还有可增长的发展空间。同时，据有关部门统计，2022年我国累计建成990个县级寄递公共配送中心、27.8万个村级快递服务站点，全国95%的建制村实现快递服务覆盖，可以看出，在未来，农村电子商务的潜力将进一步得到释放。此外，全国新增农村投递汽车近2万辆，累计开通交邮联运邮路1888条；同时，累计培育快递服务现代农业年业务量超千万件金牌项目117个、邮政农特产品出村"一市一品"项目822个，有力服务乡村振兴。①

---

　　①　数据来源：《2023中国农产品电商发展报告》。

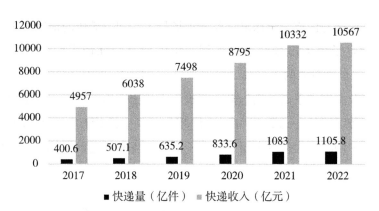

图 1-18　2017—2022 年快递包裹量及收入

资料来源：《2023 中国农产品电商发展报告》，https://cj. sina. com. cn/articles/view/1721303853/6699032d019011qxr，2023 年 5 月 16 日访问。

2009 年，国内农村的电子商务布局还十分落后，国内仅有 3 个淘宝村，0 个淘宝镇；到了 2013 年，国内也仅只有 20 个淘宝村，还未出现淘宝镇。自 2015 年开始，国内淘宝村以迅猛的速度增长至 2022 年的 7780 个；淘宝镇的数量也在逐渐增长(详见图 1-19)。根据《2023 中国农产品电商发展报告》中的数据，2022 年国内农村电商得到了稳步发展，全国农村网店达到 1730 万家，其中超三成为直播电商。

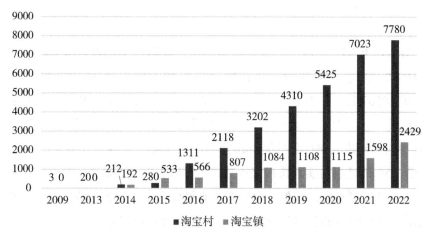

图 1-19　2013—2022 年中国淘宝村/镇概况(单位：个)

资料来源：《2023 中国农产品电商发展报告》，https://cj. sina. com. cn/articles/view/1721303853/6699032d019011qxr，2023 年 5 月 16 日访问。

根据海关总署数据，2022 年中国跨境电商进出口 2.11 万亿，同比增长 9.8%。其中，出口 1.55 万亿元，同比增长 11.7%；进口 0.56 万亿元，同比增长 4.9%，出口占比 70% 以上。目前，我国成为世界农产品第一大进口国，第五大出口国，详见图 1-20。

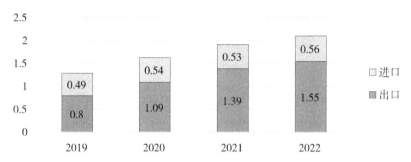

图 1-20　2019—2022 年跨境电商进出口数据统计（单位：万亿元）

资料来源：《海关总署：2022 年我国跨境电商进出口 2.11 万亿元》，https://www.360kuai.com/pc/980d4b9db1ae53e73? cota = 3&kuai_so = 1&sign = 360_57c3bbd1&refer_scene = so_1，2023 年 5 月 19 日访问。

从区域分布来看，2022 年中国跨境电商相关企业地区分布排行榜中，广东以 4988 家位列第一，山东、浙江分别以 2448、1477 家位列第二、第三。其余上榜的地区按顺序分别是福建、江苏、海南、湖南、辽宁、河南、湖北，详见图 1-21。

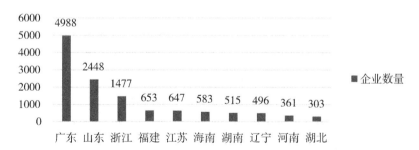

图 1-21　2022 年中国跨境电商相关企业地区分布 TOP10（单位：家）

资料来源：《我国新增相关企业 4061 家：2022 年中国跨境电商企业大数据分析》，https://www.askci.com/news/chanye/20230203/102635267539119581026844.shtml，2023 年 5 月 20 日访问。

目前中国跨境电商的交易模式仍然以 B2B 为主。2022 年中国跨境电商交易中，有 75.6%属于跨境电商 B2B 交易，只有 24.4%属于跨境电商 B2C 交易，详见图 1-22。

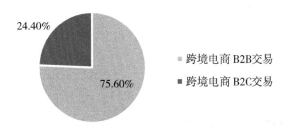

图 1-22 2022 年中国跨境电商交易模式占比情况

资料来源：《2022 年跨境电商市场规模 15.7 万亿元》，https://finance.sina.com.cn/stock/estate/integration/2023-05-04/doc-imysqxpv3409286.shtml，2023 年 6 月 3 日访问。

直播作为一种依靠数字技术和互联网技术实现的营销形式，在电子商务领域发挥着越来越重要的作用，"直播+商务"为数字经济的发展带来新的机遇。尤其新冠疫情期间，人们响应政府号召，自觉隔离在家，许多人通过直播了解外面的信息、通过直播打发时间，获得娱乐体验，使得直播更加普及化，进一步推动了直播产业的发展。中商产业研究院表示，中国电商直播规模将越来越大。由图 1-23 可知，2017—2022 年，中国电商直播市场规模呈现出不断上升的趋势，并在 2021 年突破 10000 亿元。同时，越来越多的人接受、喜爱通过直播的方式购买商品，据《2023 中国农产品电商发展报告》数据（详见图 1-24），2018—2022 四年间，直播电商用户规模从 2.2 亿人增长至 4.7 亿人，增幅超过两倍。

移动互联网和智能手机的普及推动了移动电子商务的迅速发展，越来越多的消费者使用手机进行在线购物、支付和浏览产品信息，移动端渗透率不断提高；跨境电商成为电子商务领域的重要驱动力之一，消费者可以通过跨境电商平台方便地购买海外商品，而企业也可以利用跨境电商扩大市场，促进国际贸易和国际合作；社交媒体和电子商务的结合催生了社交电商的发展，大量的社交媒体平台上涌现出社交电商模式，消费者可以通过社交媒体平台直接购买商品，并与他人分享购物体验；电子商务的发展推动了供应链和物流行业的优化和创新，为了满足快速、便捷的交付需求，物流企业不断引入新的技术和服务模式，如无人机、自动化仓储和智能配送等；电子商务在数字技术的帮助下，有效推动个性化营销的发展，电子商务平台积累了大量的用户数据，通过数据分析和人工智能技术，可以更好地理解消费者的需求和行为，并提供个性化的推荐和营销服务，提高用户体验和购买转化率。

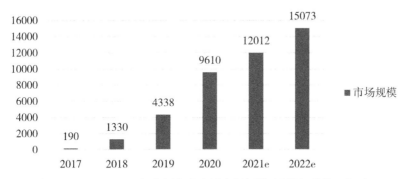

图 1-23　2017—2022 年中国电商直播市场规模及预测（单位：亿元）

资料来源：《2022 年中国电商直播市场规模预测及行业发展趋势分析（图）》，https://www.askci.com/news/chanye/20211117/0857561659910.shtml，2023 年 6 月 10 日访问。

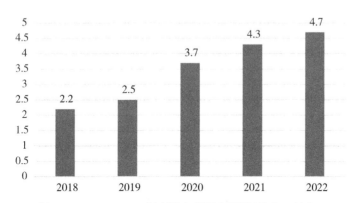

图 1-24　2018—2022 年直播电商用户规模（单位：亿人）

资料来源：《2023 中国农产品电商发展报告》，https://cj.sina.com.cn/articles/view/1721303853/6699032d019011qxr，2023 年 6 月 12 日访问。

1.1.3　生鲜电商市场潜力巨大

生鲜电商是电子商务的一个重要组成部分，生鲜电商是通过互联网平台进行生鲜食品（包括蔬菜、水果、肉类、海鲜等）的销售和交易的电子商务模式，它将传统的生鲜食品供应链与互联网技术相结合，通过在线购物、配送和支付等环节，提供方便、快捷的生鲜食品购买体验。

2019 年，生鲜电商交易额占城镇居民食品消费支出的比例为 15.4%，而 2020 年生鲜电商交易额占城镇居民食品消费支出比例为 20.7%，增长率为 34.41。2022 年生鲜电商交易额占城镇居民食品消费支出比例为 25.8%，详见图 1-25。

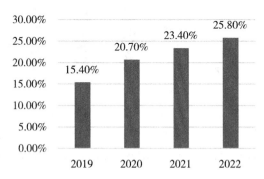

图 1-25　生鲜电商交易额占城镇居民食品消费支出比例

资料来源：《2022 年生鲜电商交易规模为 5601.4 亿元　融资额仅 2 亿元》，https://business.sohu.com/a/660921251_120491808，2023 年 6 月 17 日访问。

目前，生鲜电商正处于快速发展的阶段。尤其是 2020 年一场突如其来的新冠疫情，对国内实体经济造成了严重的冲击，但也给予了生鲜电商蓬勃发展的新机遇，加速了生鲜农产品电商的数字化转型。根据艾瑞咨询提供的数据，自 2021 年 3 月至 5 月，中国主流生鲜平台月活用户规模不断扩大，尤其在 2020 年年初，主流生鲜平台月活用户规模实现了高速的发展，详见图 1-26。

越来越多的消费者选择通过网络这一新兴方式线上挑选心仪的生鲜食品，尤其是疫情期间公众积累的线上消费习惯，大大提高了生鲜电商平台的用户黏性，促进了生鲜食品线上零售的市场规模扩大和渗透率提升。2016 年，生鲜线下零售占比高达 97.2%，生鲜线上零售占比仅有 2.8%，而到了 2020 年，生鲜线下零售占比 85.4%，生鲜线上零售占比有 14.6%，线上和线下的天平已经开始发生倾斜，详见图 1-27。

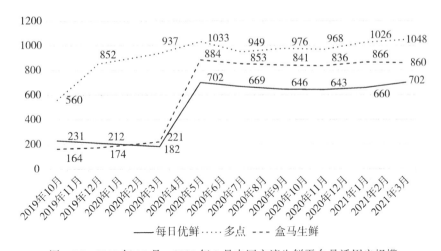

图 1-26　2019 年 10 月—2021 年 3 月中国主流生鲜平台月活用户规模

资料来源:《2021 年生鲜行业电商平台市场用户规模、趋势分析报告》, https://zhuanlan.zhihu.com/p/453555916, 2023 年 6 月 17 日访问。

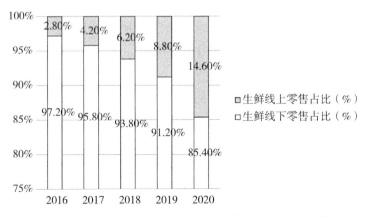

图 1-27　2016—2020 年我国生鲜零售线上/线下市场规模

资料来源:《2021 年中国生鲜电商行业研究报告》, https://www.sohu.com/a/480467211_120855974, 2023 年 6 月 22 日访问。

　　餐饮外卖电商也属于生鲜电商的范畴之内, 尤其是随着我国经济活力的全面恢复以及外卖行业监管进一步加强, 加上越来越多的人对购买外卖的接受和习惯, 在社区、学校、办公场所, 外卖随处可见。外卖行业数字化水平不断提升, 新消费趋势凸显, 行业覆盖内容更加丰富多元。2021 年我国网上外卖用户规模达 5.44 亿，较 2020 年增长 1.25 亿，占网民整体的 52.7%。2021 年我国外卖市场规模达到 8117 亿元。2022 年我国网上外卖用户规模达 6 亿，较 2021 年增长 0.56 亿，占网民整体的 56.23%。2022 年我国外卖市场规模达到 9417.4 亿元，详见图 1-28。可以看出，外卖作为现代人日常生活中习以为常的消费方式在生鲜电商中占据着越来越重要的位置。

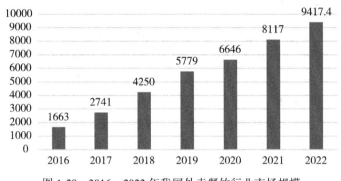

图 1-28　2016—2022 年我国外卖餐饮行业市场规模

资料来源：《2023 中国农产品电商发展报告》，https://cj.sina.com.cn/articles/view/1721303853/6699032d019011qxr，2023 年 6 月 12 日访问。

随着直播的兴起和普及，消费者们也不再仅仅满足于使用传统的电商购物平台购买生鲜商品，而是追逐潮流，体验直播这一新鲜事物，通过直播，他们能听到对商品更加详细的介绍，能够更加直观清晰地观察商品。因此，已经有不少社交平台和电商平台布局直播业务帮助生鲜商品的销售。从艾瑞咨询公布的数据可以看出，生鲜食品相较于服饰鞋包、美妆护肤而言，直播渗透率还较低，详见图 1-29，这也意味着未来生鲜食品的直播电商市场拥有巨大的发展潜力。近年来许多资本巨头发现了这一机会，投入大量资金，促进直播电商在生鲜食品这一品类的发展。

并且，艾瑞咨询的调查报告还显示，出生于 20 世纪 80 年代和 90 年代，即 20—40 岁的年轻人和中年人是生鲜农产品电商的主要用户群体，这跟经济发展的背景和时代的进步密切相关。由图 1-30 可知，26~35 岁的群体是生鲜农产品电商消费的主力军，占据 49.7%，这可能与年轻人喜爱追逐潮流、乐于接受新事物、习惯使用互联网购物的消费习惯有关；而 36~45 岁的群体也占据不少份额，为 32%。老年人则因为不习惯使用移动设备和网络等原因，仅占 3.1%，详见图 1-30。

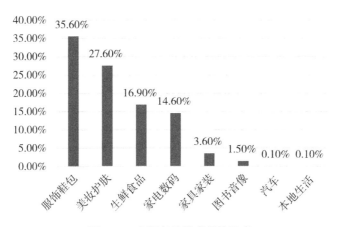

图 1-29　全网各品类直播渗透率

资料来源：《2021 年中国直播电商行业研究报告》，https://www.thepaper.cn/newsDetail_forward_14589928，2023 年 7 月 3 日访问。

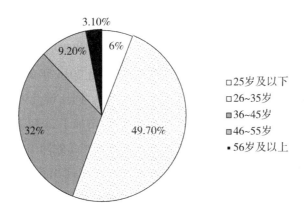

图 1-30　2021 年参与中国生鲜农产品电商用户年龄分布

资料来源：《2021 年中国生鲜电商行业研究报告》，https://www.sohu.com/a/480467211_120855974，2023 年 6 月 22 日访问。

随着消费者对健康食品需求的增加以及互联网普及率的提高，生鲜电商市场规模不断扩大，根据中国生鲜电商行业研究报告和艾瑞咨询研究报告整理的数据，2016—2020年，虽然中国生鲜零售增速时有放缓，但市场规模越来越大，并预测，未来几年内，生鲜电商市场规模将继续保持较高的增速，到2025年，国内生鲜零售市场规模有望达到68173亿，详见图1-31。

图1-31　2016—2025年生鲜零售市场规模及预测

资料来源：《2021年中国生鲜电商行业研究报告》，https://www.sohu.com/a/480467211_120855974，2023年6月22日访问。

近年来，国内农村电子商务的发展是大家有目共睹的。2022年我国农村网络零售达到了21700亿元，同比增长了3.6%，比2016年的8945亿元增加了1.43倍，同时农产品网络零售达到了5313.8亿元，同比增长9.2%，增幅超过了农村网络零售额的增幅，比2016年的1589亿元增加了2.34倍(详见图1-32)。虽然新冠疫情对零售业造成了不小的影响，但是农产品的网络零售仍然是十分活跃的，能够达到9.2%的增幅也是相当可观的，并且超出预期。与2021年相比较，农村网络零售的增幅相对农产品网络零售额的增幅显得落后一些。阿里(天猫、淘宝、盒马等)、京东、拼多多、惠农网等发展稳健。

据统计，2022年"双十一"期间，京东有近1万种的农产品的成交额超过10万元。近三成粮、油、茶叶等初加工农产品销售额实现了100%的增长，其中成交额最高的100件商品中，过半是新品种。①

————————————

① 详见《2023中国农产品电商发展报告》。

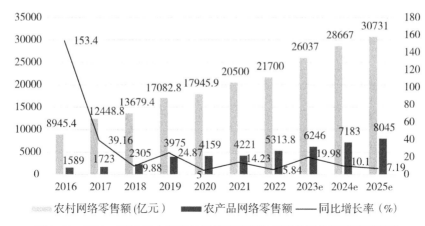

图 1-32　2016—2025 年中国农村网络零售额与农产品网络零售额及预测

资料来源：《2023 中国农产品电商发展报告》，https://cj.sina.com.cn/articles/view/1721303853/6699032d019011qxr，2023 年 6 月 12 日访问。

　　新冠疫情催生了"社区团购"这一新兴电子商务模式，加速培育强化了消费者通过线上渠道进行消费的习惯。选择社区团购的消费者一般都是地方社区里的居民，他们购买的商品也往往是生鲜品类。也正是因为新冠疫情的反反复复，2020—2022 年的三年，社区团购发展经历了三次热潮。2020 年，社区团购全年成交总额为 751.3 亿元，同比继续增长 78%（详见图 1-33）；2021 年社区团购市场规模达 1205.1 亿元，日均件数从年初的 4000 万件/日增长到 1 亿件/日；2022 年

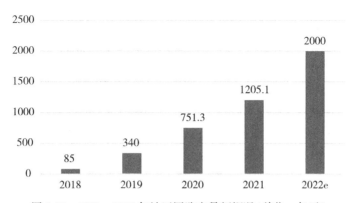

图 1-33　2018—2022 年社区团购交易额概况（单位：亿元）

资料来源：《2023 中国农产品电商发展报告》，https://cj.sina.com.cn/articles/view/1721303853/6699032d019011qxr，2023 年 6 月 12 日访问。

社区团购市场规模预计超 2000 亿元。社区团购行业用户人数从 2016 年的 0.95 亿人增长至 2022 年的 8.76 亿人，充分说明了社区团购行业的火爆，详见图 1-34。

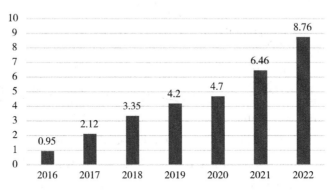

图 1-34　2016—2022 年社区团购行业用户人数（单位：亿人）

资料来源：《2023 中国农产品电商发展报告》，https://cj.sina.com.cn/articles/view/1721303853/6699032d019011qxr，2023 年 6 月 12 日访问。

除了社区团购这一新兴模式以外，预制菜电商也在逐渐成为生鲜电商市场上的热点。近年来，我国预制菜电商实现了高速发展，2019 年我国预制菜经营额仅为 2445 亿元，到了 2022 年，我国预制菜经营额达到 4196 亿元，未来还将以年均 20% 左右的增长率高速增长。据预测，2026 年我国预制菜经营额将达到 10720 亿元，2050 年将达到 12000 亿元，详见图 1-35。

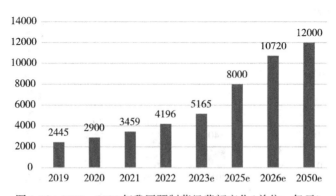

图 1-35　2019—2025 年我国预制菜经营额变化（单位：亿元）

资料来源：《2023 中国农产品电商发展报告》，https://cj.sina.com.cn/articles/view/1721303853/6699032d019011qxr，2023 年 6 月 12 日访问。

据统计，全国预制菜企业超过 6.4 万家，而且还在继续增长。2022 年，许多网络巨头企业，诸如：叮咚买菜、京东七鲜、美团买菜、饿了么、盒马鲜生、每日优鲜、维小饭等纷纷进入预制菜市场，详见表 1-2。

表 1-2 **2022 年部分企业关于预制菜的布局**

企业名称	布局内容	企业名称	布局内容
叮咚买菜	试水 B 端预制菜	每日优鲜	上线预制菜新品"巨下饭"
盒马鲜生	成立预制菜事业部	京东生鲜	预制菜销量同比增长超 100%
美团买菜	2022 年预制菜销量较上一年增长 4 倍	饿了么	年夜饭搜索量同比增长 4 倍
一亩田	上线六大品类（地方菜、早餐、西餐、烧烤烤肉、快餐小吃、自助餐）预制菜专区频道	维小饭	提供"透明快餐、阳光外卖"

资料来源：《2023 中国农产品电商发展报告》，https://cj.sina.com.cn/articles/view/1721303853/6699032d019011qxr，2023 年 6 月 12 日访问。

然而，回顾 2022 年，新电商模式纷纷出现，但生鲜电商行业却一片暗淡，参与者纷纷落败，生鲜电商平台陆续亏损、裁员、关店，这已经成了人人知晓的常态。近两年来，社区团购成为市场上的新风口，滴滴、拼多多、美团等巨头网络企业也想要收获其中的红利，纷纷进入社区团购市场，而巨头网络企业因其具有的优势，使得行业内竞争越发激烈。同程生活、食享会、橙心优选、十荟团、兴盛优选等许多中小企业相继退缩。

原本希望在生鲜电商这一蓝海中挖取宝藏的入局者们也渐渐明白，光靠"烧钱"扩大市场规模的经营模式在生鲜电商市场上已经行不通，急需找寻真正能使平台健康可继续发展的途径。

为了确保生鲜食品的新鲜度和质量，生鲜电商致力于优化供应链管理，一些平台与农场、养殖场、渔场等建立合作关系，实施直采直供，缩短产品从产地到消费者手中的时间，为消费者提供更有保障的商品；生鲜食品容易腐烂变质，而消费者对食材品质与安全性的要求较高，使得冷链物流运输能力成为生鲜电商行业的关键所在，近年来，冷链物流技术不断创新，包括使用温度控制设备、智能监测系统和追溯技术等，以确保产品在配送过程中的质量和安全；生鲜电商平台对产品的质量和安全有更高的要求，注重产品筛选和监管，一些平台会进行严格的质量检测和认证，向用户作出新鲜度承诺并提供退换货保障等服务，以增强消费者对产品的信任感；通过数据分析和人工智能技术，生鲜电商平台可以根据消费者的购买历史和偏好，提供个性化的产品推荐和定制化服务，这种精准营销能够提高用户的购买体验和忠诚度；一些传统零售企业开始将线下实体店与生鲜电商相结合，采取"新零售"模式，以满足消费者多样化的购物需求，这些新模式包括实体店自建生鲜电商平台、线上线下商品互通等；不同地区的生鲜电商在发展中体现出不同的特色，一些地方生鲜电商平台通过农村淘宝、农产品电商扶贫等方式，促进农村地区的农产品销售和农民收入增加。数字经济快速发展，带来如此庞大的网民规模，也意味着生鲜电商未来仍然有广阔的发展前景。

1.2　研究意义

当今，数字经济发展速度之快、辐射范围之广、影响程度之深前所未有，正推动人类社会生产方式、生活方式和治理方式深刻变革。电子商务作为数字经济的重要组成部分，是催生数字产业化、拉动产业数字化、推进治理数字化的重要引擎，提升人民生活品质的重要方式，推动国民经济和社会发展的重要力量。特别是近十年，电子商务引领了工业品流通的数字化改造；充分的信息流动降低了流通成本，促进了工业品充分的竞争，进而推动了工业品生产的专业化和集中化，并为消费者提供全球最低价格的工业消费品。

与之形成鲜明对比的是，传统电子商务在生鲜农产品领域并不成功，绝大多数生鲜电商生存艰难，无以为继，众多生鲜电商纷纷黯然退场。究其原因，传统电商模式未能触及我国农业和农产品领域的核心痛点，未能提供新的解决路径。其一，农产品供需不匹配。当前，"大国小农"仍是我国的基本国情和农情，农户"小散弱"与大市场之间的矛盾，导致农产品产销信息不对称，供需不匹配，卖难买贵，传统农业经营模式已难以适应现代化发展需要，小农户难以与现代农业有机衔接。其二，农产品流通不畅，供应链效率低下。目前，我国农产品流通环节多、流通链条长、产品损耗大，效率低，成本高，且农产品质量安全难以保障。总之，我国当前农业及农产品流通领域的数字化改造举步维艰，相对其他领域而言明显滞后。

2023 年中央一号文件《中共中央国务院关于做好 2023 年全面推进乡村振兴重点工作的意见》发布，意见提出深入实施"数商兴农"和"互联网+"农产品出村进城工程，鼓励发展农产品电商直采、定制生产等模式，建设农副产品直播电商基地；要加快完善县乡村电子商务和快递物流配送体系。

总之，生鲜电商相关研究对于促进小农户和现代农业有机衔接，加速推动农产品规模化上行，推动农业数字化升级，助力农村一二三产业融合发展与乡村振兴，保障食品安全，以及实现共同富裕都具有非常重要的理论和现实意义。

1. 理论意义

本书运用经济学、管理学和食品科学等学科理论对生鲜电商产业发展现状和问题进行调查与分析，并提出自己的思考，相关研究能丰富和深化生鲜电商产业发展、产业链深度融合、乡村振兴等领域中的相关理论。

2. 现实意义

第一，实践价值。基于大量实地调研，又辅以理论分析与案例研究，直击生鲜电商行业痛点，抓住问题关键，提供切实可行的解决方案，对推进生鲜电商及其供应链整合具有很强的实践指导作用。第二，政策价值。为各级政府制定有助于生鲜电商产业健康可持续发展相关的政策与措施提供应用研究基础。

1.3 文献综述

1.3.1 生鲜电商满意度

1. 研究方法

在关于生鲜电商满意度的研究中，现有研究根据数据来源，主要分为基于问卷调查和基于在线评论两种。目前学者们的研究方法以定量的研究方法为主，也有部分学者采用定性的研究方法或者定性与定量相结合的研究方法。定量的研究方法主要是问卷调查法、内容分析法，定性的研究方法主要是文本分析法、访谈调查法、案例分析法。数据来源为评论等文本信息的研究中，常用到 LDA 主题提取模型。张华泉、俞守华、区晶莹（2019）以某生鲜电商平台上 40 个生鲜产品的近 3 万条商品评价作为研究对象进行实证研究。王小函、王楠（2022）等从消费者和企业两个视角，设计调查问卷并获得对应的结果，从数据中寻找影响消费者对生鲜电商平台满意程度的影响因素。张菊香（2022）也是从调查问卷中搜寻数据，并展开实证研究，从生鲜电商冷链物流的服务质量切入，研究其对感知价值以及消费者满意程度具有怎样的影响。王云（2021）站在消费者的立场上，关注他们的决策，并新颖地利用实地调研和问卷调查法相结合的方式进行探讨。此外，侯萍、刘玉阳（2022），涂洪波、胥草森、赵晓飞（2021），吴卿毅、袁仟（2021），时静华、陈岩（2020），史伟、闻海燕（2020），陈振华（2018），陈范娇（2016），邸亚芹、刘宗冉、汤肖迪、顾彦康（2019）等学者们均利用问卷调查法收集他们需要的数据。郑明珠（2022）以美团优选平台为例，将平台上的评论作为研究样本，通过内容分析法，从词条中发现顾客对生鲜商品的满意程度以及影响因素主要有哪些。肖慧莲、徐锐（2022）新颖地运用 Python 爬虫软件，从平台上的在线评价中获取信息，采用词频统计的手段和 K-means 方法得到消费者满意度评价体系的参考标准，并使用 TF-IDF 方法计算出权重，得到生鲜商品总体的满意程度。黄官伟、王谧（2021），戴国良、陈灵燕（2020）将文本挖掘方法与生鲜电商满意度的研究相结合，探析影响生鲜电商消费者满意度的因素。

2. 研究基础

　　关于生鲜电商满意度的研究中，学者们运用的理论基础有所不同，常见的理论基础是顾客满意度理论、服务质量理论、期望确认模型，也有学者尝试自己构建顾客满意度模型，如王云（2021）通过对国内外研究的梳理后，加入产品、舒适、质量、物流、娱乐方面的要素，与顾客满意度进行整合，构建关于生鲜电商消费者的满意度模型。相关文献的研究基础总结如表 1-3 所示。

学者	研究基础
时静华、陈岩	美国顾客满意度理论(ASCI)、欧洲顾客满意度理论
陈振华	美国顾客满意度指数模型(ASCI)
陈范娇	期望-实绩理论模型
侯萍、刘玉阳	期望确认模型、成本转换理论
史伟、闻海燕等	SERVQUAL模型(服务质量理论)
涂洪波、胥草森等	PPM模型
黄敏、吕庆华等	ASCI模型、期望不确定理论、服务质量理论等
吴毅卿、袁仟	期望确认模型、信息系统成功模型
黄丽、赫英迪	计划行为理论
张华泉、俞守华等	服务质量理论、消费者满意度理论、"预期-不一致"理论
仓星星	CCSI模型
丁洋	技术接受与使用模型

表 1-3　　　　　　　　　　　　相关文献的研究基础

3. 影响因素

目前学者们在关于对生鲜电商满意度的研究里，大多数的研究主题是围绕影响消费者对生鲜电商满意度的因素有哪些，以及这些因素的影响程度进行探讨。学者们在进行假设检验时，主要是从以下几个方面探讨影响因素：物流、顾客体验、平台、商品、品牌。

物流因素主要包括配送时效、物流服务质量。张菊香(2022)将注意力放在生鲜电商发展的关键环节——冷链物流的服务质量，并将冷链物流的服务质量细分为六大维度，探讨各维度对消费者满意度的影响。将调查问卷收集到的数据通过实证研究发现，生鲜电商冷链物流服务质量的六大维度对顾客的满意度影响程度有所不同，影响程度最深的维度是可靠性，影响程度最浅的是经济性，并且其中存在两个维度对消费者满意度不存在显著的影响。戴国良、陈灵燕(2020)研究发现，在影响顾客满意度的因素中，最主要的因素是物流服务提供的便利性。生鲜电商的"最后一公里"配送方式多种多样，目前已经存在配送到家、配送到社区门店、自取等模式，通过调查发现，最能够使消费者满意的模式是配送到家。另外，他们不仅研究哪些因素能够提高顾客的满意度，还研究使顾客产生不满意情绪的因素，并发现在这些因素中，有三个因素均属于配送方面，因此配送还存在很大的进步空间。邸亚芹、刘宗冉、汤肖迪、顾彦康(2019)将视角聚焦于物流配送质量上，并将物流配送质量划分为5大维度，深层次地探讨各维度对消费者满意度的影响结果。仓星星(2017)在研究品牌形象对生鲜电商满意度的影响中，将品牌形象划分为5个维度，其中一个维度就是物流形象，并通过实证研究得到结论：物流形象在关乎顾客信任中占据更大的比重。丁洋(2022)在研究生鲜电商物流服务质量对顾客的再次购买意愿影响中，指出物流质量与顾客满意程度成正比关系。

顾客体验因素主要包括娱乐性。王云(2021)除开物流、商品等主要的影响因素，还发现消费者在购物的过程中，如果能够得到娱乐性的体验，便能显著地促进其满意度的提升。郑明珠(2022)利用情感分析方法，得出顾客在购买生鲜商品时，主要的表现是积极的情绪，这些情绪对提高顾客的满意度有利，但也有不利于促进顾客满意度提升的消极情绪，这些情绪的来源主要是产品品控、物流水平、价格、售后服务。

平台因素主要包括平台服务、平台便利性。王小函、王楠等(2022)提出平台的服务质量是影响顾客满意度的一个重要因素。陈范娇(2016)通过分析实证结果，得出的能够显著影响顾客满意度的因素中，有三个均属于平台便利性的范围内，并发现售后服务有着不小的影响力。张华泉、俞守华、区晶莹(2019)在对平台因素的研究中发现，相较于售后服务，前期的销售策略对平台因素的影响程度更深，由此看出，顾客更加关注生鲜商品的销售环节。

商品因素主要包括商品品质、商品种类、商品价格。王小函、王楠等(2022)对问卷收集到的数据进行实证分析，商品的质量、种类、价格均能够影响顾客的满意程度。郑明珠(2022)采用语义网络分析，发现"新鲜度"是消费者关注的一个重点。

品牌因素主要包括品牌知名度、品牌口碑。黄丽、赫英迪(2018)认为当消费者面对未知的产品或者对购物时间敏感度比较高时，更加倾向于直接选择拥有知名度和口碑的品牌商品，名誉可以增加消费者的购买意向。

4. 对策建议

学者们通过对生鲜电商满意度的影响因素进行分析，提出了提高消费者对生鲜电商满意度的对策建议，主要包括物流服务质量、商品选择及保障品质、便利平台体验等方面。通过梳理现有文献，可以看到大多数学者都认识到可以通过加强冷链物流建设、提高配送效率、提升商品品质、优化平台服务来提高消费者对生鲜电商的满意度。与此同时，一些学者也从不同的角度，提出了一些新颖的对策建议。张菊香(2022)从物流方面着手，并在研究冷链物流的服务质量对顾客满意度的影响中发现，消费者们对于生鲜电商的冷链物流服务质量中最看重的竞争力是可靠；同时，认为不仅要稳固生鲜电商的冷链物流相比较于传统物流的优点(维持较低的温度以便于保持新鲜)，还要完善对于生鲜商品的源头可追溯的能力，她提出了一些实际性的举措，比如利用现代的先进技术，让消费者能够看到所购的生鲜商品从种植到采摘的实时视频，将商品运输的一系列过程透明化，从而使消费者感到商品更可靠和值得信赖。王云(2021)通过假设检验并对数据实证研究后得出娱乐体验能够显著影响消费者满意度的结论，所以他认为消费者选择通过生鲜电商平台购买生鲜商品不仅是满足日常购物的需要，甚至可能将这样一种新颖的方式当作一种娱乐体验。因此，生鲜电商平台可以优化图片和视频等内容，并添加一些娱乐性的操作功能，使消费者们在购物的同时也能在精神上得到一种愉悦的体验。陈范娇(2016)提出顾客在使用电商平台时，打开的第一扇窗户便是平台的页面设计和功能，因此设计便利美观的页面和功能，可以有效降低消费者搜索商品和信息处理的时间成本，从而帮助他们养成对平台的使用习惯，同时也要保证支付方式的安全性和多样性。侯萍、刘玉阳(2022)考虑消费者层面，他们认为顾客不仅是生鲜电商的购买者，而且是生鲜电商经营环境的监督者，他们提出消费者应当主动积极地提供购物体验的反馈，只有得到顾客们的反馈，商家才能够知道哪里需要改正、哪里需要保持，推动商家们主动地进行服务质量的提高，这样也能够使做得不够好的商家有可以参考的标杆，进而促进生鲜电商整体的环境优化。另外，他们认为不能只关注对初次购买者的引流，还需要注意激发顾客们持续购买的意愿。如果商家也开通了线下实体店的销售渠道，那么要兼顾对线下实体店的运营，线下实体店的体验不仅会影响线下店铺的经营，也可能成为促进线上平台消费的机会。史伟、闻海燕(2020)认为对企业来说，寻找到创新的路径至关重要，而对于消费者来说，企业培养他们的购物习惯尤为关键。涂洪波、胥草森、赵晓飞(2021)通过实证研究发现顾客的参与度和涉入度能够影响他们是否在生鲜电商平台持续消费，因此要关注消费者的参与感和涉入程度。黄敏、吕庆华、林炳坤(2021)把 B2C 生鲜电商作为主要研究方向，并认为商品价格是消费者们购买时的一个主要参考对象，因此这些平台在确保商品品质的同时，还需要增加其的性价比，物美价廉的商品容易吸引顾客们的注意力并引起他们的消费意愿，也能够在一定程度上提高消费者的满意度。除了直接在价格上做减法，还可以设置一些新奇的优惠活动，也能够促进消费者们购买商品，提高他们的满意度。郑明珠(2022)也看到了价格的影响能力，他认为生鲜类的商品是人们的生活必需品，购买频率比较高，因此消费者们对价格的敏感度也比较高。但他不仅提出可以进行一些促销活动，比如利用部分生鲜商品季节变化的特点，增加季节变化较大的生鲜商品的优惠力度，不同种类的生鲜商品交替打折，让利顾客，而且提出了可以优化简化生鲜商品的运输过程，减少中间环节，从而减少物流成本和中间商的差价。建立生鲜商品根据等级制定价格的机制，通过生鲜商品的新鲜程度、包装、重量质量标准将商品划分为不同的级别，级别越高定价越高，级别越低定价越低，尽可能最大限度地满足不同消费者们的价格需求；吴卿毅、袁仟(2021)认为影响顾客购物体验最深的因素是他们对于应用的期望确认度，因此企业需要加大管理和奖惩力度，防止虚假宣传和夸大宣传等有害于顾客消费权益的行为发生，与此同时，使产品的宣传形象与产品的实际形象尽量一致，这样顾客在购物时才真正能够所见即所得，从而提升用户对应用的期望确认度。黄官伟、王谧(2021)将注意力集中在领先的生鲜电商平台每日优鲜上，发现人们对它的主要印象是水果。因此，学者们认为消费者可能会因为青睐某一特定种类商品激发对一个整体平台的信任和偏好，可以在确保商品总体质量的基础上，根据新时代环境下消费者的消费偏好趋势，利用垂直品类体现平台的特别之处。张华泉、俞守华、区晶莹(2019)发现，当顾客在购买生鲜商品后表现的是正面满意时，首先会向身边的其他人推荐该商品，然后才是选择再次购买。由此说明当消费者对自己所购生鲜商品感到满意时，能够成为主动的推广者，并有可能转化为忠实的用户。因此，商家和平台可以根据客户们的个人特性，有针对地进行对客户的关怀和回馈行为，进而通过部分消费者引来更多的潜在消费者以及转化为忠实用户的可能。邸亚芹、刘宗冉、汤肖迪、顾彦康（2019）看到了网络购物的特殊性，建议生鲜电商平台要更加关注平台的售后保障，在理赔方面多下工夫，拓宽反馈渠道等措施刺激消费者的购买。胡洪林、戴欧阳（2021）将目光聚焦于新兴业态——短视频平台，他们发现短视频平台销售生鲜产品为农村带来很多益处，因此提出培育懂电商和运营知识的农民，完善人力资源力量。

5. 总结

通过梳理现有对生鲜电商满意度的研究发现，学者们通过不同理论基础、不同方法，对影响生鲜电商满意度的因素以及因素的影响程度等方面已经有了丰硕的成果。然而，目前该方向的文献主要采用的是定量研究方法以及定性和定量研究相结合，尤其是现有文献中采用案例分析法的文献较少，未来学者们可以通过更多的理论基础、不同的研究方法丰富该研究方向的理论成果。同时，现有文献主要通过从物流、平台服务、商品品质等方面去考虑影响生鲜电商满意度的因素，未来学者们可以寻找一些不同的视角，比如消费者本身、平台影响力、直播内容，等等。此外，不同类型的生鲜电商平台有其不同的特点，未来可以针对不同类型的生鲜电商平台进行更加深入的研究。

1.3.2 生鲜电商模式

1. 研究方法

在关于生鲜电商模式的研究中，现有研究学者们主要采用案例分析方法和实证研究方法，由于与生鲜电商模式相关问题的特殊性，其中，更多的学者采用的是案例分析的方法，不单单只有单案例研究法，还包括双案例对比分析法、基于扎根理论的案例研究法、描述性多案例研究的方法，等等。刘炫（2023）在"互联网+"背景的前提下，将盒马鲜生与每日优鲜作为案例，运用双案例对比分析法对上述两家企业的商业模式进行探讨。江小玲、但斌等（2023）想要解决生鲜电商面临的物流困境，运用单案例研究方法对盒马鲜生进行深入分析。张旭梅、梁晓云等（2019）以"我厨"为案例，运用基于扎根理论的案例研究法对数据一步步提炼，得出它的商业模式创建路径的要素。霍红、吕爽等（2017）为了比较各生鲜电商的商业模式，运用描述性多案例研究的方法，选取各商业模式的典型企业进行解析。少部分学者为了研究某种模式的效果和影响因素，需要通过实证研究方法进行分析。例如，徐芬、陈红华（2020）以新零售模式的代表企业盒马鲜生作为研究对象，通过定点拦截和发放调查问卷收集数据，并从数据中探析在新零售模式下影响消费者行为的因素以及盒马鲜生体验服务的有效性。

　　为了获取相应数据，学者们运用了各种各样的方法收集需要的信息。现有研究无论是利用定性研究方法还是定量研究方法，数据采集都主要运用三种方法：文献研究法、网络资料法、访谈法。除此之外，还有学者运用其他有效的方法收集数据，比如：现场观察、面谈访问法中的定点拦截、亲自体验等方法。相关文献的数据收集方法总结如表 1-4 所示。

表 1-4　　　　　　　　　　　　　相关文献的数据收集来源

学者	数据收集方法
刘炫	文献、网络资料、调查访谈
江小玲、但斌等	半结构化访谈、公开文献、网络资料、现场观察等多种不同的数据收集方法
徐芬、陈红华	面谈访问法中的定点拦截，由调查员在不同城市的盒马鲜生门店对消费者进行随机抽样后进行面访、发放调查问卷
张旭梅、梁晓云等	以文档资料为主，针对其各方面的报道；通过"我厨"客户端的客服访谈、微信社群的用户访谈以及作者选购体验等方式。
张旭梅，邓振华等	易果生鲜、海尔的官方网站、微博、微信公众号；作为客户参与过案例企业生鲜购买和体验，以及通过客服访谈获取的一些资料；网络上相关媒体的报道（中国电子商务网站、亿邦动力网等）、企业高管的经验分享、行业评论、CNKI 数据库中有关的文献报道、涉及案例企业经营发展的一些书籍。
霍红，吕爽等	有关案例企业的相关文献；在网上搜索相关案例企业的财经报道、研究报告等其他文件；对案例企业中的有关工作人员及消费者进行访谈，获取一手资料。

2. 研究内容以及发现

在与生鲜电商模式相关的研究中，目前学者们的研究内容主要集中在模式创新、模式分析、各类型模式(配送模式、运营模式、商业模式等)存在的问题和建议、模式对比等几个方面。刘炫(2023)、邢惠淳(2019)将盒马鲜生和每日优鲜作为研究对象，分别从四个方面和三个维度对两个企业的商业模式进行对比探析，得到了两者各自在价值主张等维度上的特点及现状。江小玲、但斌等(2023)，陈见标、陆宇海(2021)都发现了物流配送模式是生鲜电商发展中的一个关键流程，前者认为生鲜电商企业需要克服物流成本和物流时效之间的不平衡，于是对盒马鲜生进行深入探析，找寻其物流困境形成的原因以及为之付出的努力和最终结果，以此建立突破物流困局的理论模型，找到了其中的规律所在；而后者则更多探讨如何对生鲜食品物流配送模式进行优化。王沛景、宋跃刚(2022)将研究的模式具体为市场营销模式，在对各类生鲜电商的营销模式进行整理后，得出了国内目前生鲜电商营销模式面临的具体问题。毕会娜、孟佳林等(2021)，徐芬、陈红华(2020)，单良(2019)，冯雅洁、马树建(2023)将目光放在新零售模式的新背景下，将以往的问题放置在全新的环境中。张旭梅、梁晓云等(2019)，李源、李静(2020)选择了对生鲜电商O2O商业模式进行研究，前者基于扎根理论提出案例企业模式路径的五个构成要素，后者针对O2O商业模式的现存问题，提出了自己的见解和建议。

李娜(2019)关注生鲜电商发展过程中的瓶颈问题："最后一公里"，研究目前存在的难题以及解决办法，并提出构建"1+1+1"新型生鲜配送模式。张旭梅、邓振华等(2019)以易果生鲜和海尔两个跨界企业之间的合作作为实例，通过扎根理论的方法对数据层层编码，最后得出生鲜电商跨界合作的模式要素和运行机理。葛继红、王文昊等(2018)，霍红、吕爽等(2017)将案例企业和其对应的生鲜电商商业模式结合起来，分析其差异化特点和适用范围，提出未来生鲜电商商业模式的发展建议和相关对策。毛洁(2022)、王楠(2023)将研究对象聚焦在新零售模式中表现良好的前置仓电商模式，前者以战略管理中常用的SWOT分析方法作为框架，与其他模式对比后得出前置仓模式的优劣势、机会、挑战；后者针对所具备的优势和目前存在的问题，提出具体的优化建议。刘燕(2021)比较了生鲜电商社区供应模式的三种形式，她认为可以考虑结合几种配送模式，达到优势互补的效果。纪良纲、王佳淏（2020）在运用系统动力学理论和 Vensim 模型对市场上两种实力旗鼓相当的 B2C 模式和 O2O 模式实行仿真模拟，得出后者模式的生鲜电商利润更高而成本更低。

3. 对策建议

现有学者们在对与生鲜电商模式相关的研究中，研究的目的或多或少是希望通过对现有生鲜电商各类型模式的探析，找到可供其他生鲜电商企业借鉴的经验，对它们未来的发展方式提出自己的对策建议。在梳理现有学者们针对未来生鲜电商企业发展的对策建议后，发现主要有几个方面的优化措施：物流、差异化、精细运营、运营成本、供应链。

物流方面主要是提高冷链物流技术以及管理和服务水平，优化配送模式。江小玲、但斌等（2023）认为可以通过构建物流的合法性、有效性、包容性来突破目前生鲜电商物流遇到的成本与时效之间不平衡的困局。王沛景、宋跃刚（2022）提议生鲜电商企业应当加强冷链物流的国际化建设，向国际发达的冷链物流技术看齐，提升自身在国际上的竞争地位，并且在提升仓储品质的同时合理减少仓储所需花费的成本。毕会娜、孟佳林等（2021）认为当前智慧物流发展的不充分不平衡阻碍了新零售模式下生鲜电商企业的发展，并提出具有资金和研发实力的企业应当大力投入开发、物流公司与互联网企业联合、引进培养精通电商和互联网技能的人员等多条建议。霍红、吕爽等（2017）认为除了企业自身的努力外，政府也应当重视对冷链物流的扶持力度和人才引进，使冷链物流行业逐步标准化。刘燕（2021）也认识到政府在生鲜电商物流中能够发挥的作用，提出市政府可以加强道路建设、科学设计配送网点、提升网点运营执照下办效率。另外，企业可以限制物流各个环节的时间，对物流人员制定合理的多维度绩效考核评测体系。

差异化方面主要是运用核心资源，打造独特的优势，走差异化发展道路。刘炫（2023）分析盒马鲜生和每日优鲜的核心资源和特点，并认为目前生鲜电商市场竞争激烈，只有利用好企业的核心资源，走差异化道路，才能够可持续地经营下去。葛继红、王文昊等（2018）分析国内生鲜电商三种主流发展模式后，提出国内生鲜电商市场结构是市场集中度高和同质化现象严重，小微企业采取差异化竞争战略是不错的选择，并应当充分考虑企业的目标市场和自身资源优势，最大限度地发挥差异化竞争战略的效用。

精细运营方面主要是深入挖掘消费者的现有需求和潜在需求，真正做到根据用户个人喜好精准推送。邢惠淳（2019）对盒马鲜生和每日优鲜对比分析后，提出生鲜电商企业可以运用数据埋点技术，追踪顾客行为足迹，收集顾客各个渠道的数据信息，构建精确的用户画像，实现消费者的个性化需求，还可以模仿每日优鲜，基于顾客个人特点实行分级服务。单良（2019）认为生鲜电商企业应当充分利用大数据等先进的技术，挖掘用户的个人喜好，使平台有提前准备的时间。并通过网络平台精准营销，满足用户的精神消费需求，吸引潜在消费者。

运营成本方面主要是提高运营效率，将成本控制在适当的范围内。刘炫（2023）认为目前生鲜电商企业普遍面临着营利难题，尤其是以新零售模式中的前置仓模式为典型烧钱模式，应当从提高供应链效率和利用自传播等方式降低获客费用两方面着手解决。张旭梅、梁晓云等（2019）认为生鲜商品本身的特殊性以及生鲜商品的毛利率都导致了生鲜电商营利困难，可以降低从采摘到配送各过程的成本和扩展收入来源。与刘炫（2023）一样，他们也认为采取口碑传播等低成本的营销方式能够减少总的运营成本。纪良纲、王佳淏（2020）通过做仿真模拟，从SD模型中得出影响生鲜电商利润收入的因素主要是成本，建议前期可以投入大量成本，但在中后期需要稳定甚至减少成本的投入，这样才能够有营利的空间。

供应链方面主要是打通产业链中每个环节，提升供应链运作效率，产生更大的协同效应。毕会娜、孟佳林等（2021），张旭梅、梁晓云等（2019）都看到了供应链上各企业之间能够淋漓尽致地发挥更大功能。前者认为生鲜电商平台的运营需要各方主体的共同努力，这些主体间享有共同的利益、承担同样的风险，提升供应链整体的管理水平，可以产生更好的协同效应，降低成本的同时提升效率。他们提议建立供应链企业联盟、聘请专业的管理团队、发展智能供应链技术。后者认为实际运营中，供应链各企业为了达到自己的最大化利益造成各自为政的局面是供应链运营效率低下的主要原因，因此要使供应链企业之间多多合作，推动效果最大化。

还有一些学者从别的视角提出了生鲜电商面临问题的解决对策。毕会娜、孟佳林等（2021）认为平台的服务质量对于生鲜电商未来的发展至关重要，因此，政策方面应当带领平台走向正确的方向，如严禁发布虚假及引诱性广告、设置举报和惩罚机制、利用法律手段抵制恶意竞争等危害市场的行为，此外，行业之间也可以由领先企业牵头设立组织，规范各企业行为，不定期考察供应链上各企业的实际运营。张旭梅、梁晓云等(2019)认为生鲜电商企业应当具备敏锐的市场洞察力，企业可以经营好社群，通过社群与用户交互，加深成员彼此的信任感，以此产生源源不断的用户数据，从而让企业更好地挖掘用户的潜在需求，提高企业对市场的反应能力。李娜(2019)分析了国内生鲜电商终端配送存在的问题后，提出构建"1+1+1"新型配送模式，即每位配送员只需要负责一位消费者的配送服务，一辆冷链电动车里只存储对应消费者的生鲜商品，真正保证生鲜产品的新鲜度和品质，提高消费者对于平台的黏性。邢惠淳(2019)认为生鲜电商企业保证商品的品质固然重要，但丰富用户们的消费场景也十分重要。比如与有更好服务能力和水平的第三方运力公司合作，提供更大范围的配送服务；开设线下旗舰店和体验店打造品牌效应；办公场所和公共场所或许能成为打开新消费场景的突破口。张旭梅、邓振华等(2019)通过对易果生鲜与海尔的跨界合作案例研究后，提出跨界合作可以为中小型生鲜电商提供新思路，发挥两方资源的协同效应，但要注意选择合作伙伴时双方的相关性以及合作内容的丰富性，实现双方价值增加。霍红、吕爽等(2017)提出生鲜电商企业可以大力发展"C2B+O2O"模式的新颖对策，他们认为O2O模式拥有能够更好满足消费者的购物体验和提升配送效率的优点，而C2B模式能够降低O2O模式下消费者对商家的货源及供应链产生的不信任感，弥补单纯O2O模式带来的不足。毛洁(2022)将关注焦点集中在前置仓模式上，认为该模式市场渗透率低，因此有较广阔的上升空间，而且，前置仓模式应当抓住数字经济的机遇，扩展营利途径，提升营利能力。李源、李静(2020)将研究重心放在O2O模式上，认为过去的O2O模式在模式和商品品质上存在问题，可以考虑将个性化服务、延伸服务与线上消费和线下体验结合起来，推动建立商品追溯机制，实现信息化水平提高。

陈见标、陆宇海(2021)认为国内生鲜电商企业同质化竞争现象严重，生鲜电商平台可以深耕生鲜市场的细分领域，面向该细分领域的特定消费者提供配送服务，避免在市场激烈的竞争下难以生存。刘燕(2021)将场景集中在社区里，认为要加强社区内生鲜配送过程的监督和管理，严厉处罚破坏及偷窃等行为，对于更加严重的行为，甚至可以考虑撤销营业执照。提高社区居民对智能终端配送系统的普及程度和接受程度，为构建社区智能供应链奠基。冯雅洁、马树建(2023)认为生鲜电商平台在对商品进行包装等待配送的环节，是最能够保证商品质量的环节，要合理利用这段时间，检查商品与订单需求是否一样，减少退货事件的发生；同时，平台退换货涉及的问题是用户对平台不满的一个主要原因，要明确退换规则、提高效率。王楠(2023)提出发展"前置仓+众包"配送模式，各平台将用户的订单信息上传到众包平台，共享资源信息，以此减少特定配送员的配送路程，减少物流成本。

4. 总结

通过对现有关于生鲜电商模式的文献进行梳理后发现，学者们在运用不同的研究方法和数据收集方法，从不同视角对生鲜电商的商业模式、配送模式、模式之间的优劣对比等方面已经有了丰富的成果。然而，目前该方向的文献主要采用的是定性研究方法，采用定量研究方法的学者较少。未来学者们可以基于更多的理论基础和更加多样化的研究方法丰富该研究方向的理论成果。此外，部分文献提出了要对目前的商业模式进行创新，但是对如何进行商业模式的创新以及具体的实践涉及的研究较少，未来的学者们可以考虑从这一方向进行更加深入的研究。

1.3.3 社区团购

社区团购逐渐成为一个研究热点，相关研究文献越来越多。张侠丹(2021)基于社区团购模式分析，探讨社区团购模式拓展下沉市场的竞争优势，为社区团购模式的发展提出了建议。邵晓腾(2021)认为社区团购应当在相关政策法规下调整企业运营策略，注重产品精细化运营，培养平台核心竞争力，为社区团购行业提供更加优质的产品和完善的供应链。张倩倩和陈晓萌(2021)基于社区团购销售模式的分析，提出未来社区团购的发展应当植根于本地及周边的小型团购，互联网巨头应当逐渐退出，烧钱和补贴战略并不能使社区团购走向营利的道路。

曹艳丽(2021)从供应链角度阐述了当下社区团购平台的供应链发展程度，并提出平台在未来应该致力于产品品质、供应链体系以及末端交付场景的完善和改进工作，才能在未来的市场竞争中突出重围。刘艳胜（2021）在关于生鲜产品的质量运输方面的研究中发现，当前我国冷链物流市场规模和未来需求在不断攀升，但是我国关于冷链物流的设施建设却并没有跟上市场的步伐，尤其是在社区团购发展过程中，冷链物流成本依然是大头。刘紫玉和李亚萍（2021）通过对供应链参与主体和主体行为网络的分析，构建社区团购供应链价值共创模型，对社区团购平台供应链整体、链上企业联盟价值、消费者价值等进行探讨，通过供应链环节创造优势条件，以提高社区团购供应链价值共创能力。宋始殷（2021）基于 4C 理论剖析社区团购的模式优势和存在的问题，并基于此提出相应的对策方案。王爽英（2021）在社区团购模式分析中提出应依据新 4C 法则优化企业营销策略，从产品、渠道、场景、供应链和社群管理等多方面进行优化布局，以推动社区团购在新的消费方式下的优化升级。卢川榕和陈哲玮（2021）从企业运营过程的成本考量着手，运用盈亏平衡理论中销量与利润的相互关系对品种的影响理论，对平台不同阶段运营产品的成本进行分析研究，提出平衡运营成本的选品建议，为平台发展缩减成本支出。谭舒怡（2021）针对如何突破社区团购营利困境问题，对消费者心理、行为特征进行总结，基于营销视角，对社区团购模式下影响消费者购买行为的具体因素进行分析，进而为社区团购发展和农产品销售提供参考。豆丹丹和李利英（2021）基于我国特有的饮食地理特征，对县域生鲜农产品流通体系进行研究，以期提升社区团购供应链源头端的流通能力，进一步提高生鲜农产品的流通效率，为解决社区团购供应链痛点提供方案。尚延超（2021）通过创新传统农产品流通体系，依据社区团购"线上+线下"多渠道优势，健全生鲜农产品质量安全追溯体系，提高沟通和流通效率，在精准绘制客户画像和数据分析的基础上推动"以销定产""实时匹配农产品供给与需求"，有效推动农产品上行，提升社区团购优势。

洪涛（2021）对我国 2021 年上半年农产品电商发展进行分析总结，其中由社区团购引发的农产品销售成果引人注目，未来农产品销售要依靠数字农业，依靠社区团购新模式的发展，促进农产品上行和深耕下沉市场，为农产品销售提供更好的发展平台。陈瑾垣等（2021）通过对社区团购的商业模式和发展现状分析，强调社区团购在未来发展过程中要打造全渠道生态圈，打破现有弊端，整合商业模式，构筑新的经济增长点。覃美连等（2021）基于 SOR 理论和自我决定理论对在线社区运营对成员非购买支持行为的影响进行探讨，通过实证对企业相关运营方案提供建议，对社区团购发展提供理论支撑。宏伟（2021）依据当下社区团购平台之间的激烈竞争现象，提出企业应当依据市场规则和行业规范来约束自身行为，依法依规创新发展，科学标准化管理平台，方可实现持久健康发展。樊文静和潘娴（2021）通过对社区团购资本扩张环节进行剖析，阐述了当下资本无序扩张而导致平台资源错配现象，基于此为平台发展提出方案，促进平台经济可持续发展。洪舒阳（2021）在分析互联网巨头涌入社区团购行业后导致的市场乱序行为，强调平台发展不要通过低价、垄断协议等不正当行为，在追求利益的同时也要注重社会责任，强调公平与效率的平衡，为社区团购行业发展营造合法合规的竞争环境。

1.3.4 供应链效率

关于供应链效率的相关研究较少。徐玖丹（2010）认为供应链管理效率的高低是衡量供应链管理模式运作质量的主要标准；供应链管理效率主要包括供应链运作效率和组织效率，组织效率主要是衡量供应链成员之间合作的能力，而运作效率则是指应链管理中减少成本的能力；并利用层次分析法（AHP）对影响供应链管理效率的因素作层次分析，以找出影响供应链管理效率的主要因素。李爱军等（2017）运用数据包络分析（DEA）方法对 2014 年电子商务环境下安徽农产品供应链的发展效率作了静态分析，然后利用 Malmquist 指数对安徽 16 个地级市 2010—2014 年的农产品供应链发展效率分别进行了阶段性和区域性两方面的动态分析。周业付（2020）参考平衡记分卡模型，并考虑到农产品供应链的特点，选取顾客服务、农产品质量、运营流程、发展潜力、财务状况和供应链柔性 6 个一级指标，共 24 个二级指标构建农产品供应链评价指标体系。刘俊华等（2021）考虑由奶牛养殖业和乳品加工业构成的乳品供应链，依据 2013—2017 年中国 31 个省份的面板数据，构建了基于超越对数生产函数的两阶段随机前沿模型，分析中国乳品供应链的技术效率。

Beamon（2009）构建了供应链绩效评价体系，其中所包含的层面信息为三种，分别是资源、柔性以及产出这三个核心要点。Beamon 和 Spn（2010）在供应链管理这一层面之中提出了一个可行性的绩效考评体系。Toni（2006）将供应链绩效评价指标分为财务指标和非财务指标，并认为财务指标为"落后性指标"，非财务指标为"先进性指标"。Fredrik 等（2008）提出与供应链绩效指标相关的最重要的三个因素为：质量、时间、成本，并在研究报告中指出供应链交付时间的延长会大大增加供应链成本，增加的成本比出现质量问题时更为严重。Bradley（2010）从供应链弹性出发，利用实证分析对供应链绩效指标进行了研究，建立了 4 个评价指标：供应链分配、供应链市场响应速度、供应链成本、供应链设备利用程度。

1.3.5　文献评述

电子商务已经发展数十年，经过一段时间的实践和学术研究的积累，无论在理论上、视角上还是在研究方法上，电子商务研究领域的方方面面都取得较大的进展，积累了很多研究成果。但是，通过对已有相关文献的梳理和分析可以发现，以生鲜电子商务为主题的研究相对较少，尽管这方面的实践比较多，而且，生鲜电子商务定量分析的文献则更少。

因此，本书在前人的研究基础之上，基于大量实地调研，选取生鲜电子商务为研究对象，以数字经济为背景，全面系统地分析生鲜电子商务的发展历程、存在的困境及其新业态、新模式、新趋势。

1.4　研究内容与方法

本书的主要研究内容如下：第一章主要阐述研究背景与意义，对相关研究进行梳理和评述，介绍研究内容与方法等。第二章阐述生鲜食品、生鲜电商、数字经济和数字农业等相关概念及其内涵。第三章从生鲜电商的发展现状、生鲜电商的发展历程和生鲜电商发展中存在的问题等方面进行介绍和分析。第四章分别从前置仓模式、店仓一体化模式和社区团购三种主要模式切入，对生鲜电商的运行机制进行分析。第五章分别以武汉市"盒马村"和武汉"盒马鲜生"及其供应链为案例，分析数字经济下生鲜电商的运作流程、管理模式及其存在的问题。第六章基于对湖北省武汉市、天津市和四川省成都市等地农贸市场、连锁超市和社区团购三种模式的供应链的实地调研，深入分析比较了不同模式供应链的效率。第七章介绍了内容电商的内涵、分类、发展过程及其趋势。第八章分别从预制菜内涵、预制菜产业发展现状、预制菜与生鲜电商之间关系等方面进行分析。第九章运用定量方法分析社交电商平台属性对品牌忠诚的影响。第十章为总结。

本书采用的主要研究方法如下：（1）文献综述法。（2）参与式研究。（3）实地调研。（4）案例分析法。（5）问卷调查。

1.5　小结

生鲜食品是人们日常生活中必不可少的商品。在新零售的浪潮下，作为与居民日常生活息息相关"食"的一部分，生鲜电商成为保障居民日常生活的重要一环。尤其是疫情期间，由于疫情防控限制人们出行，生鲜电商行业用户激增、订单暴涨，生鲜电商行业获得快速增长。受消费者需求、技术创新、政策支持等多方面因素的推动，我国生鲜电商行业快速发展，其市场规模也在不断扩容。根据网经社电子商务研究中心联合数字零售台近期发布的数据显示，2023 年生鲜电商交易规模预计可达 6427.6 亿元，同比增长 14.74%。①

---

①　2023 年 7 月 27 日，网经社电子商务研究中心联合数字零售平台发布了《2023 年（上）中国生鲜电商市场数据报告》，该报告显示，2023 年，生鲜电商交易规模预计达 6427.6 亿元，生鲜电商行业的渗透率预计为 8.97%，用户规模预计为 5.13 亿，上半年，城镇居民食品消费支出为 10594 亿元，生鲜电商交易额占城镇居民食品消费支出的比重达 27.6%。

第2章　相关概念界定及其内涵

2.1　生鲜食品

　　生鲜，即没有被深度加工，仅仅完成保鲜和简要处理后就销售的初级产品。目前代表性的生鲜食品是"生鲜三品"，即蔬果(蔬菜和水果)、肉类、水产品。另外日常生活中比较多见的面包和熟食等需要现场加工的食品也是比较普遍的，它们共同被称为"生鲜五品"。生鲜食品的特点和存储要求基本上大体一致，它们和其他食品不一样，它们水分足，保质时间短，品质容易受到损害，为了保持新鲜度和良好的品质需要保鲜、冷藏、冷冻，同时它具有保鲜和加工的特殊属性。本书所指的生鲜食品主要是上述的"生鲜五品"。

　　根据发布的中国统计年鉴可以看到，中国居民消费的生鲜食品主要包括水产品、肉禽蛋、鲜菜、奶类、鲜瓜果五类。并且从2014年到2020年六年间，全国居民生鲜食品消费量从3.1亿吨提升到3.6亿吨。其中鲜菜类生鲜食品消费量最多，这与居民日常的生活需要密切相关，六年间，中国居民对于鲜瓜果类的消费量增幅最明显，这可能是因为随着经济发展，居民生活水平渐渐提高，对于生活的品质有更高的追求(详见图2-1)。

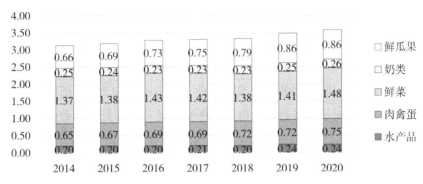

图 2-1　2014—2020 年中国居民生鲜食品消费量(亿吨)

资料来源:《2020 年中国生鲜供应链市场研究报告》,https://www.sohu.com/a/420024151_445326,2024 年 3 月 22 日访问。

2.2　生鲜电商

生鲜电商通常指的是生鲜产品电子商务,即通过互联网渠道销售鲜活、熟食和冷冻等各类食品,以及提供生鲜配送服务的电商模式,生鲜电商与传统电商最大的区别主要表现在两方面:商品属性和物流配送。生鲜电商的商品是生鲜食品,而传统垂直电商的商品则更为广泛,包括服装、家居、数码等各种商品。生鲜食品具有时效性和易腐性,需要更快的物流和更高的质量控制;生鲜电商的物流配送需要更快速、更精准的配送方式,以保证食品的新鲜度和品质。传统垂直电商的物流配送则更注重包装和物流效率。

2.3　数字经济

1995 年,"数字经济之父"Tapscott 最早提出"数字经济"这一概念,总结了数字经济的特征,但并未就数字经济给出详细定义。关于数字经济的概念界定的研究主要集中在各国统计局以及国际组织的各项工作报告中,各组织和官方统计局对数字经济的界定分为狭义和广义两种。

(1)数字经济的狭义定义。狭义的数字经济被看作一种新型信息化产业,与信息通信技术应用密切相关,不断利用数字化技术进行生产创造的一种新的国民经济产业，生产运营与各行各业联系紧密。2000 年前后，数字经济主要与信息通信技术产业以及电子商务产业相挂钩。Margherio 等（1998）认为数字经济产业就是通过网络连接从而提供货物与服务。但 Kling 和 Lamb（1999）把数字经济产业划分为信息技术业、网络服务业以及电信业。Mesenbourg（2001）把数字经济划分为支撑基础设施、电子商务过程、电子商务交易这三个部分。随着数字内容的不断发展，2010 年以后，狭义定义被扩充为信息通信技术产业、电子商务产业以及数字内容产业。2012 年经济合作与发展组织（OECD）在《数字经济测度框架》中提出，如果在交易过程中使用了电子交付方式实现订购，那么这项活动属于数字经济活动，即通过交易的性质来判定其是否属于经济活动。该定义突出体现了当前数字经济最明显的表现形式。美国经济分析局（Bureau of Economic Analysis，BEA）于 2018 年 3 月在《数字经济定义和测度》中发布数字经济测度框架体系，认为"数字经济包含主要基于互联网及相关信息通信技术的经济活动"。

（2）数字经济的广义定义。数字经济的广义定义将其视作一个经济系统，在这个系统中，数字技术被广泛使用并由此带来了整个经济环境和经济活动的根本性变化。数字经济具有快捷性、高渗透性、自我膨胀性、边际效益递增性、外部经济性、可持续性及直接性。2016 年杭州 G20 峰会对数字经济作出详细阐述，强调数字经济是指以使用数字化信息和知识作为关键生产要素，以现代信息化网络为载体、以信息通信技术的使用来促进效率提升以及宏观经济结构优化的一系列经济活动。中国信息通信研究院（2020）指出，数字经济是以数字化知识和信息为关键生产要素，以数字技术创新为核心驱动力，以现代信息网络为重要载体，通过数字技术与实体经济深度融合，不断提高传统产业数字化、网络化、智能化水平，加速重构经济发展与治理模式的新型经济形态。其对数字经济的定义较 G20 更加全面、广泛。

数字经济的广义定义更具有包容性，更加能够适应当前数字经济快速发展的特征，其定义也可随着新产业新模式的出现而作出相应拓展。因此，本书就数字经济作如下广义定义：数字经济是将数据作为关键要素，以现代信息网络为载体，依靠数字技术、产品或服务开展一系列经济活动。数据是指数字化的一切知识、图片、信息等。数字经济紧扣三个要素，即数据资源、现代信息网络和信息通信技术。

2.4 数字农业

2008 年，美国杂志《自然》首次提出大数据定义，由此全球进入了大数据时代。以云计算、大数据、物联网、移动互联、人工智能、区块链等为代表的现代信息技术在农业农村广泛深入应用，已经成为传统农业向现代农业转变、传统农村向美丽乡村转变、传统农民向新型职业农民转变的重要途径。"数字农业"最早由美国科学院、工程院两院院士提出，之后美国又率先提出"精确农业"的思想，现如今其在数字农业应用领域方面远超他国；英国建立"数字驱动"农村上网中心平台，建立"农田之星"信息管理平台，实现农业生产自动化、精准化；德国、西班牙、以色列等国家也相继出台数字农业政策，建立数字农业服务体系用以推动农业发展。我国也相继出台了一系列相关政策，2015 年农业农村部印发的《关于推进农业农村大数据发展的实施意见》（农市发〔2015〕6 号）提出，要最大限度地发挥大数据在农业农村发展中的重要功能和潜力，以支撑和服务农业现代化。2019 年我国又相继颁布了《数字乡村发展战略纲要》《乡村振兴战略规划（2018—2022 年）》等文件。国务院在《"十四五"推进农业农村现代化规划》中提出：发展数字农业，建立和推进农业农村大数据平台，大力推动人工智能、物联网、大数据、区域块与区域链等新一代科学智能技术与农业生产经营相融合，为农业"数字赋能"。2020 年农业农村部、中央网络安全和信息化委员会办公室发布的《数字农业农村发展规划（2019—2025 年）》中对新时期推进数字农业农村建设的总体思路、发展目标、重点任务作出明确部署，擘画了数字农业农村发展新蓝图。

数字农业是指将遥感、地理信息系统、定位系统、计算机技术、通信和网络技术、自动化技术等高新技术与地理学、农学、生态学、植物生理学、土壤学等基础学科有机地结合起来，从而实现在农业生产的全过程中对农作物从规划、投入、生产，到农产品收获、加工、营销等全过程模拟、监测、判断、预测和建议等，达到提高资源利用率，降低成本，提高生产效率和产品质量，改善生态环境的目的。数字农业的内涵一直在不断完善和丰富中，但是数字农业总体包含 4 个部分（如图 2-2 所示）。

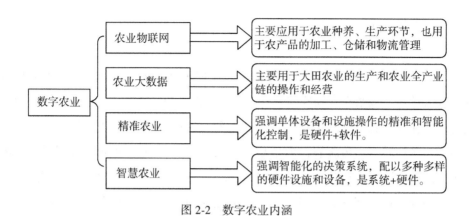

图 2-2　数字农业内涵

农业物联网（Internet of Things）。农业物联网从本质上讲是一套数控系统。在一个特定的封闭系统内，以探头、传感器、摄像头等设备为基础的物物相联。它根据已经确定的参数和模型，进行自动化调控和操作。目前主要应用于农业种养、生产环节，也用于农产品的加工、仓储和物流管理。

农业大数据（Big Data）。农业大数据是与农业物联网相对应的概念，它是一个数据系统，在开放系统中收集、鉴别、标识数据，并建立数据库，通过参数、模型和算法来组合和优化多维及海量数据，为生产操作和经营决策提供算法依据，并实现部分自动化控制和操作。因为它是在完全开放的系统中运作，因此主要用于大田农业的生产和农业全产业链的操作和经营。

精准农业（Precision Farming）。精准农业是建立在农机硬件基础上的执行和操作系统。它主要是以农机的单机硬件为基础，配以探测设备和智能化的控制软件，以实现精准操作，变量控制（包括变量播种、变量施肥、变量喷药等），无人驾驶，以及理想的工作环境和场景适配。精准农业强调的是（单体）设备和设施操作的精准和智能化控制，是硬件+软件的组合。

智慧农业（Smart Agriculture）。智慧农业是建立在经验模型基础之上的专家决策系统，其核心是软件系统。智慧农业强调的是智能化的决策系统，配之以多种多样的硬件设施和设备，是系统+硬件的组合。智慧农业的决策模型和系统可以在农业物联网和农业大数据领域得到广泛应用。

第3章　生鲜电商发展现状

3.1　发展现状

3.1.1　行业规模

　　自从 2020 年突如其来的新冠疫情蔓延全国各地后，人们的生活方式和消费习惯也随之发生了改变，越来越多的家庭习惯于居家使用互联网，这一改变也给生鲜电商行业带来了希望，生鲜电商市场由此得到快速发展。近年来，中国生鲜电商行业交易规模总体上保持稳步增长的状态，2013 年至 2021 年，我国生鲜电商的交易规模持续上升，并且历年上涨幅度都超过了 20%。2021 年生鲜电商交易规模达 4658.1 亿元，同比增长 27.92%。2022 年交易规模为 5601.4 亿元，同比增长 20.25%（详见图 3-1）。

图 3-1　2013—2022 年生鲜电商行业交易规模及增长率

资料来源：《2022 年度中国生鲜电商市场数据报告》，https://www.100ec.cn/zt/2022sxdsscbg/，2024 年 3 月 22 日访问。

国内的一线城市和新一线城市数量相比较少，非一线城市数量较多，近年来，各生鲜电商在国内一线城市和新一线城市大力布局业务，但市场已经趋向饱和状态，而二三四线城市的居民数量庞大、收入水平逐步提高、购物能力不断增强，对生活品质也有了更高的要求。为了扩大市场规模，生鲜电商企业将更多的注意力放在二三四线城市。尤其是近年来大展身手的社区团购模式正迅速向二三四线城市下沉。自2005年生鲜电商第一次出现在市场上，十几年来生鲜电商不断发展，由稚嫩到成熟，加上受新冠疫情的影响，人们逐渐培养起了用互联网购买生鲜产品的习惯，未来生鲜电商行业的市场规模预计将继续向上增长。

3.1.2　市场渗透率

市场渗透率是对市场上当前需求和潜在市场需求的一种比较。它与市场占有率不同，市场占有率指的是实际占有的额度，即一个品牌产品的销售额在所有这个品类产品中的份额。而市场渗透率指的是这个市场可能拥有的这个品类的份额。当"生鲜电商"的概念第一次出现在市场上时，就有业内人士评估过，虽然电商已经有了一段时间的发展，但生鲜电商的市场渗透率很低，说明生鲜电商有着巨大的潜在市场。

经过近20年的发展，目前中国的生鲜电商渗透率仍然较低，但这些年来一直保持着稳步增长的总体趋势，2021年生鲜电商的渗透率达7.91%。受新冠疫情的影响，人们也渐渐培养起来了在网络上购买生鲜商品的消费习惯，因此预计未来生鲜电商的渗透率将持续增长(详见图3-2)。

东方证券《生鲜电商行业深度报告》指出，2021年国内生鲜商品的线上销售占比达14.6%，与网上零售整体的渗透率27.9%相比较，生鲜产品的线上渗透率依然存在较大的发展空间，也由此表明生鲜电商的潜力还没有被完全释放。

3.1.3　企业现状

如图3-3显示，截至2022年年底，中国生鲜电商相关企业总注册量达27715家。2017—2021年，中国生鲜电商相关企业注册量整体较多，行业入局企业较多，说明有许多企业都看见了生鲜电商的发展前景，行业竞争加剧。

图 3-2 2013—2022 生鲜电商行业渗透率及增长率

资料来源:《2022 年度中国生鲜电商市场数据报告》, https://www.100ec.cn/zt/2022sxdsscbg/, 2024 年 3 月 22 日访问。

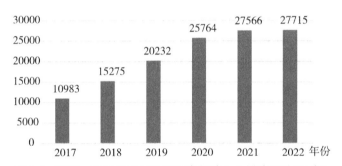

图 3-3 2017—2022 年中国生鲜电商相关企业累计注册量(家)

资料来源:《2023—2024 年中国生鲜电商运行大数据及发展前景研究报告》, https://www.sohu.com/a/674475913_498750, 2024 年 3 月 22 日访问。

经过近 20 年的发展,生鲜电商市场从许多家的争夺战渐渐转变为几大巨头之间的激烈竞争。2021 年上半年,国内的生鲜电商市场呈现着"三足鼎立"的局面,月活用户排名 TOP3 依次是每日优鲜 1376 万人次、盒马鲜生 1169 万人次、叮咚买菜 1096 万人次。据中国电子商务研究中心数据显示,国内生鲜电商的 4000 多家入局者中,有 88% 处于亏损状态,有 7% 是巨额亏损,仅有 1% 能够实现营利。

由表 3-1 可以看出,虽然市场上竞争的生鲜电商平台很多,但是在市场上有一定地位的平台的背后多是互联网巨头,如阿里巴巴、京东、美团等,其竞争本质上是这些巨头之间的对抗,它们都选择在多个生鲜电商模式下进行布局,目前生鲜电商模式主要有传统生鲜电商模式、O2O 平台模式、前置仓模式、到家+到店模式、社区拼团模式。

表 3-1　　　　　　　　　　**2021 年生鲜电商平台的种类划分**

	阿里巴巴	京东	美团	初创公司
传统生鲜电商模式	天猫生鲜	京东生鲜		
O2O 平台模式	淘鲜达、饿了么	京东到家	美团闪购	多点
前置仓模式			美团买菜	每日优鲜、叮咚买菜、朴朴
到家+到店模式	盒马鲜生	7fresh	小象生鲜	
社区拼团模式	十荟团(投资)	兴盛优选(战投)	美团优选	食享会

2022 年，整个生鲜电商的市场像是历经了一次寒冬。2021 年还是市场上明星品牌的每日优鲜被曝大量裁员以及关停站点，股价也从最高时候的 58.56 美元/股跌落至 1.9 美元/股，在烧光 110 亿融资后，仅剩下几十位员工，陷入倒闭危局。每日优鲜曾经是业内的领先级选手，随着它的倒下，其他的生鲜电商也面临同样的困境，选择前置仓运营模式的叮咚买菜仍在苦苦挣扎，即使连续关掉 8 座城市的业务，也无法扭转处于亏损的境况，市值也在下跌。即使有互联网巨头在背后撑腰、提供大量的资源支持的淘菜菜、美团买菜也频频传出相继裁员的消息(详见表 3-2)。竞争赛道上的中小生鲜电商也在不断出局，一大批平台已经悄然退出市场。由 CN10 排行榜技术研究部门和 CNPP 品牌数据研究部门联合推出的 2023 生鲜电商十大品牌排行榜上，位居前十名的有：盒马、京东到家、叮咚买菜、朴朴、永辉生活、美团优选、美团买菜、多点 Dmall、大润发优鲜、淘菜菜。

表 3-2　　　　　　　　　　**2022 年生鲜电商热点事件**

平台	事　　件
美团优选	大幅裁员，社区团购战略前景堪忧
叮咚买菜	原叮咚买菜副总裁熊卫被曝加入兴盛优选；叮咚买菜将加速布局 C 端预制菜
本来生活	实现连续第四年全财年盈利
每日优鲜	2021 年净亏超 38 亿元，仅剩 55 名员工；2022 年"原地解散"，平台无法下单

平台	事　件
兴盛优选	连撤江苏、浙江、安徽、河北、山西五省站点
百果园	第四次冲击 IPO，通过港交所聆讯
盒马邻里	杭州、南京站点关闭，仅剩上海孤身奋战

资料来源：《2022 年度中国生鲜电商市场数据报告》，https://www.100ec.cn/zt/2022sxdsscbg/，2024 年 3 月 22 日访问。

2022 年，陆陆续续有生鲜电商企业倒下，分别为懒人与海、一品鲜生、果品电商、摩豆新媒体、儒健网络、海鲜来啦、游鲜生、邻当(详见表 3-3)。

表 3-3　　　　　　　　　　　　**2022 年生鲜电商关停名单**

序号	平台	所属行业	所在地	上线时间	关停时间	融资情况	存活时间
1	懒人与海		北京市	2013 年 3 月 1 日	2022 年 10 月 10 日	天使轮	9 年 7 个月
2	一品鲜生		山东省 青岛市	2018 年 3 月 1 日	2022 年 8 月 11 日	尚未获投	4 年 5 个月
3	果品电商		广东省 深圳市	2015 年 9 月 1 日	2022 年 7 月 12 日	尚未获投	6 年 10 个月
4	摩豆新媒体	生鲜电商	北京市	2014 年 5 月 1 日	2022 年 6 月 23 日	天使轮	8 年 1 个月
5	儒健网络		浙江省 杭州市	2021 年 4 月 1 日	2022 年 5 月 23 日	尚未获投	1 年 1 个月
6	海鲜来啦		吉林省 四平市	2018 年 11 月 1 日	2022 年 4 月 29 日	尚未获投	3 年 5 个月
7	游鲜生		湖南省 长沙市	2015 年 11 月 1 日	2022 年 4 月 21 日	天使轮	6 年 5 个月
8	邻当		江苏省 南京市	2015 年 6 月 1 日	2022 年 1 月 20 日	尚未获投	6 年 7 个月

资料来源：《2022 年度中国生鲜电商市场数据报告》，https://www.100ec.cn/zt/2022sxdsscbg/，2024 年 3 月 22 日访问。

经过一番历练后，目前生鲜电商行业的玩家如表 3-4 所示。

表 3-4　　　　　　　　**2022 年中国生鲜电商主要平台**

平台名称	经营模式
天猫生鲜	综合电商
京东生鲜	
本来生活	
中粮我买网	
菜划算	
天天果园	
奇麟鲜品	
京东到家	O2O
美团闪购	
淘鲜达	
大润发优鲜	
饿了么	
多点 Dmall	
叮咚买菜	前置仓模式
朴朴超市	
美团买菜	
盒马鲜生	到店+到家模式(店仓一体化)
京东七鲜	
永辉超市	
谊品生鲜	
沃尔玛	
家乐福	
钱大妈	
兴盛优选	社区团购模式
多多买菜	
美团优选	
食行生鲜	

平台名称	经营模式
美菜网	
宋小菜	
链菜	
飞熊领鲜	
微团餐	B 端生鲜电商
森果云	
优冻品	
冻品码头	
海上鲜	
一亩田	

资料来源：《2022 年度中国生鲜电商市场数据报告》，https://www.100ec.cn/zt/2022sxdsscbg/，2024 年 3 月 22 日访问。

这些平台的背后是 6 家"独角兽"和 6 家"千里马"，生鲜电商"独角兽"分别是百果园、美菜网、多点 Dmall、谊品生鲜、永辉彩食鲜、本来集团，估值分别为 150 亿美元、39 亿美元、25 亿美元、16 亿美元、13 亿美元、11 亿美元，总估值达 254 亿美元。生鲜电商"千里马"分别是朴朴超市、生鲜传奇、每日一淘、天天果园、食行生鲜、永辉云创，估值分别为 61.75 亿元、40 亿元、33.8 亿元、32 亿元、25 亿元、12.5 亿元，总估值达 205.05 亿元(详见表 3-5)。

表 3-5 **2022 年生鲜电商"独角兽"和"千里马"数据榜单**

	排名	平台名称	估值/亿美元
生鲜电商"独角兽"	1	百果园	150
	2	美菜网	39
	3	多点 Dmall	25
	4	谊品生鲜	16
	5	永辉彩食鲜	13
	6	本来集团	11

续表

	排名	平台名称	估值/亿美元
生鲜电商"千里马"	1	朴朴超市	61.75
	2	生鲜传奇	40
	3	每日一淘	33.8
	4	天天果园	32
	5	食行生鲜	25
	6	永辉云创	12.5

资料来源：《2022 年度中国生鲜电商市场数据报告》，https://www.100ec.cn/zt/2022sxdsscbg/，2024 年 3 月 22 日访问。

除此之外，艾媒咨询 2023 年 4 月发布的《2023—2024 年中国生鲜电商运行大数据及发展前景研究报告》显示，中国生鲜电商消费者黏性较高，89.7%的人每周消费 1~4 次；81.7%的人单次消费金额集中于 50~200 元。中国消费者偏好的生鲜电商平台 TOP3 分别为美团买菜(47.1%)、多多买菜(40.2%)、盒马鲜生(31.0%)(详见图 3-4)。其中，美团买菜的消费者偏好度为占 47.1%，多多买菜的消费者偏好度为 40.2%、盒马鲜生的消费者偏好度为 31.0%。

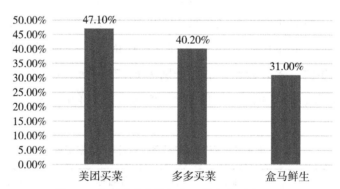

图 3-4　中国消费者偏好的生鲜电商平台 TOP3

资料来源：《2023—2024 年中国生鲜电商运行大数据及发展前景研究报告》，https://www.sohu.com/a/674475913_498750，2024 年 3 月 22 日访问。

3.1.4　投融资情况

在生鲜电商处于发展期时，资本敏锐地嗅到生鲜电商巨大的潜在发展能力，因此在前些年时，生鲜电商的投资市场比较火热，融资事件频频出现，融资金额也较大。近年来，也许是生鲜电商面临的问题不断出现，让资本感受到了危机，因此生鲜电商的投资市场也渐渐地平静下来，融资事件也渐渐变少。2020年，生鲜电商行业的投融资金额高达418.57亿元；而2021年，融资规模直接减少超过一半的金额，仅为199.01亿元；2022年生鲜电商行业的投融资市场更加萧瑟，融资金额急剧下滑，截至8月的生鲜电商市场总融资金额也仅只有2亿元。到了年底，2022年全年生鲜电商共4起融资，约3亿元，涉及的平台为拉活鱼、飞熊领鲜、生鲜掌柜、观麦科技(详见图3-5、表3-6)。

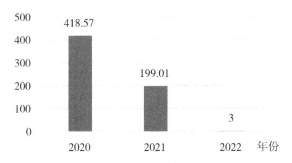

图 3-5　2020—2022 年生鲜电商行业融资规模(亿元)

资料来源：《2022 年度中国生鲜电商市场数据报告》，https://www.100ec.cn/zt/2022sxdsscbg/，2024 年 3 月 22 日访问。

表 3-6　　　　　　　　　　　**2022 年中国生鲜电商融资数据榜**

序号	融资方	所属行业	所在地	融资时间	融资轮次	融资金额	投资方
1	拉活鱼		海南省三亚市	2022年10月28日	天使轮	数百万人民币	未透露
2	飞熊领鲜	生鲜电商	山东省青岛市	2022年9月2日	B轮	亿级人民币	创丰资本同创伟业
3	生鲜掌柜		湖南省长沙市	2022年6月8日	种子轮	数百万人民币	一乡一品
4	观麦科技		广东省深圳市	2022年5月19日	C轮	数亿人民币	哗啦啦

资料来源：《2022 年度中国生鲜电商市场数据报告》，https://www.100ec.cn/zt/2022sxdsscbg/，2024 年 3 月 22 日访问。

3.1.5　发展环境

近年来，国内生鲜电商行业受到各级政府的高度重视和国家产业政策的重点支持。政府陆续出台了多项政策，鼓励生鲜电商行业发展与创新，《关于推动电子商务企业绿色发展工作的通知》《关于进一步加强农产品仓储保鲜冷链设施建设工作的通知》《关于加快农产品仓储保鲜冷链设施建设的实施意见》等产业政策为生鲜电商行业的发展提供了明确、广阔的市场前景，为企业提供了良好的生产经营环境。由中商产业研究院汇总的数据（详见表3-7）可以看到，自2016年至2021年1月，关于生鲜电商行业的政策有16条。

表3-7　　　　　　　　　　生鲜行业政策汇总表

发布时间	发布单位	政策名称	主要内容
2021年1月	商务部办公厅	《关于推动电子商务企业绿色发展工作的通知》	综合运用规划、标准、资金、投融资等政策导向，推动电子商务绿色发展
2021年8月	商务部等9部门	《商贸物流高质量发展专项行动计划（2021—2025年）》	提出了优化商贸物流网络布局、建设城乡高效配送体系、加快推进冷链物流发展等12项重点任务
2020年6月	农业农村部	《农业农村部办公厅关于进一步加强农产品仓储保鲜冷链设施建设工作的通知》	发布农产品仓储保鲜冷链信息采集服务工作规范
2020年5月	国家发展改革委交通运输部	《关于进一步降低物流成本的实施意见》	深化关键环节改革，降低物流制度成本；加强土地和资金保障，降低物流要素成本等
2020年4月	农业农村部	《农业农村部关于加快农产品仓储保鲜冷链设施建设的实施意见》	进一步推进农产品仓储保鲜冷链设施建设工作，规范过程管理，加大政策支持，注重监督管理等

续表

发布时间	发布单位	政策名称	主要内容
2020年4月	农业农村部	《农业农村部关于加快农产品仓储保鲜冷链设施建设的实施意见》	以鲜活农产品主产区、特色农产品优势区和贫困地区为重点，到2020年年底在村镇支持一批新型农业经营主体等
2019年2月	商务部等12部门	《商务部等12部门关于推进商品交易市场发展平台经济的指导意见》	要加强对商品市场优化升级和区域联动发展的空间统筹协调。各地自然资源主管部门要积极保障商品市场优化升级用地，对利用存量房产或土地资源发展"互联网+"、电子商务等新业态、创新商业模式、开展线上线下融合业务的，可享受在一定年限内继续按原用途和土地权利类型使用土地的5年过渡期政策等
2018年1月	国务院办公厅	《国务院办公厅关于推进农业高新技术产业示范区建设发展的指导意见》	促进信息技术与农业农村全面深度融合，发展智慧农业，建立健全智能化、网络化农业生产经营体系，提高农业生产全过程信息管理服务能力等
2018年1月	国务院办公厅	《国务院办公厅关于推进电子商务与快递物流协同发展的意见》	引导国家电子商务示范基地、电子商务产业园区与快递物流园区融合发展。鼓励传统物流园区适应电子商务和快递业发展需求转型升级，提升仓储、运输、配送、信息等综合管理和服务水平等
2017年1月	国家发展和改革委员会	《战略性新兴产业重点产品和服务指导目录(2016版)》	"互联网+"应用服务中将电子商务服务列为国家战略性新兴产业予以重点支持
2017年1月	商务部	《商务部关于进一步推进国家电子商务示范基地建设工作的指导意见》	提出发挥市场主导作用，进一步完善基础设施和服务体系，鼓励示范基地构建多元化、多渠道的投融资机制，推动电子商务与生产制造、商贸流通、民生服务、文化娱乐等产业的深度融合等

续表

发布时间	发布单位	政策名称	主要内容
2016 年 12 月	商务部 中国网信办 发展改革委	《电子商务"十三五"发展规划》	提出鼓励生产制造、流通消费、民生服务等各行业、领域电子商务平台创新发展，推进电子商务与传统产业深度融合，利用新技术加快形成多种消费场景，促进线上线下融合发展
2016 年 11 月	国务院 办公厅	《国务院办公厅关于推动实体零售创新转型的意见》	推动实体零售由销售商品向引导生产和创新生活方式转变，由粗放式发展向注重质量效益转变，进一步降低流通成本、提高流通效率，更好适应经济社会发展的新要求等
2016 年 5 月	发改委、商务部等 7 部委	《关于推动电子商务发展有关工作的通知》	提出完善电子商务法规政策环境，加强电子商务基础设施和交易保障设施建设，积极培育电子商务服务，推动特色农产品电子商务平台建设，大力发展线上线下互动，推动实体店转型升级
2016 年 4 月	国务院	《国务院办公厅关于深入实施"互联网＋流通"行动计划的意见》	提出加快推动流通转型升级，积极推进流通创新发展，深入推进农村电子商务，积极促进电子商务进社区，加快完善流通保障制度等
2016 年 3 月	商务部	《2016 年电子商务和信息化工作要点》	提出做好"十三五"电子商务发展规划，积极推进电子商务立法工作。推进电子商务信用体系建设，积极参与国际规则制订，深入实施"互联网＋流通"行动，加快电子商务进农村，鼓励电子商务进社区，推进跨境电子商务发展，加强电子商务人才培养等

资料来源：《2022 年中国生鲜电商行业最新政策汇总一览》，https://www.163.com/dy/article/H4C1ADAC051481OF.html，2024 年 3 月 24 日访问。

对于生鲜电商行业发展的重要关键环节：冷链物流，国家也出台了一些针对性的政策，鼓励它的进一步升级优化。由 Mob 研究院根据政府官网数据进行整理的国家出台的关于冷链物流建设的政策，自 2020 年 4 月至 2022 年 4 月有 7 条（详见表 3-8）。

表 3-8　　　　　　　　　　　　关于冷链物流建设的政策汇总

颁布时间	主要部委	名称或活动	内　　容
2022 年 4 月	交通运输部、铁路局、民航局、邮政局、国铁集团	《关于加快推进冷链物流运输高质量发展的实施意见》	提出要着力完善冷链运输基础设施，提升技术装备水平，创新运输服务模式，健全冷链运输监管体系，推进冷链运输畅通高效、智慧便捷、安全规范发展
2021 年 12 月	国务院办公厅	《"十四五"冷链物流发展规划》	要求布局建设 100 个左右国家骨干冷链物流基地，建设一批产销冷链集配中心，聚焦产地"最先一公里"和城市"最后一公里"，补齐两端冷链短板
2021 年 8 月	商务部等 9 部门	《商务部等 9 部门关于印发〈商贸物流高质量发展专项行动计划（2021—2025 年）〉的通知》	提出了优化商贸物流网络布局，建设城乡高效配送体系，促进区域商贸物流一体化。提升商贸物流标准化水平、发展商贸物流新业态模式，加快推进冷链物流发展，培育物流骨干企业等
2021 年 4 月	国家发展改革委、市场监督总局、中央网信办、工业和信息化部等	《关于推动平台经济规范健康持续发展的若干意见》	提出要对平台经济领域加强和改进监管，在六大维度、十九个方面提出指引，其中在平台生态开放新就业形态和劳动者权益保障，推动"线上线下一体化监管"等领域意见将对生鲜电商的后续发展与竞争格局产生深远影响

续表

颁布时间	主要部委	名称或活动	内　　容
2020年6月	农业农村部办公厅	《农业农村部办公厅关于进一步加强农产品仓储保鲜冷链设施建设工作的通知》	发布农产品仓储保鲜冷链信息采集服务工作规范
2020年5月	国务院办公厅	《国务院办公厅转发国家发展改革委交通运输部关于进一步降低物流成本的实施意见的通知》	进一步推进农产品仓储保鲜冷链建设工作，规范过程管理，加大政策支持，注重监督管理，优化指导服务，最大化发挥政策效益
2020年4月	农业农村部	《农业农村部关于加快农产品仓储保鲜冷链设施建设的实施意见》	以鲜活农产品为产区、特色农产品优产区和贫困地区为重点，到2020年年底在村镇支持一批新建农业经营主体。加强仓储保鲜冷链设施建设，推动完善一批由新农业经营的市场，实现鲜活农产品产地仓储保鲜冷链能力明显提升，仓储保鲜冷链信息化与品牌化水平全面提升，产销对接要顺畅；大力提升"互联网+"农产品出村进城能力

　　除了政策方面，中国冷链物流的技术也在不断提高，冷链物流市场规模逐步增长。生鲜电商行业入局者正逐渐加大对冷链链条的两端投资力度，两端分别是靠近农产品主产区的产地仓和靠近消费区的线下店/前置仓，希望解决生鲜电商"最先一公里"与"最后一公里"的需求痛点，提升商品品质和消费者体验。预计到2025年，中国冷链物流市场规模将超过8500亿元(详见图3-6)。

图 3-6 2015—2025 年中国冷链物流市场规模及预测

资料来源：《2023—2024 年中国生鲜电商运行大数据及发展前景研究报告》，https://www. sohu.com/a/674475913_498750，2024 年 3 月 22 日访问。

3.2 发展历程

3.2.1 萌芽期(2005—2011 年)

21 世纪以来，随着国内信息技术的进步，互联网也越来越强大，使得电子商务进一步发展，此时已经有了一部分以生鲜商品作为垂直品类的平台出现，如易果网、天天果园等。易果网于 2005 年成立，其标语是：鲜果专送、品质到家。作为易果网集团成员之一，"易果生鲜，全球精选"电商平台在 2005 年成立，平台上包含水果、蔬菜、水产、肉类、禽蛋、食品饮料、甜点、酒类、礼品礼券 9 大品类，总计 4000 种生鲜商品，通过全国定时冷链配送网络，将新鲜美味的生鲜商品送到消费者的餐桌上；天天果园成立于 2009 年，是国内生鲜零售企业，自己建立冷库和冷链物流，搭建起从产地到消费者的直供平台，将全球的新鲜水果和美味食品送到消费者手中。天天果园主营中高端水果，包括进口鲜果和国内优质鲜果。这一时期其他的垂直生鲜电商平台也在寻找自己的发展路径，但总体上来说规模有限。

3.2.2　发展期(2011—2017 年)

2009 年,中国正式进入 3G 时代,3G 移动网络建设掀开了中国移动互联网发展的新篇章。进入移动互联网时代,生鲜电商也从萌芽期逐渐过渡到发展期。2012 年被视为是生鲜电商的元年。一些互联网和物流等领域的巨头,如阿里巴巴、京东、腾讯、顺丰物流等,敏锐地嗅到了生鲜电商这一巨大的市场,纷纷入局,带动了生鲜电商行业整体的发展,行业规模迅速扩大。巨头依靠着有利的资金和流量等优势改变了生鲜电商行业的布局,即使是早就进入生鲜电商市场的中小企业,也只能是被打败或者加入某一方,于是生鲜电商市场看似激烈的多家竞争,实质是背后巨头们之间的竞争。有人发展就会有人退出市场,这期间不少曾经辉煌的生鲜电商遭到了沉重打击,如天天果园、多点商城等多家的生鲜业务面临着裁员和闭店的难题。天猫超市是阿里巴巴旗下的自营超市,于 2011 年出现,消费者可以在天猫超市进入“生鲜”频道,购买他们所需的生鲜商品。2016 年,天猫超市对外宣布,天猫超市旗下的生鲜业务在 2015 年 12 月的销售金额突破 1 亿元人民币,同比增长 400%;2012 年,京东推出了“生鲜”频道,京东生鲜是京东旗下的生鲜品牌。2016 年,京东正式成立京东生鲜事业部,并计划投资,致力于发展生鲜业务,京东生鲜成为京东旗下与京东 3C 事业部并肩同行的一个重要事业部;每日优鲜成立于 2014 年 11 月,而在 2014 年 12 月,每日优鲜便收到了来自光信资本和元璟资本的 500 万美元天使轮投资,2015 年,每日优鲜更是快速地拿到了 1000 万美元的 A 轮融资与 2 亿元人民币的 B 轮融资,在这些资方列表中,赫然出现了互联网巨头腾讯的身影,并于此后连续五轮参与对每日优鲜的投资。

3.2.3　新零售模式期(2017—2020 年)

在 2016 年 10 月的阿里云栖大会上,马云在演讲中说:“未来的十年、二十年,没有电子商务这一说,只有新零售。”这是作为阿里巴巴的创始人,马云第一次提出“新零售”的概念,自此也因马云非凡的前瞻眼光,“新零售”模式成为了新的风口。“新零售”概念被提出以后,阿里巴巴、腾讯、京东、小米等许许多多企业开始了对“新零售”模式的探索,同时,他们也将“新零售”模式运用到了生鲜电商业务中。“新零售”指的就是新型零售商业模式,新型零售商业模式是指依托互联网，融合线上与线下，消费者先从线上平台对商品进行挑选与选择，然后再去线下的实体门店进行实际体验拿取自己所选择的商品。除此之外，新型零售商业模式还能够利用大数据等信息技术更加深入和精确地了解消费者们的喜好与需要，以便提供给消费者更加完备且具有吸引力的服务。这期间各大生鲜电商在"新零售"的基础上，开创了独特的经营模式，各种新零售形式不断出现。如：O2O 模式、前置仓模式等。盒马鲜生是阿里巴巴旗下的品牌，也是国内首家新零售商超，首店于 2016 年开业，被视为阿里巴巴新零售样本。盒马鲜生创新性地将生鲜超市、餐饮体验、线上业务、线下储配集合于一体，带给了消费者们全新的购物体验，完美实现了线下与线上全渠道整合。在盒马鲜生里，有着琳琅满目的商品：生鲜、海鲜、3R 产品（生食、熟食、半熟食）、无人售货商品等。除了直接进行挑选以外，盒马鲜生内部还设有堂食区，顾客们在门店里选好了心仪的海鲜后可以直接交由现场厨房的厨师们进行烹饪或者现场制作，门店内有厨房供消费者使用。七鲜（SEVEN FRESH），又称七鲜超市，是京东旗下的自营超市，于 2017 年正式成立，是京东打通线上与线下，实现全渠道零售的重要布局，首店于 2018 年正式开业。与盒马鲜生类似，京东的七鲜超市也选择以生鲜类商品作为切入口，通过"超市+餐饮"的运营模式开展线下体验区，门店内的商品包含水果、蔬菜、水产品、烘焙食物、酒水、零食等等，店内商品 SKU 达到5000～8000 个，其中生鲜美食占比 70%。每日优鲜是一个生鲜 O2O 电商平台，于 2014 年 11 月成立，商品包含水果蔬菜、海鲜肉禽、牛奶零食等全品类，到2018 年上半年，每日优鲜在生鲜电商行业的用户规模占比超过一半，并连续 4 个季度在行业里领先。2018 年已完成水果、蔬菜、乳品、零食、酒饮、肉蛋、水产、熟食、轻食、速食、粮油、日百等全品类精选生鲜布局，并且在国内 20 个主要城市建立"城市分选中心+社区前置仓"的极速达冷链物流体系，为用户提供自营全品类精选生鲜 1 小时达服务。前置仓模式便是由每日优鲜率先提出的一种新零售模式，即将上游供应商运送来的商品先放入平台所在城市的大仓库，再通过冷藏车运送到各个作为小型仓储配送中心的前置仓，消费者在平台上下单后，系统收到顾客的订单，并将该订单分配给距离消费者最近的前置仓，这些前置仓距离消费者一般在 3 千米范围内，由该前置仓拣货、包装后配送至消费者手中，配送时长大多只需要半个小时至一个小时。

3.2.4　社区团购模式期(2020 年至今)

2020 年年初,突如其来的疫情席卷了全国,国内许许多多的实体店被迫关闭,这其中也包括曾经辉煌的生鲜门店。人们也只能响应国家号召,居家隔离。作为高频次的日常生活必需品,生鲜商品成为即使是闭门不出的人们也必须想办法买到的商品。而正是基于这样的社会环境,在大多数行业无法立马寻找到转机的时候,生鲜电商反而因祸得福,迎来了新风口:社区团购模式。社区团购是指由居住在社区内的居民团体作为消费者的一种互联网线上线下购物消费行为,它依托真实存在的社区,是一种具有区域化、小众化、本地化、网络化特性,依托社区和团长社交关系实现生鲜商品流通的团购形式。社区团购采用"预售团"的模式,居民们下单后,商家将商品直接配送给该社区的团长,其他购买的居民们只需要找团长拿取货物即可,或者将商品放进该社区专用地、门店处,平台无须挨家挨户送货上门,极大地降低了物流成本。并且,社区团购在很大程度上利用的是邻里之间的熟人关系,团长首先将部分居民拉入社群,这些居民又会将自己熟悉的家人、社区内的朋友拉入社群,并将他们变成平台的成员,使开发新客的成本降到几乎为零,这种熟人社群的形式也有利于平台获取高复购率的回头客。典型的社区团购平台有美团优选、多多买菜、淘菜菜等。美团优选成立于 2020年,是美团旗下的社区电商业务,消费者们使用该平台的模式是"预购+自提",美团优选为社区家庭居民提供高性价比的蔬菜、水果、肉禽蛋、酒水零食、速冻食品、粮油调味等商品。多多买菜也成立于 2020 年,是电商巨头拼多多基于广大消费者家庭消费方式的转变,推出的便利居民的买菜服务。消费者们可以通过拼多多 App 或者从微信进入"多多买菜"小程序,选购全国范围内农产品产区的精选好货。多多买菜采取"线上下单+线下自提"的半预购模式,用户们在每天 23点前下单,第二天便可到社区内的自提点拿取自己前一天选购的商品。据媒体报道,目前多多买菜平均可为消费者节省超过 40 分钟的买菜时间。淘菜菜于 2021年成立,是阿里巴巴的社区电商品牌,淘菜菜提供的商品包括蔬菜、水果、肉禽蛋、米面粮油、水产海鲜、休闲食品、日常百货等,可以满足大多数家庭的日常生活所需,用户们在 22 点之前下单,次日到淘菜菜自提点提货。简而言之,中国生鲜电商行业的发展主要经历了以下几个阶段:萌芽期、新零售模式期、社区团购期等，如图 3-7 所示。

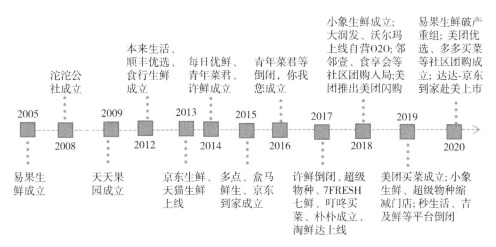

图 3-7 中国生鲜电商行业发展历程简介

资料来源：《2021 年中国生鲜电商行业研究报告》，https://www.163.com/dy/article/
GA9978T9051998SC.html，2024 年 3 月 22 日。

3.3 生鲜电商发展存在的问题

3.3.1 生鲜商品的特殊性

新鲜度是生鲜商品的产品价值所在，生鲜商品在原产地能够保持较高的鲜活
度，但在运输途中会逐渐损失鲜活性，一般在生鲜商品运输的过程中包括许多阶
段，在这些过程中无论是由于人为导致还是不可避免的意外情况，都极容易对生
鲜食品造成严重的损毁，而尤其是像果蔬类的生鲜食品在受到严重的损毁后非常
容易发生腐烂、变质的情况，使食品质量大大降低。据相关统计数据，国内近几
年有超过 25% 的生鲜商品在存储或运送途中腐烂变坏，而一些发达国家，由于冷
藏技术和物流运输水平比较高，生鲜商品的损失率不到 5%。① 然而，国内的消

---

① 国外降低生鲜蔬菜物流损耗经验及其对我国的启示［EB/OL］.（2018-02-24）［2023-08-
12］. https://www.sohu.com/a/223879378_796374.

费者对于健康和品质的要求越来越高,他们往往希望送到他们手里的商品仍然是新鲜的,这对于生鲜电商来说,是一个不小的挑战。

3.3.2　物流要求高

生鲜食品的物流不同于传统物流,它运输的是具有特殊性质的生鲜商品,因为要保持所运输商品的新鲜度和品质,所以相比于传统物流,生鲜食品物流有着更严苛的要求:经济发展的背景下,消费者的养生意识大大提高,消费者在购买生鲜食品时考虑的一个重要因素就是生鲜食品是否短时间内采摘,因为这直接影响着生鲜食品是否新鲜健康,甚至消费者愿意花费更高昂的价格以获得时效性更高的生鲜食品,这就对物流的配送速度提出了更高的标准。一方面,由于生鲜物流中有运输、装卸、仓储等阶段,这些阶段都会产生相应的成本费用,加上生鲜商品往往需要使用冷链物流来进行运送,而国内冷链物流的成本仍然较高,其在我国的物流成本接近产品利润的一半,技术较先进的发达国家则可以将物流成本控制在产品利润的10%以下。另一方面,国内生鲜商品的原产地来源分布的范围较大、产地与产地之间较分散,且许多原产地都位于基础设施条件欠发达的农村地区,甚至山区,这些地方信息化建设程度落后、网络信号覆盖率低,必然会导致生产过程中效率的下降,且农村和山区经常会面临道路不平坦、道路崎岖、交通不便利的情况,因此,将生鲜商品从原产地运输出来的过程充满艰辛,也增加了这一过程中的运输成本和运送时间,近年来经济高速发展下物流成本逐渐增加的同时,生鲜商品的物流配送成本占据总成本的比重也越来越大。

3.3.3　冷链物流建设不充分且成本高昂

因为生鲜食品的特性,不适合运用常规的常温配送方法,它们在生产加工、包装运输等物流环节中需要使用专业的冷冻设施,而建设冷链物流工程是非常困难的,需要花费大量的费用和时间。虽然近些年来国家一直在出台相关政策扶持冷链物流的建设,生鲜电商中一些巨头也在努力建设自己的冷链物流,但是国内冷链物流的发展相比较于发达国家,仍然不够充分。相关数据显示,目前国内的物流服务商中,只有较少数的服务商建立了较健全的冷链物流体系,其中,在提供冷藏运输所需的设备服务上,能够为企业提供冷藏运输所需设备的服务商仅占不到30%，并且，进行自营的生鲜服务商所占的比例为16%，进行外包的生鲜服务商所占比例为10%；在配送范围方面，进行本地配送服务的占比超过80%，国内偏远地区几乎无法享受冷藏物流运输服务。① 除此之外，冷链物流需要运输生鲜食品的整个过程都必须保持冷冻设施设备的开启以维持所需的温度，所以冷链物流对能源损耗比较高，在这过程中因能源损耗而耗费的成本也会随之增高，冷链物流不同于传统的常温物流，受生鲜食品的产地和市场局限，冷链物流的生产、加工和消费市场往往不会分布在一个地区，甚至距离很远。冷链物流会受市场供需状况及价格、气候、交通、能源等客观因素影响较大，具有较高的风险。

3.3.4　物流人力资源困境

随着人们在网上购买生鲜商品的消费习惯的逐渐养成，生鲜电商的订单规模越来越大，这对生鲜电商的物流人员提出了更高的要求，甚至因为突发情况或其他情况引起订单激增的情况下，尤其是在新冠疫情期间，疫情的反反复复使生鲜电商运力不足的问题更加突出。有时候，企业不得不在短期时间内招聘到满足要求的物流人员，而匆忙仓促的招聘过程和不够正式的招聘方式，会在后期的物流工作中暴露出问题。并且一些生鲜电商对物流人员的要求较低，一些人员缺乏相关的专业知识和对突发状况的应变能力，容易出现货物配送不及时、货物配送失误、服务态度差、解决问题能力差等问题，这在一定程度上会影响消费者对生鲜电商的满意度，阻碍生鲜电商的发展。

3.3.5　生鲜电商市场竞争激烈

据有关数据显示，截至2022年4月底，国内生鲜电商的相关企业总注册量达27047家，与2017年的总注册量10315家相比，数量增长近3倍。② 并且由于消费者心理偏好的不断变化，生鲜电商行业内部的企业也开始寻找多种经营模式，外部地产、家居等企业想要寻找机会，入局抢夺市场份额，使得生鲜电商市

---

① 仓储物流系统对生鲜电商平台的重要性［EB/OL］.（2022-01-05）［2023-04-22］.https://www.sohu.com/a/514433454_121220111.

② 数据来源：艾媒咨询。

场竞争更加激烈。行业内部经过洗牌后，生鲜电商巨头企业凭借着流量、资金、物流、品牌等优势，占据了市场的大量份额，市场中巨头们的纷争也使得一些生鲜电商中小企业不得不在夹缝中生存，发展面临各种困难，逐渐退出市场，整个生鲜电商企业发展并不平衡。

3.3.6 生鲜电商行业营利难

近年来，消费者们对在网络上购买生鲜商品逐渐习惯，国内冷链物流技术和生鲜电商运营管理的水平不断提升，生鲜电商行业规模也越来越大。然而看似一片光明的生鲜电商市场，背后却隐藏着巨大的危机。虽然作为居民高频消费需求的生鲜电商行业得到了资本市场的青睐，排名靠前的企业的估值高，但实际上几乎整个行业的企业都面临着营利难题，绝大多数企业处于不断亏损状态，只有极少数企业能够保持营利水平。许多生鲜电商在发展初期，为了占据市场份额，不断地通过大力促销、拉新用户、发放补贴等方式吸引潜在用户，然而，这样的方法需要大量的资金投入，于是，因为经营的巨额成本，生鲜电商行业里的绝大多数企业仍然处于亏损烧钱阶段，甚至突然宣布关店、退出市场、破产等噩耗。据Mob研究院整理的报告，2021年，叮咚买菜的亏损高达63.3亿元；2021年第三季度，每日优鲜的亏损高达30.65亿元，国内农产品生鲜电商有7%处于巨额亏损状态，有88%处于小幅亏损状态。通过以往的实际情况，以烧钱、拼价格、吸引用户作为主要发展目标的互联网模式，并不能够在生鲜电商中也有良好的效果，生鲜电商行业需要找到新的营利突破点。

3.3.7 食品安全问题凸显

"民以食为天，食以安为先。"食品安全与我们每一个人的生活都紧密相关。生鲜商品因其特殊的性质，保质期较短，对气温、湿度等储存条件要求高，因此，不管是自然环境还是人为无意或有意造成，生鲜商品都极容易出现食品安全问题，这些年对于生鲜商品食品安全问题的新闻报道层出不穷。在生鲜电商领域，消费者投诉事件频频发生，目前市场上消费者群体对众多生鲜电商的投诉时有发生，其中商品质量是投诉的主要原因之一。在黑猫投诉平台上，对于生鲜电商平台每日优鲜的投诉数量将近3000条，投诉内容包括食品出现质量问题、购买到过期食品，等等；叮咚买菜平台也曾经因为商品质量问题接到罚单。据上海市市场监督管理局网站显示，叮咚买菜平台的运营主体——上海壹佰米网络科技有限公司曾因销售一批"恩诺沙星"含量不合格的鳊鱼，被罚款 38.88 万元。截至案发，这批不合格鳊鱼已经从叮咚买菜 App 上销出 1714 份，总货价值为 3.89 万元。部分消费者也在黑猫投诉平台上反映，从平台购入的商品腐烂变质、产生裂痕、被老鼠等动物啃咬、有杂物等质量问题，对商品安全性感到担忧，要求叮咚买菜对此进行道歉、赔偿、退款等。在食品安全问题上，除了体现在消费者的投诉中，情况严重的平台还遭到了监管部门的处罚。与此同时，生鲜电商的迅猛发展也让食品安全风险治理迎来了新的挑战，例如冷链物流配送紊乱使得产品不够新鲜、电商平台监管力度不够导致供给商品质量有高有低、假冒伪劣商品泛滥等严重影响消费者身体安全的问题，食品安全问题的出现会使得消费者满意度和信任度大大下降，对生鲜电商来说，也会造成不小的损失。如何让生鲜电商的食品安全监管力度和效率更加优化，促进生鲜电商行业的健康稳定发展，进一步提升消费者信任是当下亟待解决的问题。

第4章　生鲜电商主要模式及分析

4.1　前置仓模式

4.1.1　模式介绍

所谓前置仓就是将仓库前置，选择在靠近居民区的位置，借此完成"最后一公里"的配送（详见图4-1）。前置仓一般是租赁社区底商或小型仓库（100~400平方米），密集构建在社区周边（一般为3千米内），将生鲜、快消品直接存储在仓库中，然后由骑手负责在一个小时以内完成"最后一公里"配送，将产品送至消费者家中，主要满足中高线城市消费者对便利（快）、健康（好）的生鲜食杂需求。前置仓并不是简单地将大仓库拆分为若干个小仓库配送，不然还是一个纯粹的、传统的电商模式，而是用100~400平方米的面积，承载多个生鲜大类2000多个SKU。门店的面积等同于常规便利店规模。而在客户群体和商品种类方面，前置仓确能实现大中商超规模。2020年，由于受到疫情的影响，生鲜电商订单和日活用户的数量直线增加。

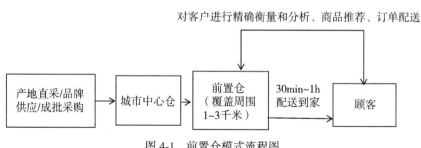

图4-1　前置仓模式流程图

前置仓的本质即"即时配送"。其有别于远离消费人群的传统仓库,而是在社区附近建立仓库。只有离消费者足够近的距离建立仓库、匹配配送人员,才能保证在确保生鲜产品新鲜度的情况下提高配送的时效性。但仓库成本、配送成本、运营成本、履约成本等非常高,前置仓模式的履约费用是传统中心仓电商的3倍,平台型电商的2倍,社区团购的6倍。然而前置仓模式的特点也十分清晰,商家可以充分利用数字化盈利,提供给客户精准服务。目前,如图4-2所示,每日优鲜、叮咚买菜等电商企业均在积极实践前置仓模式。

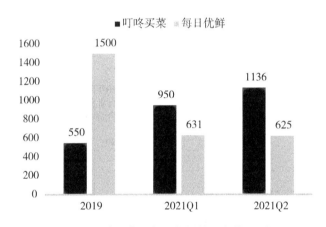

图 4-2　叮咚买菜、每日优鲜前置仓数量(个)

资料来源:作者根据叮咚买菜招股书、每日优鲜招股书整理而得。

2020年4月1日,中国连锁经营协会发布的团体标准《前置仓管理规范》正式实施,为进一步推动前置仓新兴业态的有序发展提供了标准保障。标准首先对前置仓进行了定义:前置仓是一种通过企业总部线上经营,将商品通过前置在社区的服务站进行仓储和配送,实现商品快速到达的线上零售和末端配送相结合的业态。该标准还对前置仓业态发展过程中备受关注的经营模式、业务范围、卫生管理和防疫要求的三个主要问题及场地要求、设施设备管理、卫生管理、商品质量安全管理、投诉管理等内容进行了明确规定。其中,鼓励向消费者提供"三无退货"售后服务已成为此规范的一大亮点。

4.1.2　前置仓的发展历程

回顾发展历程，前置仓模式经历了萌芽摸索期、创新摸索期、崛起发展期。大致分为三个阶段(详见图 4-3)。

图 4-3　前置仓发展历程

第一阶段：萌芽摸索期(2015—2017 年)

一方面，随着气温升高、传统配送慢等一系列问题，2015 年夏季生鲜电商行业痛点集中爆发。另一方面，B2C 模式下冷链费用过高，为了更好地解决这些问题，生鲜电商企业首次提出前置仓模式。2015 年 9 月，每日优鲜提出"ALL in 前置仓"，推出前置仓 1.0 版本。在此之前，也有很多的企业尝试前置仓模式，但是由于仓配能力与消费者需求不够统一，冷链技术得不到加强以及管理问题，导致这部分企业早早退出了历史的舞台。

第二阶段：创新摸索期(2018—2019 年)

通过前两年企业不断优化前置仓模式，使该模式得到市场的普遍认可。在不断创新中，前置仓的具体运营模式逐渐明确，开启了 2019 年的前置仓激烈竞争。现阶段，沃尔玛、每日优鲜、朴朴超市、叮咚买菜等新兴超市都在积极发展自己的前置仓。叮咚买菜和每日优鲜更是投入了大量的资金。

第三阶段：崛起发展期(2020 年至今)

2020 年年初，疫情暴发，线下餐饮全面停摆，生鲜行业迎来新的发展机遇。疫情期间，每日优鲜、叮咚买菜以及美团优选等都出现订单井喷式增加。出现了日活用户不断提高的现象，且在后疫情时代，市场情绪并未出现回落，日活用户仍在不断增加。在订单和日活用户暴增的情况下，对前置仓的构建体系要求也在不断提高。经过企业对前置仓的摸索和优化，前置仓模式已逐渐成熟。

4.1.3　生鲜电商前置仓模式的特点

1. 低成本

相对于店仓一体化模式，前置仓的规模较小，有效地避免了零售体验店大、复制难、下沉难的问题；前置仓不需要将地址设立在相对繁华、租金高的地方吸引顾客，仓内选址减少了成本投入；前置仓采用多段式配送，以此降低生鲜物流成本。前置仓的产品采用多段运输，从产地仓到区域仓到城市中心仓，再到前置仓均为大批量集结运输方式，产品完成分拣和打包在前置仓中。"分段运输，主干优先，分级集结，降维扩散"是所有商品种类在城际物流、同城快运、终端配送过程中实现总体成本最小化的有效方式。

2. 数字化

第一，通过对技术进行革新升级，加大对信息技术的投入以优化前置仓的选址、人员安排、库存等决策，信息技术的加入使决策更加科学化，从而降低运营成本。第二，在大数据的预估分析下，仓库货物储备更有针对性，既满足消费者的需求，又减少了仓库内货物的储存。第三，数字化程度高，精准预测终端需求。大数据分析和智能算法的不断升级，对消费者绘制更精确的画像，预测更准确的流量，以流量为核心，通过流量运营供应链，更准确地进行商品采购，更及时地调整商品品类和数量。

3. 订单响应迅速

生鲜产品易腐烂、易损坏，因此对于运输条件要求较高。前置仓模式的创新，给消费者带来"更快、更好、更优质"的消费体验。首先，充分利用互联网，以 App 为消费场景，消费者在线上下单代替线下下单。对于追求效率的一二线城市顾客来说，前置仓的出现，实现了足不出户、一键下单、选择性强、节省时间等，满足了消费者对于时间的高要求。其次，消费者下单后，生鲜产品由最近的前置仓发货，而非是较远的仓库发货，从而可以实现 30 分钟送货上门，满足顾客对于时间的要求。

4. 品质确定

第一，在天猫、淘宝、京东等网上平台购买生鲜农产品到货损耗率较高，产品品质很难得到保障。而前置仓可解决传统模式出现的问题，该模式中的生鲜品类丰富齐全，且拥有属于自己的原产地渠道，从产品审查、采购、分拣、包装、储存等环节进行严格的监控。直采供应链不仅能够带来稳定的供给渠道，还对削减成本、提升产品品质等环节大有裨益。第二，前置仓建立全链路产品品控，从产品产地到产品出仓全方位把控，以此确保产品品质稳定。根据灼识咨询统计，前置仓 GMV① 以 167.4% 的复合年增长率从 2016 年的 6 亿元增加到 2020 年的 308 亿元，有望在 2025 年超过店到家模式。

4.1.4　前置仓优势分析

1. 市场变化响应能力强、站点的选择灵活

前置仓到家模式面对市场变化响应能力强、站点的选择灵活。前置仓的面积可大可小，根据当地的实际情况以及企业的发展战略灵活调整。前置仓模式所需成本较低、仓库面积调节性强、产品检验流程表标准化，促使该模式能快速铺开形成规模效应，加上顾客通过线上下订单，骑手完成"最后一公里"的配送，因此可以在 30 分钟至 1 小时内将产品送到顾客手中。具备极佳的用户体验，顺应市场快速扩张的趋势，使前置仓模式在线上中高端生鲜消费市场中受到消费者青睐。灼识咨询预测到 2025 年前置仓模式将以 49.2% 的复合年增长率增长至 2277

---

① 商品交易总额（Gross Merchandise Volume，简称 GMV）是在一定时间内的交易额。多用于电商行业，一般包含拍下未支付订单金额。

亿元，超过店到家模式。

2. 产品标准化程度更高，品类丰富

"买手"对接供应商实现生鲜产地直采，为消费者提供做饭所需的一站式购物，从源头到出仓全方位把控，保证商品的标准化程度和品质稳定性。与平台到家模式相比，平台模式商家众多，产品质量参差不齐，平台对商家监管存在困难；生鲜 SKU 丰富，消费者注重一日三餐的科学搭配。而传统的生鲜电商经常选择能够长时间储存的根茎类蔬菜、硬果类水果、常温乳制品、禽蛋类进行销售，但这类生鲜产品并不能完全满足消费者的全部需求。而前置仓很好地解决了这个问题，叮咚买菜和每日优鲜等平台能够提供肉制品、乳制品、蔬菜、水果、水产品、速冻食品、粮油调味品、快手菜等生鲜全品类产品。

3. 全链路产品品控

从源头到出仓全方位把控，保证商品的标准化程度和品质稳定性。根据北京消协调研的数据，消费者购买生鲜农产品的不满意率高达 55.36%。而前置仓可以改变传统模式的弊端，严格把控产品的品质，提高顾客满意率，减少产品运损率。该模式在深耕上游供应链的基础上形成品质优势。如叮咚买菜，从产品审查、采购、加工、分拣、储存、包装、配送到客户反馈（"7+1"）进行全流程的质量监控。天风证券于 2021 年 12 月发布的《叮咚买菜：即时零售乘风而上，前置仓龙头破茧成蝶》报告显示，截至 2021 年一季度，叮咚买菜 SKU 总量超过 12500 个，去年同期为 5700 个，商品大类包括蔬菜、水果、水产、肉禽等，其中，超过 75% 是产地直采。在云南、贵州、新疆等生鲜原产地，投建了多个"叮咚买菜合作种植/养殖合作基地"。截至 2021 年 3 月 30 日，生鲜供应商已经超过1600 家。

4.1.5　前置仓具体案例分析——叮咚买菜

1. 叮咚买菜的发展历程

叮咚买菜的前身为 2013 年成立的聚焦社区服务的"叮咚小区"，2017 年叮咚买菜 App 正式上线，是一款自营生鲜平台及提供配送服务的生活服务类 App。主要提供的产品有蔬菜、豆制品、水果、肉禽蛋、水产海鲜、米面粮油、休闲食品等，由上海壹佰米网络科技有限公司运营并开发。叮咚买菜主打前置仓生鲜模式，以即时配送为特点提供生鲜产品。众所周知，前置仓模式极易走向同质化。如图 4-4 所示，为了扩大差异化，形成与竞争对手的差异，叮咚买菜正在迅速扩张并推动成长的飞轮不断转动，实现规模与效率的同步提升。一方面，规模的快速增长带来更高的订单密度，进一步提高运营效率，品质确定、时间确定、品类确定又再次促进消费者复购，以上因素共同构成了公司成长的第一个飞轮；另一方面，销售规模的扩大促使叮咚买菜要在供给侧上进行更大的升级，从而提升供应链的水平。从运营方面来看，企业要不断从组织、技术的运用以及业务运营中提升供应链的效率(详见图 4-4)。

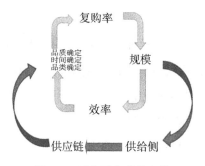

图 4-4　叮咚买菜成长飞轮

2017 年，叮咚买菜创立了"29 分钟配送到家"行业标准和"总仓+前置仓"供货模式。致力于产地直采、前置仓配货和最快 29 分钟配送到家的服务模式，为用户提供高质量产品，并以"品质确定、时间确定、品类确定"为核心服务理念，是用户信赖的民营企业。2018 年，叮咚买菜建成前置仓 119 个，服务于上海大部分社区。2019 年全年营收突破 50 亿元，建成前置仓约 600 个。2020年，全年营收突破 140 亿元，建成前置仓超过 850 个，日订单量 85 万元。截至 2021 年 12 月 31 日，叮咚买菜已拥有约 60 个区域分选中心和 1400 个前置仓，前置仓面积达 50 万平方米，覆盖北上广深等一线城市及杭州、苏州等新一线城市。2022 年上半年营收达 120.7 亿元，同比 2021 年上半年增长了

31.6%（详见图4-5）。

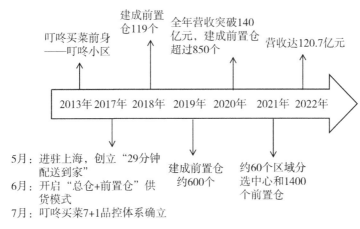

图 4-5 公司历史沿革

叮咚买菜收入主要由产品收入与服务收入构成，其中产品销售收入占总收入99%左右。产品收入主要来自叮咚买菜 App 和微信小程序的销售商品的收入，收入又可以具体分为三方面，一是直销服务，叮咚买菜通过线上渠道开展零售业务，为顾客提供各种各样的生鲜产品和日用品，赚取生鲜产品购进和销售的差价。提供给顾客的产品种类越多、品质越高、用户满意度越高，用户的客单价越高。二是平台广告服务，商家可在叮咚买菜小程序或者 App 投入广告宣传自家产品，提高品牌知名度，增加复购率。三是会员费用，如表4-1所示，叮咚买菜提供多种会员计划。

表 4-1 　　　　　　　　**叮咚买菜会员服务收费标准**

价格	连续包季：30 元
	连续包月：9.9 元
	单季会员费：45 元
	连续包年：88 元，同时赠送赠品
	年度会员费：108 元

续表

	满 39 元可免费领购一件生鲜商品
会 员 权 益	每周发放 4 张优惠券(49-4，69-5，79-6，99-7)
	周五绿卡会员日，可享全场 88 折
	每月 6 次免运费福利
	部分商品拥有专享价
	每天免费领菜

2. 叮咚买菜的前置仓模式分析

(1)供应链角度。叮咚买菜是典型的前置仓模式，其从供应商处采购商品，通过与各大商超、线下实体店进行合作，顾客通过在叮咚买菜平台下单，平台将采购的生鲜产品送至消费者手中。

从价值链角度来看，上游、中游、下游构成了企业的利润结构，完整的价值链有利于企业整合资源，从而实现资源利用的最大化，减少不必要的成本支出。上游主要是供应环节，下游主要是营销环节，叮咚买菜是连接中下游的重要环节。叮咚买菜的供应链结构如图 4-6 所示。

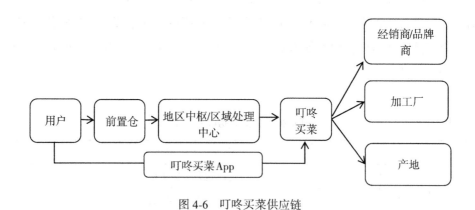

图 4-6　叮咚买菜供应链

供应商作为叮咚买菜生鲜平台的上游，一般有三类供应商。第一类是公司在城市或者产地批量采购需要的产品，第二类是公司与所需要合作的品牌进行洽谈并达成合作意向的经销商和品牌商，第三类是品牌加工厂。第一种采购方式所需要面对的供应商多，产品参差不齐。因此，需要公司加大质量把控的力度。第二种，品牌为了提高自身影响力，往往会通过广告推广加大品牌的传播度，提高该品牌在消费者心中的印象，比如蒙牛的牛奶。但广告成本高，产品同质化严重，竞争对手众多，不会给公司带来直接的效果。第三种能够降低公司风险，将一部分的风险分给代加工企业，其次，有利于专业化分工，使企业能够专注经营，提高企业运营效率。

叮咚买菜的中游主要是通过自主研发 App，整合上游资源，为上游的供货商和下游的经销商提供一个良好的管理平台。可以为供货商提供物流系统，从而实现运营商到供应商的集中采购，降低物流成本，提高企业经营效率。

公司零售顾客作为企业的下游，叮咚买菜将生鲜产品暂时存储至地区中枢仓库中，然后将生鲜产品送至前置仓中，前置仓建造在目标社区 1 千米范围以内，全流程进行数字技术化改造，集合大数据测算，确保顾客在任何时间、任何地点都能够便捷、高效地购买到高品质的生鲜产品。除此以外，叮咚买菜平台强调"下单后 29 分钟即可送达"，在满足顾客对配送时间要求的同时，尽可能丰富产品品类，与客户建立高度的信任感，保证了用户留存度的同时，也为新用户的增长提供可能。

(2)价值传递角度。叮咚买菜电商平台的价值传递是通过上游供应链有效协作以及下游需求反馈。

叮咚买菜平台主要采用"总仓+预仓+到户"的方式，提高了采购、配送的效率。首先，由专业的采购团队进行集中采购，在订单完成以后，将所有的产品运送至总仓，然后经统一的加工、分装，运输到各个前置仓。然后，在小区 1 千米的范围内，建立一个 200~300 平方米能够覆盖周边 1~3 千米中 20000~30000 个用户的小仓。最后，叮咚买菜通过构建新零售的理念，在传统的供应链系统中，利用大数据算法，建立起智慧供应链系统。前置仓的建立缩短了供应链末端，减少配送的时间和配送距离，还有利于降低生鲜产品的损耗。

(3)成本构成角度。供应链成本包括与供应商交易形成的成本、企业内部运营成本、客户交易成本的集合。前置仓模式下叮咚买菜供应链具有以下几个优势：一是，采用源头直采确保品质并形成价格优势。源头直采保证供应链稳定、生鲜产品优质、价格稳定。在叮咚买菜购买的生鲜产品甚至带有二维码，用户扫码即可追随到产品的产地、生产日期以及养殖环境等。二是，自建前置仓降低运输费用。自建前置仓能够灵活选址、方便运输，同一前置仓产品可以统一运输，降低运输成本。三是，提高商品力作为提高毛利率的核心逻辑（如图 4-7 所示）。叮咚买菜 2021 年第四季度的数据显示，自有品牌产品、自有生产加工产品和预制菜在 GMV 中占比分别为 10.2%、6.5% 和 14.9%。每日优鲜猪肉于 2020 年 7 月推出，2021 年第一季度其销售额占上海地区猪肉产品总销售额的 40% 以上。叮咚买菜新推出的预制菜系列既能够改善生鲜产品的质量，又能够提高产品客单价。与此同时，在为消费者提供生活便利、给予消费者丰富的消费体验的同时，避免产品同质化严重从而形成价格战，减少恶性竞争出现的可能性。

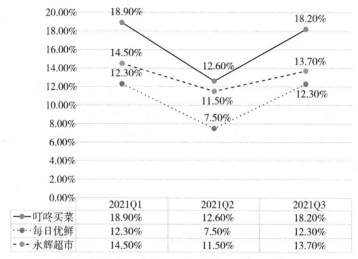

图 4-7　叮咚买菜、每日优鲜、永辉超市毛利率对比

数据来源：作者根据各公司年报和公司季报整理而成。

4.2　店仓一体化模式

4.2.1　店仓一体化模式概念

"店仓一体化"模式就是实体店和仓库合二为一以服务全渠道客户的模式。

以门店为中心，门店兼顾线下的生鲜超市和线上配送的仓储中心两大定位。以"品质商品+消费者到店体验+即时配送到家"，开辟了生鲜卖场的新零售模式，给客户带来全新服务。店仓一体化模式服务店铺周边1~3千米以内的用户群体，用户可以到店选购，也可以在线上下单后选择送货上门。店仓一体化是零售企业实现线上线下全渠道运营的方式，互联网的发展带动了线上零售的发展，对于生鲜零售商来讲，门店不仅要满足线下社区购物的便利性，还要增加线上即时零售能力。

在线下层面，即标准的实体店运营，具备线下门店销售功能。实体店可为线上层面提供仓配服务，从而实现了人员和场地的反复利用。在线上层面，实体店就是标准的仓储作业。仓库分为暗仓和城市中心仓，暗仓是不对外营业的小型仓库，城市中心仓则是进行社区团购配送的核心。

创建"线上+线下"两种消费模式，利用线下实体体验为线上业务引流，两种运营模式优劣势互补，共同分担运营成本。但是，门店对于硬件和软件的投资，无形之中增加门店的运营成本和压力；与此同时，两种业务在操作中会产生冲突。因此，店仓一体化模式必须要平衡好线上和线下的数量和成本。采用该模式最典型的平台有"盒马鲜生"，永辉的"超级物种"等。在超市相继入局线上线下全渠道运营的背景下，推行店仓一体化成为超市的一个方向。

4.2.2 店仓一体化的内涵

（1）店仓一体化是系统化转型，并非简单的加法，不是简单地在门店的基础上加上仓库，线下的基础上加上线上。店仓一体化需要超市进行重构、卖场运营模式的重构、商品的重构、到家和到店业务的组合重构、门店组织管理的重构、供应链体系的重构，店仓一体化是看似简单实则复杂的转型、升级。

（2）店仓一体化主要的运营难点在于线上，超市线上运营商品主要是生鲜产品，生鲜产品往往具有以下的特征：①易损耗，一方面来自流通中的各个环节中的损耗，一方面受到自然环境的影响。②运输成本高，生鲜产品配送对基础设施设备的要求更高、更复杂，并且在流通的全过程都需要冷藏，所以生鲜产品平均配送成本占每笔交易额的15%~25%，高的时候甚至达到30%~40%。③时效性，鲜活度成为人们决定购买生鲜商品的关键因素，加上生鲜产品易损耗的特点，因此需以最快的速度将商品配送至消费者手中。店仓一体化业务首先要考验的是后台系统，对即时调度、成本控制、配送成本、时间控制要求更为严格，这对大部分生鲜电商、超市的后台系统要求更苛刻，成熟的后台需要多次试错、调整。

（3）店仓一体化的本质是传统零售商超全渠道化，指线下与线上的深度融合，再加上现代物流，利用大数据等创新技术，既满足消费者需求的同时又整合企业的各个渠道，实现了企业的前台后台一体化的操作。全渠道化是零售企业日益迫切需要解决的命题，也是零售企业发展的必然趋势。例如，沃尔玛一直强调线上线下的一体化发展，强调线上渠道盈利的可持续增长。

4.2.3　店仓一体化的运营模式

店仓一体化的流程如图4-8所示，最典型的是阿里推出的"盒马鲜生"，与以往传统销售不同，其注重消费群体多场景化的高端消费体验。运营1.5年以上的盒马鲜生门店，单店坪效超过5万元，单店日均销售额达80万元，远远超过传统超市。实现这一成果的，是盒马超过60%的线上销售占比。而截至2018年7月31日，盒马门店在全国迅速增至64家，分布在14个城市，服务超过1000万消费者。①

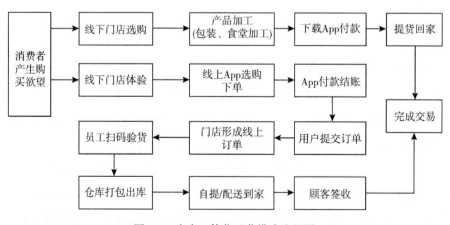

图4-8　店仓一体化运营模式流程图

---

① 店仓合一、前置店成为新零售的决战点［EB/OL］.（2019-02-21）［2023-03-11］. https://www.sohu.com/a/296389949.100009714.

4.2.4 店仓一体化模式的优劣势分析

1. 优势

店仓一体化的运营模式弥补了运营模式和配送模式存在的缺陷。通过表4-2汇总对比店仓一体化、前置仓、社区团购这几种商业模式的特点，可以看出来店仓一体化模式具有以下优点：

表4-2 生鲜产品运营模式特点对比

类型	店仓一体化	前置仓	社区团购
业务模式	到店消费+线上购物+即时配送；提供线上线下一体化的消费体验	线上购物+即时配送；离用户近的地方布局集仓储、分拣、配送于一体的仓储点，缩短配送链条	线上购物+供应商配送+团长运营；团购平台提供产品供应链物流及售后支持，用户在社区自提商品
布局城市	一、二线城市为主	一、二线城市为主	低级城市为主
客户定位	高端	中高端	中端
直营	直营	直营	平台
SKU	5000~8000	4000+	1000~2000
门店仓储成本来源	店铺租金、人工高引流成本中等	店铺租金、人工中等引流成本高	店铺租金、人工低引流成本中低销售提成高
仓储物流	店仓一体+自由/外包配送	中心仓+社区前置仓+自由/外包配送	中心仓+社区网络仓+外包配送
终端覆盖范围	1~3km	1~3km	0.5~1km
配送时长	0.5~1小时	0.5~1小时	1~2天
是否配送到家	配送到家	配送到家	小区自提点
代表企业	盒马、永辉	每日优鲜、叮咚到家	美团优选、多多买菜

（1）信息全面，顺应市场发展趋势。人工智能技术、大数据与现代物流的结合为店仓一体化模式的快速发展奠定基础。生鲜类产品新鲜期短、配送范围有限

以及运输过程中有损耗。店仓一体化使得中间环节减少的同时，有效减少产品的损耗。另外，移动互联网技术使会员、商品、交易的数字化成为可能，将线上业务数据和线下业务数据高度汇总，线上下单，再通过快速物流实现半小时送达的配送服务；线下门店给消费者提供场景体验感，增强消费者认同和信任，双渠道协同作战，实现对传统零售"货—场—人"到新零售"人—货—场"的关系进行深度重构。

(2)增强顾客的信任感。店即是仓，仓即是店，利用高大上的近地门店作为仓库，以线下生鲜的经营为主体，将门店定义为线下体验店，门店货架等同于线上虚拟货架。让顾客对产品质量、购物环境、商品品类有更真实的感受，建立顾客对产品的信任感。与此同时，线下门店良好的消费体验也能将顾客引流至线上平台。消费者可以通过微信小程序、饿了么等途径选择自己心仪的产品，获得便捷、方便的体验，保证了较高的用户留存率，推进线上生鲜电商发展。

(3)利用线上大数据平台，优化线下产品陈列。通过利用数字化的信息管理系统进行顾客分析，精确顾客画像，使其产品和服务在激烈的市场竞争中崭露头角。例如：将线上购买频率高的产品放在顾客容易购买得到、看得到的货架上。

2. 劣势

成本高、资金回笼缓慢。首先，店仓一体化选址要求高，面积设定缺乏弹性。由于门店选址往往是在人流量大、较繁华的商业区，所以租金相对昂贵。其次，集门店与仓库一体化意味着店铺面积相对较大，有充足的场地储存商品。因此，店铺运营成本相对较高，尤其是在门店初建时期，由于还未形成规模效应，成本难以摊薄。最后，店仓一体化打造极速配送，商品配送要求往往仅是在店内消费即可享受配送。这是最吸引消费者的地方，让消费者感受到了极大的便利和实惠，但这也意味着需要付出较大的成本代价。从盒马鲜生招聘配送员的信息中了解到：基础工资在3500~4500元左右，每完成一单配送提成在6~8元，根据地区的不同，工资会有一定的差距，若再加上仓储、分拣、包装和设备成本后，平均每单的配送成本还会上升。

服务范围具有局限性，市场难以下沉。店仓一体化的商业模式定位于一二线城市，生鲜购买决策者的人群画像普遍具有以下的特点：年轻、收入高、生活工作节奏快、注重体验和生活的仪式感、追求精致化、品质化的生活、对价格缺乏敏感性。针对这样的用户群体，可将产品品质与运输的效率放在首要位置，而在价格上适当提高，实现"高质量高价格"。除此以外，在目前盈利的巨大压力下，更需要足够的客单价与订单量才能维持发展。而下沉市场更重视的是产品的价格或者是所谓的性价比。用户的可支配收入有限制，往往不愿意为了节省时间或者产品的品质付出更多的成本，这就导致店仓一体化模式只能在一二线城市生存。

4.2.5 供应链管理模式下"仓店一体化"的优化策略

1. 信息共享策略

顾客需求预测、市场变化对于上下游来说都极其重要。供应商、门店共同实时收集数据，收集顾客反馈。由于上游供应商离顾客相对较远，因此，供应商所获得的信息与实际信息之间存在差距。零售商位于供应链的下游，零售商能够有机会与顾客进行交流沟通，以此了解顾客最真实的想法，明确门店的经营状况、订单情况。可以及时向上游供应商反馈信息，给予供应商调整的余地，做到更加精准地预测和生产。

2. 供应商合作策略

一方面，与供应商建立长期、稳定、互利互惠的合作关系，能够解决过去传统采购模式下，供应商疏于及时响应以及质量控制问题。实现有效的外部资源管理既是对供应商进行选择管理，又是保证供应链有效的重要手段。另一方面，应全方位、多角度地考察企业的基本信息，然后从大量的潜在的供应商中挑选具有合作可能性的供应商。

3. 新型服务策略

为了弥补现有店仓一体化运营模式和配送模式的缺点，一种新的模式孕育而生。如图4-9所示，首先，在城市的周边建设一个总仓库。然后，直接由冷藏车完成由总仓库到消费者手中的配送任务。与此同时，冷藏车在发挥仓储和配送作用的同时，可以作为线下小型生鲜产品体验店进行直接零售，满足消费者线下购物的需要，增加消费者的体验感。新型店仓一体化，使生鲜产品一直处于适宜的温度，实现全过程冷链，不仅能简化配送流程，减少成本消耗，降低生鲜产品损耗率，提高配送效率，而且能实现线上线下双渠道运营(详见图4-9)。

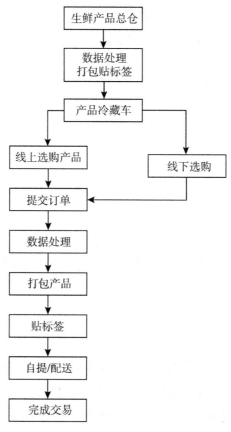

图 4-9　新型仓店一体化服务流程图

4.2.6　仓店一体化具体案例分析——盒马鲜生

1. 盒马鲜生简介

盒马鲜生是国内首家新零售商超，是对线下超市"人、货、场"完全重构的生鲜企业。2016 年阿里巴巴创立盒马鲜生。2017 年 10 月，盒马鲜生全国门店数目达到 30 家；2019 年，盒马鲜生线下门店超过 130 家；2020 年，盒马在 21 个城市建立 200 余家门店。随后，盒马又推出了盒马×会员、盒马日日鲜等系列。

盒马鲜生是典型的仓店一体化运营模式，即线上销售与线下门店同时发挥作用的双渠道经营模式。线下业务是指盒马鲜生通过在城市人流量较大之处建立实体超市，满足企业自身生鲜产品储存的同时，为消费者提供丰富的购物和餐饮体验。线下门店鼓励消费者下载盒马 App，使用盒马 App 进行支付。不仅能够为消费者提供便利，而且可以通过 App 收集客户信息，进而为客户提供更加精确的产品和服务。线上业务是指为附近 3 千米以内的顾客提供餐饮外卖和生鲜产品，只要顾客通过盒马 App 进行下单，产品将在 30 分钟之内配送至顾客手中。

仓店一体化的盒马线上订单占比更高，根据阿里财报显示，盒马线上销售占比近 70%。其次，盒马商品能力强，具体体现在以下方面：一是，产品研发能力强。盒马能够迅速推出新品。盒马 3R 商品中心采购总监透露，盒马 80%~90% 预制菜都是自主研发，产品研发周期接近四周。目前，预制菜 SKU 接近 200 家，冷藏预制菜货柜保持在 150SKU 左右，基本上覆盖用户用餐的基本需求。二是生鲜供应链能力强。在生产环节，截至 2020 年 6 月底，盒马拥有 550 多个农业直采基地、100 多个盒马村、3 个产地冷链仓、41 个销地常温及冷链仓、6 个销地生鲜暂养仓、16 个销地加工中心。[①] 2022 年 6 月，盒马在成都、武汉自建供应链运营中心，并且两个中央厨房已经正式投产。

2. 盒马线上供应链现状

在阿里巴巴集团的领导下，盒马鲜生与淘宝共用一个物流体系。经过不断的业务整合，通过门店盒马鲜生实现了实体店与仓库的完美融合。随着技术的不断升级改进，盒马鲜生供应链逐渐呈现去中心化、分布式的特征，具体如图 4-10 所示。

(1)盒马鲜生物流以及采购计划的制定，依托于阿里巴巴的大数据以及云计算等计算机技术。通过"不收现金是底线"的营销模式，强制要求顾客在支付时

---

① 即时零售行业研究：万亿赛道，以"快为先"［EB/OL］.（2022-07-29）［2023-03-18］. https://mr.mbd.baidu.com/r/1foxWBt02mQ? f = cp&u = f9e73f704ba4c9a6.

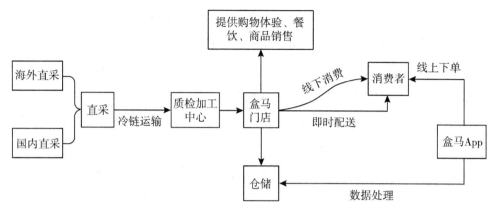

图 4-10   盒马鲜生供应链

使用 App。可以通过用户注册盒马 App 或者利用淘宝收集客户的购物信息，再对数据进行整理，分析客户的需求偏好，进而预测市场的需求趋势，制订采购计划。盒马鲜生以产品销售为主，积极引导消费者参与生鲜产品的生产与采购环节，满足消费者对于产品多样化的需求。

(2)盒马直接在种植基地和本地采购生鲜农产品，采购的范围不仅仅局限于国内，而是借助阿里巴巴集团全球购资源从世界各地采购所需资源，逐步完善并建设属于自己的全球型农产品基地。同时，盒马鲜生对生鲜产品不收取任何渠道费用，吸引了更多品类的生鲜产品入驻企业，提高消费者的购物体验。

(3)盒马鲜生的配送中心，主要是包括直接在种植基地和本地采购生鲜产品，然后对生鲜产品的质量进行检测、低温存储和包装，再将原材料或者半成品运输至再加工的场所。盒马的生鲜产品运输与淘宝共用同一物流体系，负责将采购的产品运送至加工以及仓储中心，然后根据不同生鲜产品对温度的要求再决定是选择常温物流还是冷链物流。

(4)门店是盒马的前置物流中心，不仅仅可以作为本门店的仓储中心，而且可以为其他的门店紧急调货，从而合理协调生鲜产品资源的合理分配。除此以外，门店还是为人们提供购物、餐饮体验的超市。线上线下双渠道的运营模式可以帮助企业通过大数据精准把控消费者的偏好，从而有利于企业进行精准营销和广告宣传。盒马鲜生是对传统的生鲜模式的颠覆，冲破了实体店面积约束的局限，在有限的空间内创造出无限的销售额。对于顾客来说，盒马鲜生使生活更加便捷、方便。线下门店的服务时间是从九点到晚上十点，线上 App 从早上到晚上九点，同时满足线上线下顾客的需求。

（5）盒马鲜生的外卖配送环节。采用的是"自建配送队伍+第三方物流"。盒马配送范围是门店周围 1~3 千米。盒马的整合系统分为前台和后台，从用户下单到分拣打包仅用 10 分钟，在算法的驱动下，20 分钟能够实现产品的配送，整个过程仅需 30 分钟。盒马的供应链、销售链以及物流履约链路都是完全的数字化，即从商品到达店铺、货物上架、分拣产品、打包产品、配送产品等，作业人员都是通过智能设备去识别，不仅简单便捷而且出错率极低。

零售的核心在于商品的品质与好的消费者体验。因此，只有拥有了商品力，才能够吸引顾客。盒马在不断研发新产品，提高商品力的基础上加强对上游采购、加工环节的掌控，优化物流配送流程与成本，实现降本增效。通过商品力和顾客购物体验优势顺势将品牌植入消费者心中，从而为企业建立忠诚的用户。

4.3 社区团购发展概述

近年来，社区团购作为顺应时代和潮流发展的一种新兴生鲜电商业态，发展迅猛。基于社群的生鲜社区团购，触及了传统电商无法准确覆盖的用户群体，成为生鲜农产品零售市场的主力军。而突如其来的新冠疫情改变了人们的消费习惯，推动社区团购再次迎来春天，随后引发互联网巨头纷纷入场布局，争夺市场。同时，社区团购也持续受到政策和舆论的高度关注，引发社会各界热议与思考。

4.3.1 社区团购的概念与内涵

社区团购是以社区为中心，以团长（通常由社区内的宝妈、便利店经营者等担任）为分发节点，以微信群、小程序等作为交易工具建立团购平台，消费者在平台上拼团购买生鲜、日化用品等的新型购物形式（黄希，2019；王桂琦，2020）。社区团购依托线下实体门店，借助线上工具，由团长作为平台和消费者的中介，采取"预售+次日达+自提"的模式，以高频刚需的生鲜品类为切入点，融合社区与网络购物，借助团长的熟人关系网获取用户，为用户提供平台挑选商品，次日前往自提点取货的服务。从社区团购主营产品品类来看，社区团购平台都会以高频刚需的生鲜品类和日用品为主打商品，高频刚需商品使得用户的回购率上升，不仅可以快速占领市场，也有助于增强顾客黏性；从性价比和时效来讲，社区团购平台省略了多级分销商的环节，大大缩减了商品运输成本，使得团购平台商品价格更加优惠，同时团购平台的 SKU 品类在不断增加，用户基本所需的东西都可以在平台购买，相较于传统电商 3~5 天的交付时间，社区团购则大大提高了时效性，满足了用户对时效性的需求。

现阶段随着互联网技术的不断升级，社区团购结合新零售模式不断完善线上产品销售平台的同时，也格外重视线下渠道的管理和维护。

4.3.2　社区团购发展历程与现状

1. 社区团购发展历程

社区团购并非完全的新鲜事物，它始于 2016 年微信小程序推出的"B2B2C"社群分销模式，主要依靠微信平台强社交属性，从而迅速发展与成熟；2016 年湖南长沙的芙蓉兴盛连锁便利超市首先尝试在社区微信群发布拼团活动，"团长"们一方面拉小区的住户进入社区团购微信群；另一方面和店铺老板谈判，争取到最合适的团购价格，之后由"团长"在微信群中发起团购。至此社区团购慢慢发展，但仍未被市场完全接纳。

2016年至2018年，社区团购企业数量有小幅度增加，并逐渐向二三线城市下沉，商品种类也在不断增加，供应链逐渐完善，大多数团购平台以微信小程序和自有 App 为入口，不断增加用户数量。2019 年部分边缘公司或企业被收购或者退出市场，也有部分企业得到资本青睐，如食享会、十荟团等，社区团购的赛道逐渐变得拥挤。

2020 年以来，由于新冠疫情的暴发，导致线上购买高频刚需商品的用户量激增，这给社区团购的发展带来了机遇，同时也引发了各大互联网巨头的关注。2020 年 6 月，滴滴旗下社区团购品牌"橙心优选"上线；7 月，美团宣布成立"优选事业部"；8 月，拼多多旗下社区团购项目"多多买菜"上线；9 月，盒马上线"盒马优选"；10 月"盒马集市"正式上线；2021 年 3 月阿里巴巴社区电商（MMC）

事业群成立；2021 年 9 月阿里社区团购官宣整合"盒马集市"与"淘宝买菜"升级
为"淘菜菜"。

艾媒咨询数据（图 4-11）显示，2019—2022 年中国社区团购市场规模将持续
扩大，在 2022 年有望达到千亿级别。

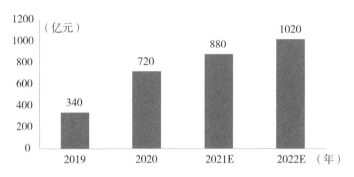

图 4-11　2019—2022 年中国社区团购市场规模及预测

资料来源：《2020 上半年中国社区团购行业专题研究报告》，https://www.iimedia.cn/c400/
74181.html，2024 年 3 月 24 日访问。

2. 社区团购发展现状

社区团购在疫情影响下经历了爆发式增长阶段后进入完善行业发展规范阶
段。自 2020 年社区团购得到互联网巨头青睐后一直被多方投资企业看重。如图
4-12 所示，2021 年 1—5 月，社区团购行业仅有 8 起融资事件，但所披露的金额
高达 262 亿元，仅上半年的融资额就高于 2020 年全年 200.7 亿元的融资总额。

从以上数据可以看出，当前社区团购赛道的争夺依然激烈，各巨头纷纷布局
社区团购市场，然而，各巨头的烧钱补贴大战也引起了市场动荡，严重影响了社
区团购市场的有序竞争。2020 年下半年，部分社区团购企业利用资金优势，大
量开展价格补贴，扰乱市场价格秩序，引发广泛关注。国家市场监管总局根据价
格监测线索，先后对橙心优选、多多买菜、美团优选、十荟团、食享会五家社区
团购企业涉嫌不正当价格行为立案调查。2021 年 3 月 3 日，国家市场监管总局依
法对橙心优选(北京)科技发展有限公司(橙心优选)、上海禹璨信息技术有限公

司(多多买菜)、深圳美团优选科技有限公司(美团优选)、北京十荟科技有限公司(十荟团)分别处以150万元人民币罚款的行政处罚,对武汉七种美味科技有限公司(食享会)处以50万元人民币罚款的行政处罚。

图4-12　社区团购融资事件与金额(2013—2021年5月)

资料来源:《2021上半年社区团购投融资报告:腾讯投资最多,近半年行业沉寂,已无融资》,https://www.sohu.com/a/470870459_100299860,2024年3月25日访问。

随着监管力度的加大以及资本投资力度的集中,未来社区团购的发展将面临新一轮的洗牌,体量较小以及一些经营模式不清晰的企业将退出竞争市场,社区团购热度将有所下降,市场规模增速放缓。

2018—2020年,我国社区团购的市场规模从280亿元上涨到890亿元左右,2021年达到1210亿元,尽管其市场规模逐年上升,但是2020年监管层开始出台政策使社区团购更加规范,2021年增速下降到36%的水平,不足上一年一半的水平(如图4-13所示)。未来社区团购的发展将走向成熟,一些头部玩家开始转向精细化运营,强调盈利。①

----

① 社区团购十荟团创始人陈郢在公开信里表示十荟团未来要进行精细化运营,"在区域仓配、团长运营方面,十荟团与阿里MMC(社区电商事业群)将结合彼此地域上的优势特点,进行有机整合;在供应链方面,将打通更多高品质生鲜、日化百货供给资源,进一步提升自身供应链能力"。未来社区团购企业要注重供应链价值提升,同时注重平台服务能力的提升,遵守合规竞争规则,方能在社区团购赛道获得最终的胜利。

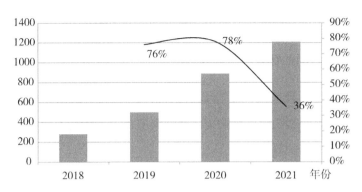

图 4-13   2018—2021 社区团购市场规模及增速情况(单位:亿元,%)

资料来源:《2020 社区团购白皮书》,https://www.baogaopai.com/baogao-view-538283.html,2024 年 3 月 25 日访问。

4.3.3   社区团购模式分类

"线上预售+自提"是社区团购基本的运营模式。但是由于发展社区团购的企业运营重心有所不同,因此,运营模式也存在极大差别。其中生鲜电商 O2O 具体可以分为:"线上转向线下"和"线下转向线上"

1. 门店布局型

由传统的零售商或者经销商搭建平台,该平台往往能够进行简单的社区团购。因线下门店受到区域的限制,所以受众顾客有限。团购团长一般为线下门店店长,如:考拉精选、兴盛优选等。相比于专业的社区团购平台,线下实体店的客户大多由门店经营积累而来,而线上平台仅仅为方便顾客选购的一种购买渠道。该模式的优势在于在区域内选购商品,商品可配送,优点在于线下门店的存在,能够增强顾客对产品以及团长的信任感。其次,门店可以从线下引流到线上平台,从而实现线上线下双渠道导流,开辟更广阔的发展空间,提高品牌的知名度。

2. 互联网电商孵化型平台

随着社区团购的不断发展,越来越多的互联网巨头开始孵化新的社区团购平台，如：美团旗下的美团优选、拼多多旗下的多多买菜。

3. 以创业为目的的社区团购平台

以创业为目的的社区团购平台是指以社区团购为主的创业项目，如：十荟团、快团团等。该类型的社区团购下沉当地消费市场，依托本地社区资源进行运营，并且取得了良好的效果。

4.3.4 社区团购模式分析

1. 社区团购业务模式

社区团购运营流程一般是社区团购平台搭建线上平台，寻找合适的供应商提供生鲜产品，并招募社区团长，由团长在社区居民微信群分享团购链接、宣传生鲜产品，居民根据需求下单至团购平台，平台联系供应商发货，供应商第二天将居民所购商品送到社区，居民到自提点提货。对社区团购运营模式各环节具体分析如图 4-14 所示。

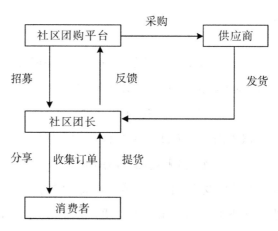

图 4-14　社区团购业务流程图

（1）采购环节。社区团购的品类多为生鲜产品和日用品，采购方式以销地一级或二级批发商采购为主，产地直采为辅。不同层级的供应商之间存在明显的价格差异，供应商对象对应层级越高，供货价格越低。

这种规模化采集可以为平台缩短流通环节，减少商品损耗率以及降低采购成本。而传统的电商采购模式采用的仍然是以分散的供应商对应分散的消费者，并未实现规模化采集，物流履约成本较高。根据东吴证券数据显示，区域龙头超市平均每个 SKU 采购额约 70 万元，而社区团购区域龙头平台为 400 万元，数额为区域龙头超市的 5~6 倍，这种高订货量的规模采购为社区团购平台带来了明显的采购成本优势。同时，由于社区团购基本上没有存货，货物配送周期一般在 1 天以内，所以社区团购付款周期短，一般在 2~4 天，较少占用供应商资金。而超市的存货周期长，间接导致其付款周期也长，其付款周期通常在 2 个月左右。总之，大规模的采集和账期短的两个特征为社区团购带来了重要的采购成本优势。

（2）仓配体系。社区团购平台采用"中心仓+网格仓+自提点"三级仓配体系。中心仓一般由平台自营，是仓配体系的核心节点。中心仓的功能是从供应商处收货验货、临时存放货物，以及分拣和配送货物到网格仓。中心仓通常覆盖一个城市甚至省级范围，半径约 200 千米。网格仓通常由外包加盟商运营，结算方式主要按件数或团点数量计算。同时，平台还会依据网格仓的履约效率指标，如配送时效、配送成功率等，给予加盟商额外的奖励。一个网格仓覆盖范围通常为一个城市的一个区或县，半径约为 10~20 千米。中心仓与网格仓的分拣内容有所区别，中心仓负责按照每个网格仓的订单量进行分拣，而网格仓则按照每个团长的订单量进行分拣。自提点包括团长所在的线下实体店店铺或者采用无团长的自提设备即自提柜。这种自提方式降低了"最后一公里"的物流配送成本。

据物流行业大数据分析，"最后一公里"物流配送成本可达到物流配送链成本的 30%，社区团购平台的三级仓配体系大大降低了存储成本。首先，在预售模式下，仓库主要用于中转和临时存储商品，省去了大量的库存面积和库存设备的投资费用，降低了存货滞销风险；其次团长端自提点的"低频高重量"①物流模式简化了平台的分拣流程，提升了物流履约效率。平台只需要一天一次配送齐团长所对应社区的全部货物，无须将货物送达用户所在地。

---

① "自提"使得履约物流变为"低频、高质量"物流模式，即每天只用给每个团长配送一次，进而缩减履约成本，同时节省时间，提高效率。

（3）团长运营环节。在社区团购发展初期，团长多为宝妈，此类群体的闲暇时间更多，时间管理较灵活，同时对生鲜食品的熟悉程度更高。随着社区团购的发展，团长也逐渐变为由社区各类门店店主担任。线下实体店可以作为临时仓库，存放顾客的货物，同时店铺客人和自提客人又可以互为店铺和平台引流。团长本身作为服务性质的店主，其本身就拥有较专业的服务能力，能够迅速解决好关于货物退换货等操作以及解决顾客的难题等，因此，团长自提点在未来的社区团购发展过程中很难被自提设备所取代，其主要原因如下：

其一是成本问题。自提柜的建设、维护和修理都需要投入大量的资金，而团长自提点可以省去前置仓存储成本，店面本身就可以捎带临时储存功能。其二是扩张问题。团长以单件货物的提成为利润，各平台在 5%～10% 不等，基于此，各团长为了得到更多佣金，也会进行积极宣传并做好线下自提工作，他们会自发地整理货物，当仓库不够时他们会自行想办法解决。而自提柜的建设却需要大量的时间，这有可能会阻碍平台的扩张速度。其三是分拣效率问题。根据社区团购平台的三级仓配体系可以看出，平台只需要把一个自提点的货物分拣出来即可，而自提柜则需要分拣不同用户的货物，这就使得平台不得不花费更多的人力和时间进行配送，次日达的时效性可能会延长。其四是用户量问题。自提柜理论上来说是有固定数量的，但是平台订单量并不是固定的，当订单量出现大幅上涨或缩减时，自提柜的固定存储容量上限可能无法满足需求或者出现荒废状况。基于以上原因，团长端的发展更适用于社区团购平台，只需要对团长进行定期的培训管理即可，团长的作用在未来发展中仍然起着重要作用。

2. 社区团购特点

社区团购的主要特点如下：

第一，获客成本和风险低。社区团购平台最大的特点就是成本相较于传统商超或其他生鲜电商来说大大降低，这也是社区团购模式最大的优势。社区团购模式下的成本降低具体体现在配送成本、履约成本、运维成本以及获客成本上。从配送成本上来讲，社区团购的次日达模式，使得平台通常在夜间 11 点之后开始统计订单总量、分拣货物，而从中心仓至网格仓的货物配送也大多在夜间进行，这种配送时间可以避免白天的出行高峰期，降低配送成本。从履约成本来看，社区团购的"预售+次日自提"模式直接免去了货物从自提点到用户手里的过程，"最后一公里"的配送不需要平台负责，履约成本降低至0。从运行维护成本来讲，社区团购在当天夜间即可确定订单总量，再进行定量采购，这使得平台能够使用较精确的冷链运输，可以估算冷链成本，减少由于需求不确定而出现的浪费。从获客成本上来讲，团长能够承担引流和沟通的职能，不需要平台增设部门进行宣传。相比传统商超，往往需要招聘大量的销售人员以及不定期的促销活动都会耗费大量的人力、资金成本。

第二，团长运营。团长承担引流和售后的工作，同时其线下实体门店充当临时前置仓作用。由于团长能够利用其熟人关系网建立社群团购群，因此团长的服务质量及其忠诚度将直接影响到用户对社区团购平台的印象，团长的宣传能力也会直接影响平台的市场占比情况以及能否有效稳住社区团购平台用户流量。而社区团购行业其本身运作模式易复制，这也导致了各大平台注定会对团长进行抢夺，因为团长直接影响了某片地区的用户量，进而对于团长的忠诚度培训也尤为重要。在社区团购平台发展较为火爆的时期，各大平台都以较高的佣金吸引团长，因此团长与平台的关系并不是很稳定，使得团长流动率较高。

3. 社区团购优势分析

(1)以销定采成本低。传统生鲜电商模式在产品采购方面都是采取的先采购，再销售的模式。采购来的产品先运往门店和前置仓，再铺货到各个网点，最后进行销售。由于生鲜产品的保鲜期较短，因此对于企业的营销来说，压力很大。而生鲜产品的新鲜程度很容易受到周转率的影响，周转率越低，新鲜程度也越低，销售难度更大，导致高库存率和高损货率。这也就增加了企业经营风险，使得生鲜产品的生产成本大大提高，不利于市场扩张。而社区团购模式的预售模式可以提前统计订单，这样既可以省去库存成本，也会降低因延长收获期而导致的货损率。其次，社区团购是点对点的销售模式，社区团购将"最后一公里"物流众包给团长，团购活动结束后，由团长负责分拣以及终端配送工作，使顾客可以在小区附近取到购买的生鲜产品。社区团购有效减少了仓配履约成本，基本没有中间环节，既保证产品质量安全，又大大降低了生鲜电商的物流成本，带给消费者物美价廉的商品以及极佳的消费体验。

（2）团购价格优势。相比于线下实体门店如农贸市场和大型商超，社区团购通过向上集采缩短了流通环节，降低了加价空间。而线下实体门店则需要多级经销商的运输才能在市场售卖，这种多级加价体系最终还是由消费者买单。通过对比，消费者更会倾向于价格低廉的社区团购平台。东北证券数据显示，社区团购的物流环节整体成本比线下传统渠道低 20%~30%。而与其他线上渠道相比，社区团购的运作模式特点也让其在传统电商中脱颖而出。其一，类似于盒马鲜生、京东到家等这类即时送货上门服务，其物流履约成本较高，旨在满足用户的即时性需求。而社区团购旨在满足用户的计划性需求。其二，社区团购的团长承担了引流和运营的功能，这大大降低了平台的获客成本和运营成本。总之，社区团购模式可以在商品质量、商品价格和履约时效性之间达到一个平衡，而这种平衡也让社区团购在众多传统生鲜电商中区别开来，也有助于社区团购在三四线及以下城市下沉，扩大消费市场，破解物流"最后一公里"难题，创新传统生鲜电商模式。

（3）可复制性强。第一，传统电商生鲜农产品往往采用 B2C 运营模式，这种模式通过增设门店或者建立前置仓确保生鲜产品新鲜度和配送时效。因此，这种模式的经营风险会更高，并且极考验企业的现金流和运营能力。而社区团购模式由于有团长的介入，并不需要设置前置仓存放货物，这大大降低了仓储成本，缓解企业的资金压力。其只需要设置中心仓即可，且平台订单量越多，企业越有优势和供货商议价，从而提高自身价格优势。第二，微信社群的引流功能的能力也强于实体店，社区团购是基于社区社群的关系促成交易，成员彼此相互信任。同时，社群成员互相分享购物体验、相互推荐产品、组团参与产品秒杀等，通过沟通与交流，建立客户与商家的联系，形成紧密的用户黏性。其次，社区团购能够通过小程序、微信公众号等渠道裂变。基于社交的属性，使社区团购的模式可以快速扩张与复制。第三，让熟悉小屋的团长进行地推，效果优于仅在互联网平台上投放广告，团长通过引导社区客户使用小程序、下载 App 成本低、效率高。

4.3.5　社区团购案例分析——美团优选

1. 美团优选简介

"美团优选"成立于 2020 年 7 月，是背靠互联网企业美团而创建，由创始人王兴亲自带队推进，借助美团超高知名度以及成熟的线上线下运作体系，美团优选在短时间内获得大批活跃的用户群体。而其采取"预售+自提"的模式，为所在社区的家庭用户提供性价比高的多品类商品，如水果蔬菜、零食饮料、日用百货等，涵盖了生活的方方面面，并且产品价格普遍低于市场价格。

2020年7月，美团宣布成立优选事业部，正式加入社区团购赛道。不到两个月优选已经在济南、武汉、上海等地上线。据悉美团优选在武汉上线一周左右，日销售量已突破5万件。9月，美团宣布推出"千城计划"，旨在下沉至县级市场，年底前实现全国覆盖。根据美团在2020年发布的年度报告显示，截至2020年第四季度，美团已经在全国2000个城市进行布局，覆盖全国90%以上的城市。根据2021年公开数据显示，美团优选日订单量超2000万单，远超兴盛优选、橙心优选等一众竞争对手，稳居社区团购宝座首位。

美团优选遵循的是"O2O+O2B"的模式，该模式拥有对上游供应商议价约束能力，能够对供应商进行甄选，从而选择优质的供应商，与其建立良好的合作关系，然后再将产品上传至平台。

美团优选的配送模式是"T+1"模式，消费者在每天0点到23点之间根据自身需求在平台上自行下单，平台按照区域将产品配送至团长自提点，最后由各个团长对消费者购买的产品进行分拣，于次日通知消费者自行提货。图4-15所示的是美团优选整个业务流程。这一模式根据顾客需求按需备货，解决了商品滞销、库存积压等问题，极大程度上节约了商家成本，而商家节约的成本也将体现在产品的价格与产品质量上。

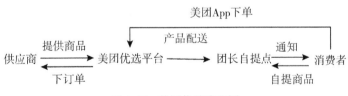

图4-15　美团优选流程图

2. 美团优选电商平台分析

社区团购的各种商业模式吸引了不同类型的消费者，它的出现改变了传统生鲜市场格局，分流了传统大卖场和菜市场的市场份额。美团优选以独特的商业模式为特色得到迅速发展。下面对其进行分析。

（1）经营模式可复制。美团在2018年上市以后，推出"Food+Platform"。该战略形成以"吃"为核心的业务生态闭环，通过"吃"为中间媒介建立一个供需兼顾、生活服务业务多样化的平台，通过比较分析，可以看出基于该战略相继推出的"美团优选""美团买菜"，它们两者的经营模式有一定的相似之处。美团买菜主打"便捷、快速"，服务于一二线城市。而美团优选主打"高性价比"，服务于一二线以外的其他城市。两种模式虽有差异，但主营业务相似。相比滴滴旗下的橙心优选而言，美团优选更有经营优势，因为美团经营模式、人员组织、部门结构具有可复制性(详见表4-3)。

表4-3　　　　　　　　　　　　美团优选与美团买菜对比

	主要服务	主要产品	运营模式
美团优选	细化社区、消费者自提	以蔬菜肉禽等日常生鲜为主	预购+自提模式
美团买菜	二三线城市前置仓1~3千米内顾客	包括生活所需的各种产品	30分钟内即时配送

（2）产品种类繁多。"美团优选"以程序软件形式展示产品，每天会专门上线产品，结合当下时代潮流，产品陈列新潮，满足消费者的猎奇心理。美团优选靠美团强大的物流和商流体系，结合各个地域特色，陈列产品满足许多因工作或者学业背井离乡的年轻人对家乡美食的怀念。其次，通过自建和加盟的方式，美团优选在全国建立大仓—网格仓—线下服务门店的物流配送体系。上游与产地对接，引进优质生鲜农产品等，通过社区便利店和宝妈团长为用户提供服务。

（3）产品采购成本低。就生鲜产品采购成本而言，美团优选背靠互联网巨头，对供应商有一定的议价能力。2021年美团优选相继在云南、广西、贵州等地布局了"农鲜直采"计划。以云南昭通"丑苹果"为例，昭通苹果素有"甜到没朋友"的美誉，但是由于市场行情不好，遭遇近几年来的最低价。在美团优选的"农鲜直采"计划下，极简的供应链和高效产销对接机制既解决了边远地区农产品销售问题，又在保证产品品质的同时减少产品采购成本。

（4）市场渗透率高。如图4-16所示，据悉，根据申万宏源研究所在2021年3月发布的报告，其对市场上主流社区团购进行统计，以393位消费者的问卷为结果，发现近70%的消费者使用过美团优选，并且表示会继续使用，这说明美团优选的市场渗透率较强。截至2020年第四季度，美团优选已经在全国90%以上的县市进行布局，订单数量达到了平均2500万件一天，每件单价8元左右，日成交额在2亿元左右。而同样作为社区团购资本巨头的拼多多，旗下的"多多买菜"截至2020年第四季度日单量2000万件左右，均价8元左右，日成交总额在1.6亿元。单从这个数据去评估，可能意味着日成交额更高的美团优选的竞争力会更强。

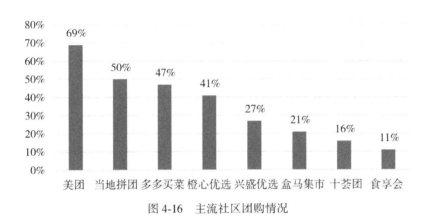

图4-16　主流社区团购情况

（5）成熟的同城供应链。美团拥有成熟的线上零售—线下配送—仓储供应的同城产业链，由于美团在生鲜领域进行投资从而积累一定的供应链上下游资源，因此，美团优选的生鲜同城供应链趋于完善。

（6）完善的团长保障机制。美团为团长提供"三重保障"，第一是有竞争力的佣金和奖励金，第二是完善的培训体系，第三是物美价廉的商品和体贴周到的售后支持。

第5章 案例分析

5.1 武汉市"盒马村"农村经济发展案例

5.1.1 研究背景

随着数字经济在国民经济结构中的地位日益提升，我国不断出台新政策以抓住数字经济带来的红利。2018年"中央一号"文件首次明确提出要大力发展数字农业以夯实农业生产能力基础，提升农业发展质量；2022年"中央一号"文件再次提出实施"数商兴农"工程，大力推进数字乡村建设。推进智慧农业发展，促进信息技术与农机农艺融合应用。数字经济与农业的融合发展势不可挡，未来农业经济发展必定要依靠数字经济。依据我国当前国情和经济发展现状，我国的农业想要获得发展必须根据我国当下农业实际发展状况，因地制宜，结合农户实际发展现状展开一系列农业经济活动变革，才能更好地带动农业经济发展，促进农民增收。随着一系列指导数字农业发展的政策文件相继出台，各个地区也在积极探索符合本地区的发展道路，逐渐形成了政府引导下的以数字农业技术创新为核心的数字农业发展体系。

2022年武汉市在《武汉市支持数字经济加快发展的若干政策》（征求意见稿）中提出要促进产业数字化转型，其中强调了要推进支持农业数字化转型，建设并提升农业大数据平台功能，完善农业大数据共享开放体系。加强农业生产数字化，推进北斗卫星导航系统、高分辨率对地观测系统等在农作物生长环境监测、智能灌溉、土壤墒情监测、病虫害监测预警等农业生产环节的推广应用，推动智能农机示范应用；加强农业管理数字化，利用互联网技术实现农业管理高效透明，推进食用农产品承诺达标合格证制度试行工作，做好农产品质量安全追溯系统的运营维护；加强农业服务数字化，加快农业大数据发展，推进数字农业综合服务体系建设；大力实施"互联网+"农产品出村进城工程；打造一批数字蔬菜基地、数字渔场和数字畜禽养殖场。湖北省武汉市作为中部地区典型发展示范区，应当积极助推农业经济转型，促进农业数字化更好更快发展。湖北省武汉市有着九省通衢的地理位置优势，又有着较丰富的自然资源，应当积极利用自身优势，发展现代化农业，为满足更高质量的市场需求，打造更完善更现代化的农业生产管理体系，促进农业经济转型。

"盒马村"作为阿里巴巴数字农业基地的典型代表，其指代的就是根据订单为盒马种植农产品的村庄。"盒马村"通过阿里巴巴建设的"产—供—销"一体化平台让农村从分散、孤立的生产单元升级为现代农业数字产业链的一部分，为广大消费者提供更优质的生鲜农产品，推动农产品精细化、标准化和数字化改造，发展成为以数字农业基地为主的产业数字化、网络化、智能化的典型村庄。"新零售"是数字经济在零售业的典型代表，而"新农业"则是"盒马村"数字农业所属的现代农业类型，"盒马村"也可以说是"新零售"与"新农业"发展的产物。"盒马村"依据经营管理方法的不同可分为"行政盒马村"和"自然盒马村"两类；"盒马村"生产与供销模式依托订单农业数字化、网络化、智能化，有助于加快农业现代化发展。

"盒马村"作为"新零售"与种养基地合作建设的产业链上游供应基地，其经济模式是基于线上和线下的"新零售"与基于生鲜农产品的"新农业"相结合的经济模式，通过"新零售"的线上运营打通线下生产、运输、销售的直连渠道。由于我国的特殊国情以及农业生产的特殊性，造就了我国"大国小农"的农业生产现状，在这一背景下，要想实现农业数字化转型就要使农业产业链上的相关利益者基于各自的利益诉求构建起协同发展、合作共赢的数字化共生模式，打造创新"命运共同体"，联结生产者和消费者，实现供需关系升级。目前我们要利用数字技术透析消费者需求，实施精准化、定制化营销，把握消费诉求，向消费市场提供质量更高、价格更优惠的农产品；同时也要重视田间地头的农民愿望，使种菜、卖菜不再成为难题，有效衔接供需双方，为农产品市场提供更加完善的"产—供—销"一体化平台，给农民更及时准确的信息、更广阔的市场，让农产品真正走向广大消费者的餐桌。基于以上难题，我们要深层次把握农民与市场、与消费者之间的关系，农业数字化转型应该为农业发展作贡献，而不是拘泥于理论上的农业数字化转型方案。为构建更加完善的数字农业体系，构建新型数字乡村，提供更多可供参考的方针，因地制宜创建不同农产品产业链的"盒马村"，让农产品走向全国各地。

"盒马村"是数字时代新零售的产物，从 2019 年开始，"盒马村"经历了萌芽、生长、复制等几个阶段。这种订单式农业生产方式不仅为消费者提供更精准的服务，也在一定程度上缓解了农民"卖菜难"的现状，在面临市场和消费者的双重考验下，"盒马村"应运而生。"盒马村"农业生产基地充分运用大数据、物联网等智慧农业管理技术和手段深入推进农业产—供—销一体化建设，借助数字经济为农村发展数字农业提供新路径。

5.1.2　"盒马村"模式介绍

1. "盒马村"经济模式内涵

我国要建设成为社会主义现代化国家，农业农村现代化建设是重中之重。"三农"问题是建设农业农村现代化的根源，只有农民增收致富、农业转型升级，农村才能真正实现现代化发展。当前全球新一轮技术革命、产业变革仍在进行中，物联网、智能网、云计算、大数据等新一代信息技术加快应用，引发产业变革。世界主要发达国家对农业发展制定了新方向，相继出台了"大数据研究和发展计划""农业技术战略"和"农业发展 4.0 框架"等战略政策文件，为农业转型发展提供政策支持和保障；我国也在大力推进数字中国建设，实施数字乡村战略发展，出台了《数字乡村发展战略纲要》《数字农业农村发展规划（2019—2025 年）》《中共中央、国务院关于实施乡村振兴战略的意见》等一系列政策文件，中央一号文件作为指导"三农"工作的指导性文件，给每一时期我国农业农村发展都指明了方向。党中央认为，必须坚持不懈地把解决好"三农"问题作为全党工作的重中之重，举全党全社会之力全面推进乡村振兴，加快农业农村现代化。在此背景下，阿里巴巴企业为响应政府号召发展数字农业催生出了一种新的农村经济模式——"盒马村"经济模式。

盒马鲜生是阿里巴巴对线下超市进行重构的一种"新零售"业态，以数据和技术为驱动，集超市、餐饮店、菜市场三者功能为一体的社区化一站式"新零售"平台。2018年，盒马鲜生首家门店在北京正式开业。盒马运用大数据、物联网、自动化等技术及先进设备，建立了一套从供应链、仓储到配送的完整物流体系。盒马最大的特点之一就是快速配送服务，即在门店附近3千米以内，实现30分钟送货上门。消费者可到店购买，也可下载盒马App进行线上购买。盒马的供应链、销售及物流履约链路是全数字化进行的，商品到店、拣货上架、打包配送等环节均是通过智能设备作业，不仅提升了工作效率，也降低了人为操作失误的风险。在盒马系统中分为前台和后台，用户下单10分钟内进行分拣打包，20分钟内实现3千米以内的配送。

"盒马村"是指根据盒马订单，为盒马种植农产品，种植出来的优质农产品直接拿到盒马线上线下新零售平台进行销售，产销之间形成稳定的供应关系并发展数字农业的典型代表村庄。"盒马村"进行生产的前提是以需定产，一方面依靠平台提供销售端大数据预测市场行情和消费趋势，精准把控消费需求，为农户生产搭建信息平台，并帮助农户进行生产种植规划；另一方面平台提前与农户或村庄约定采购金额和订单量，以稳定农产品价格，避免"菜贱伤农""菜贵伤民"。"盒马村"作为盒马供应链条上游的一方，在与盒马签订供货协议后，其生产出来的农产品在初期并没有独立的品牌和供货物流。盒马已在全国构建5大枢纽中心、8个供应链运营中心、百余个产地仓、销地仓，仓储面积超过100万平方米、110条干线线路，形成一套较完善高效的仓网服务体系，并向全国数千家上游基地开放赋能。通过提高供应链效率，降低上游基地的供给成本，消费者能够更加便捷地享受到"南菜北调""西果东输"的新鲜好产品。截至2022年10月，全国24个省市的140个盒马村年度农产品销售额达70亿元，带动4万余名农民就业，实现农民人均年增收超过25000元，促进农村土地流转10余万亩。[①] 在"十四五"期间，盒马还将在全国建设1000个"盒马村"，并在国内农业产地采购共计

---

① "盒马村"模式带动农业数字化升级，将在沪共建订单农业合作基地网[EB/OL].（2023-01-18）[2023-05-12]. https://m.163.com/dy/article/HRCVMM8B051480GT.html? spss = adap_pc.

1000 亿元的优质农产品，持续通过"盒马村"模式探索中国农业现代化高质量发展的创新实践。

　　"盒马村"经济模式如图 5-1 所示。主要由"盒马村"相关组织、盒马平台、消费者三部分组成建立了盒马的产—供—销一体化模式。在生产过程中，由于中介和村委会都可以作为生产方代表，因此"盒马村"被细分为两种不同类型：一种是由村委会带头组织、以行政村为领导向盒马提供农产品的村庄，称为"行政盒马村"，例如四川省八科村售卖黄金荚等农产品的村庄；另一种则是由合作社等中介作为沟通方为盒马提供农产品的村庄，称为"自然盒马村"，例如湖北省仙桃市以及武汉市等地区的村庄。在"盒马村"经济模式下，参与主体多元化，包含了盒马平台、合作社、农户和村内集体组织以及地方政府。

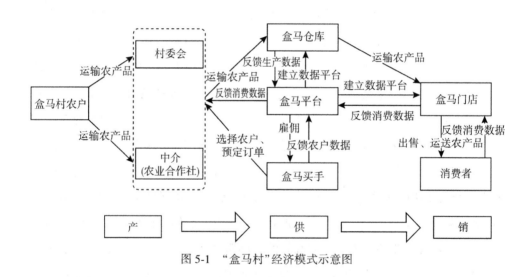

图 5-1　"盒马村"经济模式示意图

　　各地区的"盒马村"经济模式因为农业基础、地理经济环境等差异也存在一些不同之处。但总体来看，"盒马村"经济模式还是存在一些共性。

　　(1)注重分工协作、共同定价。消费者在平台下单，平台负责将收集的消费数据通过互联网大数据实时分享给盒马村庄，村庄根据订单和消费数据进行标准化生产，重点把控农产品质量，并在基地建立初级加工中心，实行初步的预冷、保鲜、消毒以及分级处理，确保农产品高质量供给；以往小农户由于生产规模限制而缺少市场话语权，只能靠市场行情赚取微薄利润。而在盒马村庄，中介和村委会与盒马平台共同定价，确保每个农民都能从中受益，基地农户不仅有保底工资，还能获得提成分红，这也拓宽了农民收入渠道。

（2）数字技术指导贯穿生产运作全过程。在生产初期，盒马利用大数据平台共享消费数据，为"盒马村"生产给予更准确的市场信息，降低市场风险，也为平台和生产基地节约了仓储成本；在农产品种植基地，平台助力基地精准制定生产标准，并运用智能化管理，如在生产蔬菜时采用智能大棚、温控设备等实时监测农作物生长情况，实现农业智慧化升级；同时推进全过程数字化发展，从"盒马村"生产基地的物联网终端延伸到农产品完整供应链体系，全程进行数字化加工、分拣和包装。数字技术贯穿"盒马村"生产与供销全过程，以下将从生产和供销两方面论述"盒马村"经济模式运行过程，探讨数字技术如何助力"盒马村"经济发展，推动农业农村农民现代化转型升级。

2."盒马村"生产模式

小农户在生产经营过程中一直处于劣势地位：一方面由于自身的经营规模较小、机械化程度不高，导致农产品价值得不到充分发挥；另一方面小农户处于信息闭塞的一环，无法及时准确地获取市场信息，总是盲目跟风，导致我国农户在实际生产过程中总是比市场慢一步，无法在市场中真正发挥其主导作用。在经过了改革开放以及一系列农村生产经营体系改革之后，农户开始有意识地进行自我改革，这不仅可以使农民在实际生产过程中降低生产成本，也可以实现收入来源的多样化。我国原有的农村生产模式主要分为两类：一种是家庭联产模式，其主要以家庭成员为主，根据每家实际人数分配田地，主要农作物有玉米、小麦、水稻等粮食作物以及花生、棉花、甘蔗等少数经济作物；另一种是集体联产模式，这种模式下的组织一般包括家庭联合生产、邻里联合生产、基地联合生产、合作社组织联动、村镇股份企业等。前两种在农作物种植方面既有粮食作物也有经济作物，而后面集中模式则更倾向于经济作物种植，尤其是种植经济价值较高的果蔬等农作物。21世纪以来，由于市场主体的多元化发展使得农村集体经济组织面临更严峻的市场竞争形势。"盒马村"生产模式则深刻契合当下消费者需求，是一种围绕市场需求的订单性集体生产模式。

"盒马村"生产模式由两大环节组成，首先是订单确立环节。盒马致力于打造长期共荣的生态型"新零供"关系，实际上是让零售商和供应商各司其职，零售商负责渠道建设、客户体验和服务，而供应商则专注做好商品生产研发，以提供最具性价比的商品。由此，盒马围绕消费者需求采用买手制。在"盒马村"经济模式示意图中可以看出，盒马平台聘请专业采购人员即盒马买手团队对农作物市场价值进行评估分析，并基于大数据平台中消费者消费数据及消费偏好确定盒马平台在某一特定地区所需要的农作物产量。相比于传统的计划经济模式，这种确定产品数量的方式通过大数据的辅助，能够更加精准地预测市场需求，降低企业生产成本。随后，平台授权买手团队将与条件符合的村庄签订预订单协议，在这些村庄中有些是以行政村村委会为管理单位，由政府引领农户进行农业转型，买手只需要与村委会签订协议，这类村庄便形成了"行政盒马村"；另一类则是由合作社等中介进行管理生产，在买手与合作社签订协议后，中介负责寻找农户，这些农户所处的村庄也多生产特色农产品，当村庄的农户数量逐渐增多时，这些村庄就形成了"自然盒马村"。本书所要探讨的武汉市"盒马村"便属于"自然盒马村"，这些村庄大多是有一定规模的合作社并且有着某种农作物生产优势。第二环节为订单生产环节。买手在与"盒马村"签订预订单协议之后，行政村村委会或者中介将会组织农户进行订单生产。在生产过程中引入智慧农业管理系统，全程使用自主作业的无人机喷洒药液，提升农作物品质，实现种植全过程的数字化发展。

在生产环节，"盒马村"对采收和包装等全流程实行标准化作业，破解了传统农产品品控不一、粗放式生产的难题。在生鲜农产品供应链的第一个环节设置产地仓，这些产地仓不仅具备基本的存储周转功能，更重要的是还可以对农产品进行分级处理，大部分农产品须经过统一质检、消毒、保鲜、成为标品等智能预处理，将农产品转变为标准化的产品，在源头最大程度上控制农产品的损耗，提升农产品质量。

3. "盒马村"供销模式

在以往的农产品销售过程中，农产品经过层层经销商才最终到达消费者手中，这种传统的农产品供销模式（如图 5-2 所示）并不能让农产品直接流通到消费者手中，而是需要以农业专业合作社、物流企业和各级批发商主要的流通渠道进行农产品流通，最终主要流向各地大型商超和农贸集市。这种传统流通模式使农户在整个供销关系中处于价格弱势地位，只能被动接受批发商制定的价格，尤其是散户农民对市场信息的获取能力更弱，只能被迫承担流通过程中的风险。而"盒马村"的供销体系却能直接连接农户与消费者，"盒马村"通过建立"产—供—销"一体化模式，采用数字化供应链管理，上至农产品的生产、加工、运输，下至农产品的包装、检测、售后，全程进行数字化管理。借鉴电子商务模式类型可将农产品供销模式简单分为四类：企业与消费者之间的电子商务（Business to Consumer，B-C）、企业与企业之间的电子商务（Business to Business，B-B）、消费者与企业之间的电子商务（Consumer to Business，C-B）、消费者与消费者之间的电子商务（Consumer to Consumer，C-C）。"行政盒马村"在生产供销环节中，由村委会负责管理事宜，在储藏环节由村委会组织在生产基地建立冷藏库储藏初步加工的农产品，再将农产品运送至盒马供应链中心，可以看作 C-B 模式；而"自然盒马村"里与盒马签订协议的是各合作社中介组织，先由中介搜集各农户生产的农作物统一运送至冷藏库，再统一运送至盒马中心仓库，是一种先 C-B 模式再B-B 模式；在农产品运送中，无论"行政盒马村"还是"自然盒马村"都是通过盒马自有的冷链运输通道把农产品运输至各个盒马门店或仓库中心，门店直接对消费者进行销售，可以看作一种 B-C 模式。因为盒马平台构建的全过程数字化供应链管理体系，实现了农产品全程可追溯，减少了供销层级，降低了传统供销成本，所以"盒马村"的供销模式可以视为 C-C 模式。

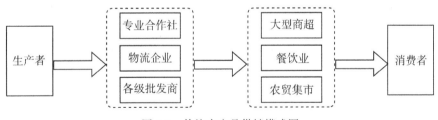

图 5-2 传统农产品供销模式图

5.1.3 数字经济与农业融合的理论介绍

(1)规模经济理论。规模经济是指通过扩大生产规模而引起经济效益增加的现象，其反映的是生产要素的集中程度同经济效益之间的关系。我国作为农业大国虽然积累了丰富的农业生产经验，但由于经济的快速发展，传统的农业生产经营方式已经不能够满足当下消费需求。转变传统生产经营方式，实施农业规模化经营并提升农业生产效率才能促进规模经济的良性发展。赵彬（2018）认为农业规模经济的发展，提高土地生产率是基础。在传统小农经济中，土地经营规模的扩大可以提升规模经济效益。而现代家庭农场、农业企业等新型农业经营主体相对于小农户来讲更易获得土地规模经济效益，而小农户在扩大土地经营规模的过程中也面临着诸多难题，成本攀升、风险加剧以及效益难以得到保障使得其生产经营收益很可能达不到预期收益。而数字经济打破了这一难题，随着技术的不断发展，数字经济与农业的融合加深，使得更多的小农户得以享受数字技术带来的红利。这也说明了数字经济与农业产业的融合降低了小农户迈进农业规模经济的门槛，同时也为农业经营提供了新的发展形式。一方面，在农业生产经营过程中数字技术可以更精准地利用农业生产的周期性等特点制定专属农产品生产计划，充分利用农业闲置资源，建立农业品牌；另一方面，随着市场对农业的多样化需求被放大，个性化、小批量的订单模式迎来了爆发式增长，市场对农业生产提出了更高标准的要求，依托数字技术，农产品供给端和需求端得到了有效连接，由此规模经济也为农业生产带来了更大的盈利空间。

（2）分工和交易成本理论。根据已有的文献结论表明，分工是导致经济增长的根源。作为国民经济的基础产业，分工的深化和演进在农业发展中也起到了决定性作用。随着数字化转型的发展，一批具有发展能力且自我发展意愿强烈的经营者开始演变成具备数字化素养的数字农业人才。随着这些农业生产者的专业化水平的提高，越来越多的农业劳动力开始进入现代农业生产和专业化生产领域，形成了一定规模的农业专业化、集约化和规模化的生产模式。一方面作为助推现代农业发展的骨干，使得一大批的专业大户、家庭农场主迅速崛起；另一方面也使得传统农业经营者构建更加专业的分工网络，产生专业化经济效益。数字技术使得农业在生产过程中降低了选种育秧、灾害防治等成本，也使得农业生产要素的内涵不断扩展，可以更加密集地使用农业科学技术、信息、人力资本等知识型要素以及现代农业机械、化肥等物质型产品。

农业分工也伴随着交易成本。在传统农业生产经营过程中，服务交易受到时间和空间上的限制，因此需要构建多中心的专业服务交易平台。而在数字经济赋能农业生产过程中，数据可以被共享，且数字服务的交易成本远远低于传统交易。数字经济与农业的融合大大延伸和拓展了时间和空间维度，而今能够提高农业分工程度，也能够进一步深化农业分工。盛洪(1994)指出，在专业化程度较低的情况下，生产出来的产品必然有该产品某一工艺阶段没有达到最优生产规模。随着技术进步和数字经济的发展，人们努力推进专业化生产，以确保产品达到最优生产规模以享受规模收益。技术进步使得生产环节逐渐分离开来，并产生专业的分工组织部门，但是决定专业化能否实现的核心因素在于交易成本能否降低。由此可以看出交易成本决定了农业分工，同时也促进了农业发展。

(3)农业工业化理论。张培刚把"工业化"定义为一系列基于生产函数连续发生变化的过程。与其他学者简单地从工业产值和就业人数占国民经济比重上升过程来定义工业化不同，他的定义从技术创新和技术革命的角度出发，既阐述了现代工业社会的变化，又囊括了制造业工业化以及农场经营的工业化。这一定义使得大家开始关注生产技术的变革和企业家才能等因素。工业不仅仅表示工业本身的机械化和现代化，也涵盖了农业的机械化和现代化。农业工业化的发展是以农业要素禀赋结构升级为基础，数据要素的普遍应用也相应提高了农业领域的资本比例，而企业家管理创新才能使得现有的要素组合不断优化，两者为传统农业经营的数字化转型提供强劲动力。

大多数地区在进入农业工业化初期，农业劳动生产方式多为劳动密集型，随着刘易斯第一拐点的发生，城乡二元结构逐渐解体，大量劳动力开始向城市转移，农村剩余增加，土地和资本等要素集聚，农业生产方式多为土地密集型；在工业化成熟后，劳动力逐渐稀缺，非农部门和农业部门开始争抢劳动力，农业资本要素更加丰富，农业生产方式又转变为资本密集型；随着消费者消费升级，农业生产要素的供给增加，农业生产体系日渐成熟，农业生产方式最终会转变为技术密集型。因此，在数字经济赋能农业生产过程中，要注重农业生产要素的投入，避免陷入要素投入结构不合理的发展困境。

5.1.4 武汉市"盒马村"案例分析

1. 武汉市"盒马村"发展概况

(1)"盒马村"农业生产基地概述。为深入收集研究资料，作者于 2022 年 11

月15日至16日前往武汉市三个盒马农业生产基地以及合作社进行实地调研。11月15日主要走访了武汉市东西湖区彭家庄、走马岭新华大队和柏泉农场"盒马村"生产基地进行实地调研活动。

①彭家庄"盒马村"种植基地(详见图5-3)。目前彭家庄拥有800亩蔬菜大棚种植区域,种植的蔬菜以萝卜、白菜和包菜为主。在彭家庄生产的农产品中"矮脚白"小白菜品种最优,其叶片肥大、口感细嫩、营养丰富,在武汉市蔬菜市场颇为有名。现如今,彭家庄主要生产矮脚白、鸡毛菜、芥蓝、西兰苔等高产值蔬菜,10亩菜地的年均纯收入可达到20万元,图5-3为彭家庄西兰苔蔬菜种植大棚。在与盒马平台签订预订单之后,彭家庄的村民不仅可以获得稳定的收入,避免市场风险,还能借助盒马平台宣传农产品,让村庄种植的农产品销往更多市场。

图5-3 彭家庄西兰苔种植大棚

②走马岭新华大队。在走马岭新华大队的"盒马村"里,农户主要以种植莴笋(图5-4)、藜蒿为生,种植面积更是高达900亩。新华大队共有170多家种植农户,每次莴笋批量采收都有将近4000多吨的产量。以往每次蔬菜应季时由于批量采收都容易出现滞销问题,农产品滞销会使得农户亏损,打击了农户的生产积极性,进而影响后续的农作物生产。对此新华大队积极寻找销售渠道,最终在合作社带领下与盒马平台签订预订协议,新华大队的莴笋种植有了保障。盒马平台每天提供蔬菜冷链车帮助合作社进行蔬菜运输,确保品质。这种订单式农业让

农户有了稳定收入来源，也极大地刺激了农户的生产积极性。在有了基本的收入保障下，新华大队的农产品生产也会更加注重优良品种培育，提升农产品品质。

图 5-4　走马岭莴笋种植大棚

　　③柏泉农场。距汉口中心 32 千米外的柏泉村庄(图 5-5)也是盒马平台的农产品供应基地之一，距离最近的盒马鲜生线下门店仅要 17 千米。盒马平台与农户实行衡价收菜机制，在村里的种植户一开始并不能接受盒马的衡价收菜机制，这种收购意味着无论市场上同种农产品的收购价格如何变化，盒马平台给予种植户的价格都维持稳定，只在很小的范围内浮动。在未与盒马进行合作时，村里的种植户们只能自己拖着蔬菜去附近的菜市场进行售卖或者通过传统渠道，被动接受收购价格。由于生产的盲目性和需求信息的不对称使得种植户在遇上行情不好的时候只能亏损。对于当地种植户来说这种看运气赚取收入的不稳定性极易出现意外情况，这无异于加大了农户生产风险。2020 年 9 月，柏泉成为武汉市第一个"盒马村"。每天合作社都会统一收菜，再运送到冷链车装车，确保蔬菜新鲜度。有了与盒马的稳定订单量，也让柏泉的种植户迅速走上了致富之路。

　　以上走访的三个"盒马村"生产基地都属于"自然盒马村"，村庄的闲散农户由合作社组织领导，与盒马平台签订协议，并由合作社组织农户对农产品进行初级筛选和保鲜。合作社指导农户进行标准化生产，盒马对合作社提供的产品不仅有数量要求，更注重农产品质量要求。在各个"盒马村"内，要至少保证种植总量的 30%供应给盒马平台,确保盒马平台的订单需求,且盒马也会根据消费数据制订农产品订单,提前下单,让农户的生产有明确的方向;在合作社收菜环节,各村庄也需要严格按照盒马的采摘标准进行筛选,不仅要检测农药残留浓度,还要保证蔬菜的外观重量,叶菜在冷链车运输前不能沾水,不能有黄叶,这不仅是为了保障产品的标准化,也是为了迎合消费者需求。在达到了盒马平台的各项检验标准后方可将农产品运送至盒马门店仓库。

图 5-5 柏泉盒马村

(2)强鑫蔬菜产销合作社概述。2022 年 11 月 16 日笔者走访了武汉市强鑫蔬菜专业合作社。经过对合作社的办公基地以及生产基地进行调研后得到以下资料:武汉市强鑫蔬菜专业合作社于 2008 年 6 月成立,注册资金 1000 万元,资产总额 5000 万元,年产值超过 1 亿元。作为武汉市首个农民专业合作社,其社员目前有 312 户,生产基地 3000 余亩,实现蔬菜无公害标准化、规模化种植 600 亩,年供应蔬菜达 100 多个品种,供应蔬菜 1 万余吨。合作社现占地面积 11000 余平方米,内设办公区(1000m²)、蔬菜农药残留检验室、生鲜菜深加工车间(1000m²)、藕带深加工车间(800m²)、生产交易市场(1000m²)、生鲜菜及藕带保鲜冷库(900m²)、新品种实验区(3200m²)及大型停车场(4000m²),并配备大小型空调储藏车共 10 台。经过数年的经营发展,合作社已经形成了一个集蔬菜生产、检测、加工分拣、仓储、冷链物流配送为一体的蔬菜冷链配送中心,为农民引出一条致富之路。

合作社本着"民办、民管、民受益"的工作原则，与社员结成经济利益共同体，为社员和种植户提供市场信息、生产技术、质量标准认证、市场营销等服务。在农户与盒马平台的双向沟通中起到了重要作用。现合作社已形成了专业化的规模经营格局，与诸多农户形成利益联结，已经在全省打造了 5 个"盒马村"，引导农民合理调整农业产业结构，在市场中与盒马平台形成稳定交易，搞好农业产—供—销体系，切实实现农业增效、农民增收的目的，为武汉地区广大农民解决卖菜难的问题提供新发展方向。

（3）"盒马村"产—供—销体系运作流程概述。前文经过实地调研走访的三个"盒马村"农业生产基地都是作为强鑫蔬菜合作社下的社员，作为盒马在武汉市选择的农产品生产基地，其种植生产流程已经逐步走向规模化、标准化、数字化发展。作为农产品生产链的上游，"盒马村"改变了以往传统种植模式，逐步走向现代化农业生产。具体生产运作流程如图 5-6 所示。

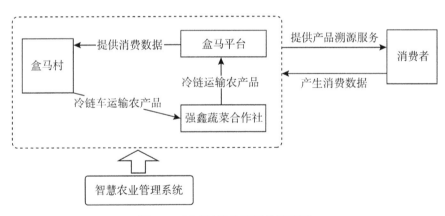

图 5-6 "盒马村"生产运作流程图

首先，盒马通过大数据平台给"盒马村"提供消费数据和市场信息，根据算法预测农产品产量，农户根据订单量进行生产；在生产过程中引入智慧农业管理系统，如上文中走访的三个"盒马村"基地，在蔬菜种植过程中使用全自动的无人机喷洒药液，严格按照盒马提供的生产标准，严格要求蔬菜大棚的薄膜质量以及农产品的农药残留标准对农产品的外形、重量以及品质进行严格把控；合作社每天都会通过冷链车从各个"盒马村"运输农产品至合作社，在恒温车间经过分拣、称重、装袋、贴标、封口后统一运送至各个盒马门店。为保证产品质量，合作社还建立了农产品质量追溯系统，对基地的各种蔬菜产品实施生产记录，追踪产品流向，网络查询产品信息、质量追溯等一系列措施，实行专人专管。在农产品上市门店之后，顾客可以通过扫描外包装二维码进行产品溯源，真正做到了"绿色、无公害"保障。

合作社建立的农产品质量追溯体系具体流程如下：

①统一管理农资。为了保障农民的收入，防止农民购入劣质投入品，确保农业生产正常进行，合作社建立农资站，为合作社社员提供优质种苗、农膜农药、化肥，棚架等生产资料，并统一购进1000多台小型微耕机以及300吨生物有机肥，这大大节约了农户生产技术成本，并安排固定员工做好相关采购与发放工作的信息记录，使投入成本可追溯。

②全程监督种植环节运作过程。合作社购买了先进的农药残留检测仪器，并安排专业人员不定时地在"盒马村"生产基地进行蔬菜抽检，对生产过程中农药残留情况进行实时检测监督，达到强化农户对农产品质量安全责任主体意识的目的，倒逼农户在生产过程中实行精细化管理，形成"我生产、我负责"的蔬菜质量安全自我约束机制。

③成立追溯项目小组。小组以农产品质量追溯综合监管系统为平台，实现了对农产品质量认证、示范基地建设、农业生产管理、生产档案记录、追溯系统运行等的动态监管，降低了监管成本的同时也提高了合作社监管能力。

④设立农药残留检测室。合作社为农药残留检测机构配备了先进的农药检测设备以及专业的检测人员，对每一批入社的蔬菜进行严格抽检，并做好相关记录，通过质量检测监控手段，及时了解蔬菜生产过程中投入品使用情况和质量标准执行情况，准确掌握可追溯蔬菜质量安全状况，强化检测把关能力，确保不检测不上市，不合格不上市。

⑤引进蔬菜商品条码信息技术。通过质量追溯制度，打造蔬菜消费放心品牌，树立消费信心。合作社引进条码信息技术，对每一批次的蔬菜进行条码标示，根据追溯码，消费者能够通过扫码、短信等方式便捷、迅速地查询到农产品的质量安全信息，满足广大消费者对农产品质量安全状况的知情权、监督权和追

溯权。

2. "盒马村"数字化运营流程分析

武汉市"盒马村"农业基地在整个产—供—销体系中运用数字技术助力农产品生产全过程主要体现在生产端、交易端和供应链端三方面。

(1)生产端:武汉市"盒马村"在产前、产中、产后全过程运用数字技术提高农业生产效率,在武汉市盒马农业生产基地内部依托数字技术,将智能灌溉、土壤检测、农业数字化管理等先进技术引入农业生产全过程,实现种植、农产品品质追溯检测、包装等环节的数字化发展(如图5-7、图5-8、图5-9),有效降低了生产成本,提高了农产品品质及高效精准决策。

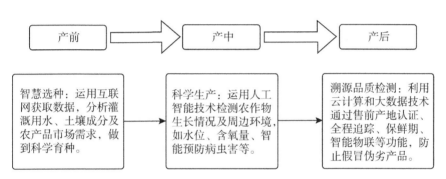

图 5-7 "盒马村"农业数字化生产端运作流程

图 5-8 "盒马村"农业基地无人机喷洒农药

117

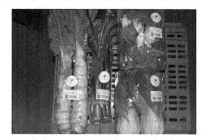

图 5-9 农产品溯源二维码

(2)交易端：前文已经分析过武汉市"盒马村"属于"自然盒马村"，因此在交易过程中由合作社代表农户与盒马平台进行农产品对接，农户不需要主动寻求供应市场，只需要在中介和平台提供消费数据和市场信息后专注于农产品生产。前文调研中的强鑫蔬菜合作社作为中介代表"盒马村"基地与平台进行对接，平台会定期提供农业生产订单，"盒马村"运用数字技术打通农业上下游产业链，指导农业生产、加工、运输、销售等全链路以需定产，与盒马形成稳定的供应关系。图 5-10 为盒马数字分选仓操作办公场所，员工正在对农产品进行分拣入库。

(3)供应链端：武汉市"盒马村"目前已经构建了完善的物流供应系统，从田间地头的采摘到使用无尘车间清洗、分拣农产品再到最后使用冷链物流运输车辆运输农产品至各盒马门店。由于生鲜农产品难以储藏，保鲜要求较高，盒马基地采购后需要使用冷链物流车辆运输生鲜农产品（如图 5-11、图 5-12），同时依据稳定的农业订单依托互联网数据分析降低仓储成本。

图 5-10 盒马数字农业分选仓

图 5-11 藕带无尘车间

图 5-12 合作社冷链运输车辆

3. 武汉市"盒马村"数字化发展的优势分析

"盒马村"经济模式是对传统农业生产模式的升级，它的发展也促进了农村经济的转型升级，为了响应数字化发展和现代农业发展，"盒马村"经济模式在打破原有生产模式的局限性方面取得了进步，主要有以下几个优势。

第一，数字技术贯穿生产全过程。

数字化订单农业推动农产品标准化与数字化生产，促进农业现代化发展。"盒马村"除了农产品有需求潜力，还需要生产地具备承接订单农业的能力。实际上"盒马村"的建立需要满足至少三个条件：首先，盒马村提供的特色农产品可以实现标准化和数字化生产，例如蔬菜和水果的表征(如：水果的甜度、直径、成熟度等)能够统一，并且满足盒马大数据挖掘的市场需求；其次，必须以订单农业的方式与盒马签订交易协议；最后，供货的主要渠道是盒马。因此，盒马通过大数据需求确定农产品的生产和供应标准，可以有效地反向推动"盒马村"农产品的数字化改造、农民生产技能的提升和农业现代化。武汉市"盒马村"生产基地启用了智能大棚、温度调控、水肥一体化、自动喷灌等设备，实行数字化、标准化生产。基于数字化订单农业，"盒马村"各个村庄与盒马形成长期稳定的交易关系，交易价格根据生产和物流成本等联合定价，通过市场机制实现农民增收和风险降低的双重效果，让农户切实享受到数字化农业的红利，激励农户发展现代化农业。

武汉市"盒马村"已经发展了两年多的时间，在此期间"盒马村"不断探索更先进的智慧农业管理模式，为"盒马村"的农业生产提供更坚实的技术支持。"盒马村"是阿里企业进驻数字农业的成功示范，致力于打造集物联网云计算平台、智能农事管理系统、农产品品质溯源体系、钉钉农业管理服务平台于一体的数字农业基地。数字农业基地的建设一方面是为了提质升级，打造产—供—销一体化模式，生产绿色、健康、安全的优质农产品，给消费者提供更放心的农产品，通过数字技术加持农业生产全过程，严格按照标准化的生产运作模式，提升标准化生产水平，提升消费体验；另一方面，也是为了促进农业现代化发展。当前数字技术在农业中的运用已经越来越深入，"盒马村"打破传统生产模式，开辟了一条新的发展道路，为农业生产注入更多的数字技术，让数字农业在农村地区发展起来，为其他农村地区的数字农业发展提供经验，推动农村地区经济发展。

第二，全链路数字化供应链体系。

在上文分析中可看出在"盒马村"经济模式中生产端与消费端的直供渠道不同于传统模式，盒马鲜生表明所有商家无须交纳进场费，且买手与"盒马村"签订的预购协议使得村庄有了稳定的销售渠道，这些都使得供应商可以无须再为销售发愁。首先，买手制促进了新供销关系的生成，与买手签订协议的"盒马村"无须额外支付进入商超的入场费、促销费等渠道费用，为"盒马村"节约了成本，同时农户无须自行建造储藏仓，盒马在"盒马村"内设立冷藏库，以及在运输过程中全程使用冷链物流设备，降低了农户的储藏费用，也让农户有了更多的盈利空间。其次，由于预订单式的协议区别于传统的经销商收购方式，"盒马村"开启了订单农业，盒马为农户提供强大的科技帮扶以及完善的物流供应，农户只需要生产优质农产品就可以完成双向盈利。这种长期稳定的合作，为农户生产提供了更有力的保障，也促进了"盒马村"数字农业的持续发展。最后，盒马会及时获取消费信息等数据，基于大数据平台实时共享给农户，也会提前明确生产数量和收购价格，打破了原有农户信息闭塞的限制，让农户避免盲目生产，不断地响应市场需求，改良农产品品种，增强自身产品品质，给消费者提供更安心的农产品。

"盒马村"围绕盒马鲜生产业基地，构建从数字化农业基地到生鲜产业基地、再到盒马新零售门店的全链路数字化农产品供应链体系。武汉市"盒马村"采用"产—供—销"一体化、数字化供应链管理，对农产品的加工、物流(冷链运输)、仓储以及分拣、包装和检测都制定了严格标准。盒马供应链中所涉及的各环节设施分别由盒马与其供应商投资建设。盒马使供应链各环节流程标准化、信息数字化，一方面能够实现农产品全程可追溯，另一方面通过大数据能够计算出供应链各环节的成本和收益，有利于各环节交易的信息透明，从而降低了传统供应链中的隐性成本，数字化供应链协作体系可以有效降低信息成本，提升物流管理效率。

第三，大数据挖掘消费需求。

"盒马村"以供应生鲜农产品为主，这些都属于高频次、必需消耗品。武汉市作为湖北省的省会城市，截至 2021 年年末已拥有 1360 多万的常住人口。这样庞大的市场容量必定需要更稳定、高产的农产品产量来维持市场稳定。武汉市统计局数据显示(图 5-13)，2022 年全市城镇居民人均可支配收入 58449 元，较上年增长 5.7%；农村居民人均可支配收入 29304 元，较上年增长 7.7%；居民消费价格同比上涨 2.3%，涨幅同比扩大 1.7 个百分点，其中食品烟酒上涨 2.6%。武汉市居民消费能力在不断上升，庞大的消费群体为"盒马村"经济模式的发展提供了可行性基础数据支撑。同时"盒马村"经济模式是一种"新零售"模式，通过数字技术分析消费数据，挖掘潜在消费市场，使大数据流量转化为实际订单。在有了庞大的消费市场容量下，通过区域化、本土化与消费者消费需求深度融合，借以迅速打开本土市场。"盒马村"经济模式打破了原有传统模式的局限，可以辐射更多区域的同时又比传统电商模式更节省时效，实现了远距离的线下发展，极大地满足了市场消费需求。

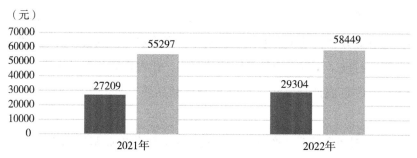

图 5-13　2021—2022 年武汉市城镇及农村居民人均可支配收入

盒马通过"门店+线上"同时采用 App 支付的销售模式，积累了大量的消费记录和消费者的评估数据，可以通过后台大数据分析精准识别消费者偏好和需求。盒马的大数据挖掘需求有两种方式：一种是针对消费者的某一类型需求，将符合这类需求的产品做到极致；另一种是将消费者多个类型需求融合创造出可以满足复合型需求的新品牌。在向消费者提供优质食材的同时，也可以挖掘农产品的品牌价值，推动武汉地区农业的现代化发展，新零售+大数据通过深度挖掘消费需求，带动农业供给侧结构性改革，实现了农产品价值创造。

第四，完善的冷链物流运输系统。

在武汉市的"盒马村"农业生产基地里主要以生产生鲜农产品为主，这类农产品对于物流运输要求较高，由于生鲜农产品的保质期较短，这也导致了传统电商难以开拓生鲜市场。但是近两年社区团购类平台的兴起大大缩短了物流履约时效，但是即便有社区团购的进入，生鲜农产品的市场占有率还是比较低，2020年中国生鲜线上零售占比达 14.6%，随着消费者网购生鲜习惯的逐渐养成以及生鲜零售市场对线上生鲜零售越发重视，生鲜线上渗透率将逐步提升。盒马主要的客户定位在中、高端人群，由于社区团购的特性，其农产品品质难以满足这些人群的消费需求，在此情形下，盒马平台对于生鲜农产品的品质要求更加严格。"盒马村"建立了一个完整的冷链运输网络系统，在这个系统里一共包含了三个层级(如图 5-14 所示)：第一层是在生产端建立多温层、功能齐全的冷链物流仓库中心，确保田间地头的农产品能够在第一时间得到保鲜、锁住水分；第二层则是在配送方面建立生鲜空运冷链物流配送网络中心，例如，在武汉市"盒马村"生产的藕带通过生鲜空运至上海等地；第三层则是在消费端即盒马门店配备冷库。这三层网络分别对应三段冷链物流运输中心，通过产—供—销一体化建设，及时连接三个中心的物流运输体系，能够让生鲜农产品最大限度地保持新鲜度，这种去中心化的冷链运输体系，打破了原有运输体系壁垒。通过构建冷链运输系统，不仅提升了运输效率也保证了产品的质量，能够让盒马在市场竞争中独具优势。

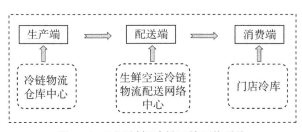

图 5-14 "盒马村"冷链运输网络系统

5.1.5 武汉市"盒马村"数字化发展存在的问题分析

武汉市"盒马村"自成立以来时间尚短，即使在不断完善的过程中还是会存在一些问题，在实际发展过程中也会受到各种局限和同行竞争。主要表现为以下几个方面：

第一，数字技术创新能力不足。

在我国数字农业发展过程中，并没有研发出适用于我国现代化农业发展的专用芯片，且70%以上的农业芯片依赖进口，这对我国未来农业发展极为不利。在"盒马村"的农业生产过程中目前已经采用一套智慧农业管理模式进行农业生产，在生产时运用智能大棚、温度调控、水肥一体化、自动喷灌等数字技术助力农产品生产，但是可以看到由于目前武汉市各个盒马基地的生产规模并不是很大，本书所提到的三个盒马基地以及合作社的整体生产规模较小，2023年上海首家数字农业盒马基地在崇明岛绿华镇华西村建成，该盒马村的多个数字化系统已进入调试阶段，数十种高科技装备进驻翠冠梨数字农业基地，未来，该数字农业基地的翠冠梨，将直供盒马线下线上全平台。而武汉市的盒马生产基地相比于上海"盒马村"还是有所欠缺。盒马计划未来将在全国各地建成多个盒马基地，如果武汉市"盒马村"不能够加快自身数字技术更新，在未来的生产中将会面临被行业淘汰的风险。

第二，生鲜市场行业竞争激烈。

武汉市目前不仅有传统商超，也有不少"新零售"平台，如各类社区团购平台等。表5-1介绍了传统商超、社区团购以及生鲜电商等各类生鲜零售企业布局生鲜直采的情况。由于消费者对农产品品质的要求越来越高，越来越多的种养农业以及私人个性化订单也发展起来，无论是传统商超的转型升级还是新零售渠道的竞争，都使得盒马鲜生的未来市场扩张越来越艰难。基于目前武汉市众多类型的生鲜超市，如果想要占据一定市场份额，就必须向下沉市场扩张，仅专注于中、高端客户人群的市场定位难以开拓更大的市场空间。

表5-1 各类生鲜零售企业布局生鲜直采情况

零售业态	企业名称	生鲜直采相关措施
传统商超	永辉超市	2022年5月18日，永辉超市发布永辉田趣大米建设成果，拥有全系列9个品种，全国基地种植面积约20万亩，年产量近8万吨，2022年前四个月销售额相比2021年同期增长超20%

续表

零售业态	企业名称	生鲜直采相关措施
社区团购	美团优选	2021 年 11 月，美团优选启动"农鲜直采"计划，与浙江、江西等多个省市的地方政府建立合作，充分发挥农村电商优势，加速优质农产品从原产地直达社区
	多多买菜	2021 年 8 月，拼多多宣布成立"百亿农研专项"，以前沿技术推动农业生产数字化，先后在全国多地建设了智慧农业技术应用示范基地，而多多买菜是重要零售端口之一
生鲜电商	每日优鲜	2022 年 3 月，每日优鲜宣布在云南省陆良县新签订 1000 亩高原蔬菜直采基地；公司已在全国建立了近 200 个"优鲜农场"直采基地，约 350 个"优鲜工厂"
	叮咚买菜	在 2021 年年报中，叮咚买菜披露公司已拥有 3 家农业示范园，签署了 118 家订单种植基地

第三，产品质量监测力度不够。

2020 年 5 月武汉市市场监督管理局官网发布的抽检信息中，武汉盒马分销的罗氏虾、黄骨鱼等产品不符合国家食品安全标准规定等，盒马鲜生在上市期间也接收了许多关于食品安全的投诉，盒马鲜生 CEO 侯毅也表示盒马的食品安全问题是企业面临的经营难题之一。种种安全事故频发也反映了平台在农产品生产运输过程中需要加强对农产品质量的检测以及加大对农产品的保鲜力度等举措。目前武汉市"盒马村"在相关方面的举措已经比较完善，在上文的案例研究中可以看到强鑫合作社建立了农产品质量追溯体系，在相关质检方面有了一定的措施，但是对于农户来说，想要完全熟练地将数字化技术应用于农业生产一方面难以在短时间内改变生产习惯；另一方面则是受限于现有的数字技术水平，因此无法百分百保证农产品质量，尤其在各合作社对农产品进行初加工时并没有对卫生等相关问题作出严格的规定，园内采摘及清洗过程皆由农户自行安排，受技术所限大多数农户依然采用人工作业，这也给农产品质量安全带来隐患。

第四，区域品牌数字化建设落后。

盒马鲜生在其自营的商超中也在极力打造"盒品牌"，盒马凭借流量和渠道优势，正在试图重建零售商和供应商的对话规则。不同于直接对接工厂的模式，盒马做自有品牌的方式是买手制——在这种模式下，自有品牌并不仅由盒马团队开发，而是由供应商专供，盒马来买断单品的供应权。而"盒马村"作为盒马的主要供应商应当注重对农产品品牌的宣传和推广。品牌在消费者心中占据着重要位置，是产品提高市场竞争力的关键因素之一，特别是在当下数字经济时代，消费者更偏向于选择市场知名度和美誉度较高的品牌农产品。当下消费者对农产品品牌的追崇也体现了产品品质的高低，因此，农业经济效益的提升离不开品牌建设，但仅建设不推广也是无法实现品牌价值的。数字化新媒体平台可以实现品牌的多元化宣传，从而提高区域品牌的知名度，促进产品销量的提升。由此可见，区域品牌建设数字化推广对于"盒马村"农产品生产也尤为重要。在前文对"盒马村"的实地调研中可以看到武汉市盒马村庄大多是以种植绿叶蔬菜为主，为此我们应该充分发挥自身种植优势，打造独特的武汉盒马村庄自有蔬菜品牌。例如"盒品牌"五常大米、四川丹巴黄金荚、盒马"日日鲜"系列蔬菜等都已经在盒马门店进行售卖并取得不错的反响。武汉市的本地特色蔬菜品种也有不少，但真正被消费者熟知的却不多。

5.1.6　武汉市"盒马村"数字化发展的对策建议

"盒马村"经济模式尚处于起步阶段，虽然在生产、供销方面借助数字技术建立了冷链物流供应系统，但在实际发展过程中仍然需要不断优化完善。针对本章所研究的武汉市"盒马村"的具体发展情况，在武汉"盒马村"经济模式发展的基础上提出发展建议，并就相关利益主体（"盒马村"种植户、合作社）等提出针对性建议，以帮助武汉市"盒马村"实现更好更快发展，为武汉市更多农村地区提供发展经验和建议。

1. 合作社等中介组织数字化发展建议

第一，创建农产品数字信息交流平台，深度挖掘市场消费需求。

分散农户在生产种植过程中由于缺乏获取市场信息的手段，对市场风险的敏感度较低，导致农产品生产与需求难以契合，供需不对等导致农户生产积极性降低，扰乱市场稳定。对此，在各个"盒马村"内部，可以创建农产品信息交流中心并建立共享机制，通过互联网等多渠道及时发布相关信息，同时也要注重提升农户对信息获取的能力，通过发布的数据及时调整生产计划，避免因盲目生产引起的农产品滞销困境；由于农业生产中数字技术的应用，导致各地的生产趋于同质化，因此，"盒马村"也要及时与其他地区进行信息交流，积极引导、鼓励各村庄、农户之间互相交流，增强市场风险意识，以促进市场稳定有序发展。因此要积极对接外部信息资源，建设全国"盒马村"数字信息共享平台，各地的农业生产虽然都是依据各地资源禀赋展开农业生产，但是通过共享其他盒马村庄的生产信息，可以不断吸取外部可用信息，不断完善内部盒马村庄数字农业生产基地的基础设施建设以及提升信息获取能力，与各个村庄建立大数据平台、农业生产技术交流平台等数据共享机制，实现跨地区、跨平台的数据信息收集、发布、共享和利用，提高盒马村庄信息资源的整合度和关联分析应用能力，以促进武汉市"盒马村"生产经营者作出更好的决策，从而提升武汉市"盒马村"的市场竞争力。

第二，购入智能农业机械装备，不断提升农户种植水平。

未来数字农业技术创新研发要重点突破数字农业农村领域基础技术、通用技术，超前布局前沿技术、颠覆性技术，建立长期任务委托和阶段性任务动态调整相结合的科技创新支持机制，建设支持前沿性技术攻关的学科体系和创新网络，强化产学研协同攻关，构筑支撑高端引领的先发优势，提高对农业科研经费的财政支持以及加大对农业创新人才的扶持，积极开展 5G 技术在农业领域的应用研究，建立健全 5G 引领的智慧农业技术体系。

武汉市"盒马村"在这两年的发展中已经占领了部分市场，要想发展好数字农业，关键是在农业生产中具备完整的智能农业装备。这些智能农业装备是通过采用信息科学技术原理，开发具有智能行为的硬件设备或硬件集成系统。目前我国智能装备技术已经有了快速发展，并形成了较健全的农业装备制造体系，满足农业生产的各种需求。在后续发展过程中，"盒马村"可以购入一些先进农业设备，如在种植过程中使用变量施肥播种机、自动化喷药设备、农作物检测系统以及收割机测产装置等，为农业生产提供技术支持。目前武汉市强鑫合作社已经有了较大规模的生产用地，在此基础上运用数字技术赋能农业生产，可以更高效、快捷地完成生产、种植过程，为农业生产节省成本，提升生产效率。

第三，不断完善冷链物流设施，增强农产品物流配送能力。

满足消费者需求是"盒马村"生产的最终目标，对于武汉市"盒马村"目前的生产状况来说，主要以生产经济价值较高的蔬菜和特色蔬菜等为主，由于蔬菜的保鲜时效短，对冷链物流提出更高的要求，为确保农产品能够保持新鲜度，满足消费者对农产品高质量的需求，需要不断完善冷链物流设施，增强"盒马村"的配送能力。"盒马村"物流建设需要多方协同参与，武汉市"盒马村"多数位于东西湖区，对此盒马平台可以与合作社共同出力，协同配合，积极向政府部门寻求帮助，在"盒马村"农业生产基地建立一整套完善的物流设施，规划最优配送路线，节省人力、物力资源。

第四，加大区域品牌宣传力度，打造品牌效应。

随着居民物质生活水平的提高，消费者在挑选产品时往往会更加信任知名品牌的产品，而产品质量较好且宣传推广到位的品牌产品则拥有更高的市场认知度，其销量往往也会相对较高。可以看到近几年在生鲜农产品的营销中一些品质较好的农产品如赣南脐橙、丹巴黄金荚、曲靖"高原苗苗菜"等都具有一定的知名度，在盒马鲜生线下门店中也有盒马自有品牌，截至2022年10月底，盒马的自有品牌商品类目已经达到1200多种，催生了10个销售规模过亿的"盒品牌"。武汉市"盒马村"在生产中也应该致力于打造品质较好的特有农产品品牌，例如本章调研中的彭家庄盒马基地里的蔬菜如矮脚白、西兰苔等蔬菜，是盒马村的特色农产品，盒马应加大对这些蔬菜的宣传力度，在盒马 App 中发布特色农产品信息，让消费者更加了解这些特色品牌，同时也可以引进一些当地特色蔬菜，如武汉市本地比较知名的洪山菜薹，对其进行规模化生产，打造盒马自有品牌，让农产品走向更广阔的市场。

2. "盒马村"种植户数字化发展建议

第一，提升农户数字素养水平，加强复合型人才培养。

"盒马村"数字化发展进程中农户的数字化发展也至关重要。为了推进数字化发展，盒马村农户也需要提升数字素养水平，争做复合型"新农人"。农户需要发展新理念、掌握新技能、顺应新趋势。首先新理念就是数字理念、计算思维以及数字安全意识。在盒马村内组织农户进行数字技术的学习和培训，对农户进行有计划的引导和培养，让农户逐渐接受数字理念。其次新技能主要是强调农户具有信息检索能力、数字农业工具操作能力、合作组织能力等。"盒马村"数字农业基地的发展需要农户进行数字管理、种植等活动。农户更需要加强自身运用数字技术的能力，在种植过程中熟练掌握数字工具操作能力，如使用无人灌溉机、变量施肥播种机、农田数据移动采集系统等数字工具。顺应新趋势意味着农户应当是能够通过主动学习、开拓创新来不断顺应技术、环境等的新变化。在培养新型数字农户工作中，要以切实提高农户数字化基础设施的使用意愿和农户数字素养为核心，在此过程中不断探寻农户使用数字技术的外部激励与内在驱动，如通过明显的工资收入提升和奖励优秀农户"新农人"证书等激励农户提升自身数字素养水平。同时在盒马村内也要积极开办农村数字素养、数字技能培训班等课程，加快农户生产力和创造力的数字化转型。通过提升农户的数字素养改变农户的传统生产思维，提高认知水平，加强村内复合型人才的培养，不断增强数字技术的溢出效应。

5.1.7 总结

基于数字经济快速发展的大环境，研究数字农业对农村经济发展的影响作用，对于实现农民增收、社会发展都有着不可忽视的作用。"盒马村"作为"新零售"的发展形式，在促进农村经济发展方面有着一定的优势。本书选取武汉市"盒马村"作为研究对象，深入剖析"盒马村"的生产—供销模式，通过对武汉市三个盒马村庄以及强鑫蔬菜合作社的研究发现，以合作社为组织管理的"自然盒马村"在发展过程中有着诸多优势，然而却面临着越来越激烈的市场竞争以及消费者对产品质量更严格的要求，"盒马村"在生产过程中要不断提升数字化水平、完善自身供应链能力以及冷链运输质量，确保农产品质量，为消费者提供更安全可靠的产品。根据以上的研究作出如下总结：

(1)武汉市"盒马村"农业生产基地借助数字技术为农产品种植提供强大的技术支持以及全链路物流供应体系，告别传统农业生产模式，为农业现代化发展提供可行性方案。

(2)武汉市"盒马村"发展至今虽然打破了传统农业生产的局限性，但仍然面临着激烈的行业竞争，自身数字化发展仍有待完善，在内外部因素的冲击下，武汉市"盒马村"的数字化发展需要不断依靠数字技术强化自身发展。

(3)依靠大数据平台建立共享机制不仅仅是为了"盒马村"能够及时获取各种消费者信息以及生产信息，打破信息屏障给农户带来的生产难题，也是为了能够更精准地把控消费需求，做到定制化、标准化、集约化生产。

(4)农产品在生产过程中对保鲜度的要求极高，生鲜损耗率高也多是由于在物流运输中对生鲜农产品的保鲜措施做得不到位导致的。武汉市"盒马村"背靠盒马平台，在其自有的冷链运输系统中可以大大降低生鲜损耗，但是这种运营模式对资金输出有极高的要求，未来"盒马村"的生产仍然需要不断提升冷链物流运输能力来不断降低生鲜损耗，以提升农户生产盈利空间。

(5)加强对农户的数字素养培训有助于农户在生产中积极运用互联网大数据等数字技术以及数字化农业工具，提高农业生产效率，提升农产品生产品质，打造品质更优的农产品品牌，为消费者提供更放心的产品，满足消费者更高品质的需求，实现农业生产可持续发展。

5.2 武汉市盒马食品供应链管理现状与优化研究案例

5.2.1 研究背景

我国进入 21 世纪之后，经济高速发展的同时市场竞争环境也在不断加剧，客户的需求也呈现出多样化和个性化发展的趋势，这就对零售企业提出了更高的要求，需要企业加入整个供应链体系中，才能在激烈的市场竞争中生存下去。在各个企业合作的过程中，供应链的思想萌生出来，在经过数年的发展之后，供应链系统形成了以采购、生产、供应、运输、销售、调度为核心的管理系统，形成了独有的价值链体系。

现阶段，各个企业都极重视供应链的管理工作，企业的经营模式也开始由传统的纵向一体化运营体系开始转向横向发展，由传统的商家、企业的竞争变为了商家联盟与商家联盟、集体与集体之间的斗争，在集体内部，各个企业均能发挥自身优势，从而促进整个集体竞争力的提升，使处于供应链上的各个企业实现多赢。正是由于供应链体系带来的优越性，自从供应链产生至今，其应用的规模在不断扩大，成为管理学研究的重点问题。供应链作为一个交叉系统，在运作过程中包含了供应商、生产商、渠道商、销售商以及客户，在供应链体系的运作过程中，产生了 1+1>2 的效果，降低了供应链中的信息不确定性，降低了管理风险。但与此同时，在长期的运营过程中，供应链体系也暴露出了弊端，例如供应链中的任何一个环节出错会导致整个链条出现错误，可能存在的风险被放大。尤其是对于盒马鲜生所在的食品供应体系来说，会存在大量季节性食品的供应，这部分食品存在季节性、难以储存性等特点，这也对食品供应链提出了较高的要求，即要求食品供应的周转时间较短、产品运输过程较短、对冷链物流与储存的依赖性较高等。同时随着食品供应链体系的不断发展，相关部委开始对食品供应链体系进行监管，如我国在《食品工业"十三五"发展规划》和《"十四五"大数据产业发展规划》中指出，要不断加强食品安全管理体系，提升食品安全管理效率，使得食品安全监管部门能够及时地堵塞监管漏洞，也使得各个部门能够实现协同治理，实现对食品供应链的监管，从而倒逼企业能够完善对于供应链的管理。

盒马鲜生自从创立以来迅速发展，在 2017 年马云到店站台之后，盒马鲜生成为阿里旗下食品供应链体系中的主力军，并在 2018 年提出了门店 3 千米内，下单 30 分钟内使命必达的口号，随后在 2021 年其被评为中国最具创新力企业，取得极大成功。盒马鲜生之所以在商业上取得如此成就，与其食品供应链体系的优越性密不可分。自从盒马鲜生创立以来，一直秉承顾客至上的原则，而供应链管理则能够为满足客户需求提供重要的后勤保障。

食品安全直接关系到民生问题，对于国家和社会均能产生重要影响，食品安全的决定环节众多，关系到食品原材料获取、食品加工、成品的运输等，因此更加要求供应链体系的科学化和高效化。此外在所有产业的供应链中，食品供应链更加需要精细化和快速化的供给，也对成本控制提出了极高的要求。以预测作为生产和囤货的依据，进而通过供应链中采购、生产和配送来降低成本，最后通过库存周转来实现规模经济的效应。近年来，随着电商平台的发展，线上和线下联动的生鲜电商成为新的蓝海，众多电商巨头开始盯向老百姓的"菜篮子"，盒马鲜生自 2016 年创立至今，其收益能力有目共睹，但仍然存在产品标准化程度较差、综合供应能力较低等问题，需要对供应链进行进一步优化。

5.2.2 食品供应链介绍

1. 食品供应链的内涵、特点与机制

食品供应链也属于供应链的范畴，是供应链体系的延伸，因此食品供应链的内涵基本与供应链相同，即通过系统化的食品供应体系，将在流通过程中的物流、资金、信息进行整合，对整合后的内容进行整体上的规划，对其中效率较低的部分进行优化，通过有效的管理手段来进行计划、模拟、协调等，使得一线的营销企业与生产供应商之间的沟通更顺畅，减少信息差，从而保障处于供应链各端的企业都能够各司其职，促进整体供应效率的提升。

食品供应链管理的目标为追求总成本最低、总库存最小、物流时间最短、物流质量最高、客户服务体验最高、无食品安全风险等。在成本控制方面，要求总体成本可控，实现整体利润提升；在库存方面，追求的是库存能够满足用户的整体需求即可，过多的库存可能导致资金流动变慢，食品变质等情况的发生；在物流时间和物流质量方面，要求配送时间尽可能短，配送品类和数量尽可能满足需求方的要求；在客户体验与食品安全方面，需要以食品安全为前提，尽可能地提升用户的服务体验。但是以上各个目标之间又展现出相互之间的排斥性，如一味地追求服务质量与物流时间，则势必会导致物流成本的上升；如一味追求库存的最低，则可能会导致食品供应无法满足需求。

食品供应链同时具有以下特点：供应链的结构较复杂，主要体现在由于其步骤较多，包含了生产与再生产的整个过程，涉及的主体较多。物流也具有一定的复杂性，物流需要协调的企业较多，同时由于物流方式(海陆空)和物流路线的复杂性，导致物流整体复杂性提升。此外，食品供应链也具有专用性，各个环节的衔接也容易呈现出不稳定性。因此这就对食品供应链管理过程提出了更高的要求，即要求管理模式灵活、注重食品供应的时效性、引入新的库存平衡机制、提升物流的信息化管理等。这就要求食品供应链在实现过程中需要进行如下方面的努力：

(1)降低供应过程中的不确定性。由于在运营过程中涉及的主体较多，加之产品与客户都具有各自的特性需求，因此可能存在极大的不确定性，这就需要在

食品供应链管理过程中减少销售、配送、仓储流程的不确定性。

（2）合理地对资金流和信息流进行整合。在实际的供应链体系中，需要对资金流和信息流进行整合，做好前期的计划和筹备工作、中期的协调工作以及后期的追踪工作，从而促使供应链体系能够实现集成化与信息化，提升供给效率。

（3）提升供应链的合作体系。针对供应链体系中的各个成员，需要通过信息共享的方式来加强供应链中各个成员的联系和合作程度，从而确保各个环节都能够对市场和客户做出更迅速的反应，确保供应链的高效化运行。

在食品供应链管理过程中，主要的内容可以分为战略管理、信息化管理、客户管理、库存管理以及风险管理，其中战略管理为一切管理的核心所在。

首先为食品供应链的战略管理，食品供应链的战略管理体系包含了供应链中各个企业经营理念的确定与未来发展方向的确定，其中包含了企业的运营模式、统筹规划、信息交互、物流体系、生产加工、食品原材料采购等诸多方面。

其次为食品供应链的信息化管理，需要食品供应链各个环节的企业应当构建自有的信息平台，并且能够实现与其他企业的交互，实现信息的共享，从而保证客户的需求、下游企业的需求能够得到满足，能够对各项突发性问题进行处理和反馈，进而实现信息化管理。

再次为食品供应链的客户关系管理，在任何供应链体系中，其最末端均为消费者，消费者、客户才是供应链最本质的驱动力，也是整个供应链服务的核心，因此需要对客户的需求进行深度剖析，为其提供更优质的服务。

最后为食品供应链的库存管理与食品供应链的风险管理，食品由于其时效性较差，难以长时间地储存，同时由于不同品类的食品有不同的特性，需要不同的储存条件，因此对库存的管理较复杂。加之客户与市场的需求量难以被精确地把控，只能通过预测的方式来进行囤货，更加导致了库存风险的产生。为了实现供应链体系中的利益最大化，需要对潜在的风险进行规避，防止潜在市场不确定性因素、信息不对称因素、管理不当因素、政策变化因素等带来的市场不确定性风险。

食品供应链在运营过程中也会产生诸多机制来适应市场发展的需求，其根本目的为提升供应链的供应效率，更好地满足客户需求，食品供应链的主要运行机制为合作机制、决策机制、激励机制与风险控制机制。

在合作机制方面，食品供应链的合作机制即为通过供应链体系中各个环节、不同企业之间的相互合作，实现内部资源的整合，同时消除供应链体系中各个成员之间的信息不确定性，降低沟通壁垒。

在决策机制方面，任何供应链的运转都离不开整体的决策机制，食品供应链的决策机制为通过信息化的集成网络来对各项信息进行整合，通过信息的不断整合消除信息差，从而制订计划、进行决策，提升供给效率。

在激励机制方面，食品供应链的有效管理还需要建立激励与奖励机制，对供应链体系中的各个企业、企业中的具体成员建立完善的激励机制，通过激励机制提升运转效率，提升工作效率，实现供应能力的提升。

在风险控制机制方面，食品供应链由于其时效性较强，更加容易受到市场变化的影响，因此需要通过风险防范机制来对潜在的风险进行控制，例如建立长期且稳定的合作伙伴关系，进行信息共享，在进行库存管理时采取灵活调配的方式，实现风险分担，减少风险因素的出现。

2. 食品供应链的管理的原则与策略

（1）食品供应链管理的原则。艾瑞咨询于 2020 年提出了 6 项供应链管理的基本原则，在此基础上，结合食品供应链所特有的特点，将食品供应链特点归纳为：

①迅速搜集供应链企业中的各项信息，并对市场、企业、用户的需求做出及时的反馈。

②对生产、运输、仓储的时间进行正向与逆向的双重管理。

③结合下游企业、客户的切身需求来设计食品供应体系，优先保障供应链末端的需求能够得到满足。

④对客户进行分类，结合客户的消费价值、需求情况来划分消费群体。

⑤供应链中各个企业都应当积极地与上游的食品供应商进行沟通，消除信息差，建立起长期稳定的合作伙伴关系。

⑥完善供应链绩效管理体系，拟定并实施完整的绩效考核体系，提升供应链中各个环节的工作效率。

食品供应链管理在实施时，其基本的步骤与供应链管理体系一致，首先为结合市场需求，制订供应链管理的战略管理计划；其次为结合计划初步搭建供应链条；再次为结合试运营情况，对供应链的流程进行优化和改进；最后为结合供应链管理体系的实际情况对供应链管理进行绩效评估。

（2）食品供应链管理的策略。食品供应链管理策略包含了快速反应策略、有效客户反应策略以及预测及补货策略。

①快速反应策略。快速反应为供应链中的关键策略之一，需要各个成员之间能够进行通力合作，构成战略合作伙伴关系，通过信息化的交互系统进行信息交互，实现资源共享。以快速反应策略通过各个企业高频率、小批量的方式来进行配货，从而实现缩短交易时间、减少库存、实现利润提升等，进一步提升了服务水平与企业的核心竞争力。盒马鲜生为了实现快速反应的战略目标，将部分食品的供货和库存完全交给了货物的供应方，由厂家直接负责生产、供应和库存管理，从而确保能够对市场快速做出反应。

②有效客户反应策略。有效客户反应策略指的是在满足客户需求的前提下，最大限度地降低物流的基本费用，并且能够及时、有效地对客户的需求做出反应，实现供应链供应的最优化配给。有效客户反应策略包含了企业营销管理、物流管理、技术管理等多个部分，通过以上部分的协同合作才能对供应体系进行协调，从而实现物流、信息流和资金流的有效交互。

③预测与补货策略。预测与补货策略的形成时间较短，技术具有极高的先进性，即通过互联网数据的实时性来进行下游企业与上游企业之间的交互，通过两者协同来进行补货的预测，根据预测结果选择补货或者去库存。在预测与补货系统进行一定程度的发展之后，便形成了 CPFR 系统，即通过技术手段来对各项数据进行搜集和分析，使得供应链体系中能够包含所有信息，再通过以上信息来作出协调，实现消除供应商、经销商之间信息差的目的。此外，CPFR 系统还能够极大地提升预测精度，能够更精确地对供应链系统作出反馈，从而使库存总量维持在能够满足用户需求的最低存量，提升供应链管理效率。

CPFR 的实施步骤为首先进行数据的搜集，其次对数据进行整合，再次为构建整个供应链体系中各个环节的供给模型，最后为计算模型的最优解来促使企业整体经营绩效的提升。

3. 食品供应链管理的优化

(1)供应链优化存在的问题。食品供应链在管理过程中的最终目标为对供应商、制造商以及销售商的信息进行整合，使得各个部分不再是单独存在，而是将以上各个主体进行整合，实现库存、供应的多方协同合作，降低运营成本。本书的研究对象盒马鲜生的食品供应链优化就是在存在客观约束的条件下进行食品最优化供给的，其主要可以分为宏观范围内盒马鲜生的整体性优化以及食品供应链中某个环节的局部优化。在整体优化方面制订可行性方案，从众多可行性方案中选取效率较高的方案，并制订详细的流程来对其优化。在微观方面上，需要对盒马鲜生供应链上的库存问题、销售量问题、运输成本问题、采购量问题、供给量问题等一一进行分析，并将各项问题拆分为单独的问题一一进行研究，建立食品供应模型来求出模型的最优解。

(2)供应链优化的基本思路。在对盒马鲜生的供应链体系进行研究时，其基本的研究思路为按需求进行分类、按时间进行管理、明确供应链优化目标、确定优化的目标函数等。

①按需求进行分类。盒马鲜生食品供应链的管理首先需要进行分类处理，如在最早的采购环节，需要将所采购的物品进行详细的分类，将其分为原材料、生产设备等，在按照所采购物品的不同，选取不同的供应商来进行供货，最后再按照经营利润和渠道的不同将下游的合作厂商分为供应商和经销商；按照市场划分的不同将市场分为农村市场、人口密集型城市市场、普通城市市场。结合不同的市场划分情况制订不同的优化方案。在优化方案制订时，需要遵循分类合理性原则和最优化原则。合理性原则即需要保证对指标体系划分时具有合理性；最优化原则为在保证不损害其他环节的利益下实现供应链最优配置。

②按时间进行管理。盒马鲜生会提供诸多时效性较强的产品，因此需要对整体的供应时间进行管理，而时间管理对食品供应链能够起到重要的作用，一方面体现在对产品运输、保质等方面的时间控制；另一方面还体现在对用户、对市场的响应时间上。

在盒马鲜生的成本维度上，随着企业运输、待销时间的延长，可能会导致食品变质、食品滞销、食品降价等一系列的问题，因此对于时间维度的把控能够显著提升服务水平与供给水平，极大地优化了食品供应链的供应效率。

③明确食品供应链优化目标。食品供应链系统的优化目标众多，当前学界对此也存在不同的看法，食品供应链优化的目标各异，如"提升投资效率""缩短生产周期""增加企业利润""提升服务水平与服务质量""提升企业的整体竞争力"等，食品供应链系统的优化目标众多。因此需要针对此种情况，结合盒马鲜生的自身情况，制订具有针对性的目标。

④确定优化目标函数。对供应链的优化既包含了定性分析，同时也含有定量分析，需要对供应链运作过程中的约束条件进行定量分析，对供应链中的决策变量进行概念界定，通过约束条件和决策变量来构建优化函数。在对决策变量进行选取时，选取在供应链体系中能够作出决策的元素，如单品的运输时间、企业的整体利润、单品的成本等，而约束条件则包含了供应商的供应能力、生产能力、配送能力等。结合约束条件和相关的约束变量构建优化函数。

5.2.3　武汉市盒马食品供应链管理现状

在宏观的环境背景下，生鲜电商的概念始于 2005 年，其一经创立便火遍全网，如沱沱工社、菜管家等均开始踏入生鲜电商的竞争中，一时间市场的供给总量远远大于其需求总量。随着时代的发展，2013 年生鲜电商之间开始吞并和发展，迎来了其发展的第二波高潮。2014—2016 年更是生鲜电商的激烈竞争期，亚马逊、中粮、360 等均开始布局生鲜电商。2019—2021 年，美团优选、橙心优选、京喜拼拼等也开始加入市场竞争中。艾瑞咨询披露的数据显示，截至 2021 年 11 月份，生鲜电商的市场规模已经达到了万亿级别，市场渗透率较高。正是在此背景下，盒马鲜生正式创立。

1. 盒马及武汉市盒马基本情况概述

本书的研究对象为武汉市盒马鲜生，盒马鲜生为 O2O 电商超市，其主营业务为生鲜类食品，主要是通过线上 App 下单、线下门店配送的方式来提供服务。盒马鲜生创立于 2016 年 1 月，并于 2016 年 2 月在上海开设了首家门店，截至 2021 年 12 月，盒马鲜生在全国总计门店数量 147 家，其中大部分门店位于上海、北京、杭州、南京、成都等一线与二线城市。盒马鲜生与传统生鲜类超市的不同之处在于其为线上和线下的一体化超市，并且提出了 3 千米内 30 分钟快速送达，线上业务在业界独树一帜。①

　　尽管面临的整体环境较好，2021 年多多买菜、橙心优选依然面临重大的财务危机，在从事生鲜电商的 5000 余家电商平台中，仅有 1% 的企业盈利，3% 的企业利润与支出持平，9% 的企业尚且处于巨额亏损状态，剩下绝大部分企业都处于略微亏损状态。究其根本原因在于产品标准化程度较低、运输成本较高、供需关系不稳定、仓储要求较高等。

　　(1)产品标准化程度较低。对于生鲜电商来说，在对产品质量控制的同时，还需要满足产品的标准化，即要保证用户看到广告上内容基本与实际购买的内容相一致。如果宣传的内容与用户实际获得的内容不一致则容易导致用户对电商的忠诚度降低。而生鲜产品必然会产生残次品，如何对残次品进行处理成为困扰生鲜电商的重要问题。盒马鲜生的品控较严格、标准化程度较高。

　　(2)运输成本较高。生鲜电商对冷链物流提出了较高的要求，而无论是企业自建物流还是选择第三方物流，其都具有成本较高的特点。如果生鲜类企业选择自建物流，则前期的投入成本巨大；若企业选择通过第三方物流进行配送，则难以控制送达时间，尤其是在"最后一公里"问题上会导致配送不到位、配送时间不及时等问题，配送时间过长又会导致生鲜类食品腐败变质，进而影响用户的体验。盒马鲜生则是依托于阿里的自建物流体系进行配送和运输，节约了成本的同时也提升了配送效率。

　　(3)供需关系不稳定。食品供应链的供应与需求具有一定的周期性，不同年份的物价和供需关系需求较大，例如 2020—2021 年反反复复波动的猪肉物价。此外，供需关系还呈现出季节性，如应季的水果、蔬菜等，则需要提前进行囤货，但由于市场的不确定性，导致需求无法进行有效的预测。盒马鲜生的门店较多，同时与供应商直接进行合作，因此供给情况相对稳定，能够应对变化多样的需求。

　　(4)仓储要求较高。由于生鲜产品具有特殊性，这就导致其储存条件相对来说较严格，保存条件多需要在零度以下，结合不同食材的不同需求可以分为常温、

---

　　①　引自 https：//www.freshhema.com/。

8~15℃、0℃、零下等几个不同的等级，各个等级之下还具有更加细分的温度。而这些导致了生鲜产品对仓储的要求提高，生鲜电商的成本增加，但当前各个行业都在追求轻资产，而此种重资产的运营方式会导致生鲜电商的营利能力降低。

2. 武汉市盒马前端供应链管理现状

(1)武汉市盒马食品供应链的关系管理现状。第一，与供应商的关系管理现状。盒马鲜生处于供应链相对下游的位置，属于零售商，因此站在零售商的角度来说，盒马鲜生应当建立完善的供应链体系，加强与供应商之间的联系。在本书的研究进程中发现，武汉市总计有 20 个盒马鲜生的门店，主要为首义店进行供货，而在盒马武汉分部，其对于供应商的要求选择较高。加之由于食品行业的特殊性，这对食品供应链体系提出了更高的要求，因此武汉盒马采用了质量安全管理体系来对各个供应商的资质进行甄别，而对于各个供应商所供应的食品，则是通过抽样检测和持续追踪的方式来进行检查。若供应商提供的食品能够符合国家规定的标准，同时也经过了盒马的审核，才能最终与盒马签约，形成稳定的合作供给体系。

武汉盒马鲜生通过严格的供应链考核制度，与供应商建立了稳固的合作伙伴关系，在提升自身竞争力的同时，也实现了双赢。在完成供应商的选取之后，武汉盒马还结合自身情况与供应链特征构建了管理体系，通过供应链协同合作的方式来建立符合武汉特色的食品安全管理体系，加强供应链上各个企业的协同合作。具体如表 5-2 所示。

表 5-2   **武汉盒马食品供应链协同管理**

战略协同	与供应商议价，双方协同合作来降低运营成本，提升客户满意度
业务协同	将盒马的业务计划与供应链中的其他企业进行共享，共同制订业务计划
信息协同	供应链中的各个主体均能通过数据管理来实现对数据的搜集和共享，对客户信息、销售信息、库存信息进行共享，提升信息处理效率
分配协同	建立合作关系之后，双方在进行运营和管理过程中完善对于食品安全的管理体系，合理地对利益与职责进行分配

在供应链的源头，盒马鲜生除了与供应商合作之外，还直接与农民合作，即通过农超对接的商业模式，直接与农民对接，从生产一线来收购农产品。在收购农产品的一线，还通过建立采购基地的方式来实现规模化、集成化的收购，提升农产品的收购效率。

第二，客户关系管理现状。自从盒马鲜生创立起，就一直秉承"顾客至上""顾客需求至上"的理念，即始终将为用户服务作为自己的职责，从生产到最终的销售过程，均需要考虑用户的需求与切身体验。此外，盒马鲜生还从人文关怀的角度，对员工的工作积极性进行了调动，并且秉持以客户为中心的经营理念进行经营。在盒马鲜生的员工培训中，常常要求员工形成"顾客是上帝"的服务信条，以热情饱满的态度对待盒马鲜生的每一位顾客，使得顾客能够感受到家一般的温暖。此外，在强调服务态度的同时，还需要从服务质量的角度入手，通过较低廉的物价使得用户能够买到优质的产品，而在 2021 年年初生鲜电商大打价格战的同时，盒马鲜生也只是推出了"天天平价"的活动，并未推出 1 分购等活动，以更加高质量的服务征服了每一位顾客。

盒马鲜生为了维护与客户之间的关系，还提出了一站式服务的服务模式，极大地提升了供给效率，只逛一家盒马鲜生就能将所需要的菜品一站式买齐，为用户提供了便利。在售后方面，盒马鲜生也效仿了沃尔玛超市的做法，提出了"包君满意"的售后服务策略，即通过该政策使得客户能够放心购买食品，不满意全额退款。此外，盒马鲜生作为生鲜零售行业的领头羊，其物流体系也极大地迎合了客户的切身需求，在控制成本的同时，也极大地加快了物流的周转速度，保障了 3 千米内 30 分钟的盒马速度，其配送流程如图 5-15 所示。

图 5-15　盒马鲜生物流配送体系

盒马鲜生物流配送体系的主要优势体现在以下几个方面：

①先进的信息交互系统。盒马鲜生属于阿里旗下的品牌，因此在对数据进行

计算时依托的是阿里的云计算技术，而阿里生态的其他企业也能够为盒马鲜生提供数据交互，从填写订单到分发到各个门店，再到配货，最后送出订单，极大地提升了信息处理的效率。

②高效的配送系统。武汉盒马的配送中心为城区的中心区域，极大地加快了配送效率。具体过程为供应商将 PUC 条形码直接贴到商品上，并且结合大数据系统，按照订单将货源源源不断地输送到各个配送中心，配送中心再根据各个门店近期的流量对其所需要的货物进行预测，再配送到盒马鲜生的门店。配送中心的使用一方面对库存进行了调节，另一方面也极大地提升了配送到各个门店的效率。

③具备高效的运送系统。盒马鲜生的运营模式为配送中心每日对各个门店配送一次，如遇节假日、特殊情况会对各门店进行额外的配送，此外还额外进行了一周三次的货架补货，这些行为极大地提升了运送的效率，同时也为门店节省了大量的空间，降低了库存成本。

④实现了配送自动化。在 2013 年之前，生鲜行业都需要手动进行配货，而在 2016 年盒马鲜生创立之后，首先在上海应用了阿里独有快递分拣系统来自动化地对生鲜类产品进行分拣，并贴上产品标签。自从盒马鲜生进入武汉市之后，武汉市盒马鲜生配送中心则采用了此项技术，构建了长达 3.5 千米传送带来对商品进行条形码的自动张贴，自动查询商品的储存状态与货物配送状态，从而实现自动化的分拣和配送。

⑤解决了"最后一公里"问题。生鲜行业与其他产业不同，尤其要解决好"最后一公里"问题，而盒马鲜生的"最后一公里"问题则为从门店最终到用户手中的问题。盒马鲜生在借鉴京东物流体系的基础上也进行了改进，通过阿里内部的信息共享，盒马鲜生能够从阿里生态圈中的高德地图处获得实时的交通信息，制订产品的配送路线，完美解决了"最后一公里"问题。

(2)武汉市盒马食品供应链的采购管理现状。采购为供应链管理体系的源头所在，同时也是企业管理理论与供应链理论的核心所在，更是盒马鲜生在市场上的核心竞争力所在。笔者实地对武汉市所有的盒马鲜生门店进行了走访，全面了解了其采购模式与采购流程。

首先，盒马鲜生会派专人去上海、杭州学习总部的先进管理经验；其次武汉市盒马鲜生会指派专门的采购人员拟定采购计划，进而去选择采购商品；再次，在多个供应商中进行产品抽样检查，令有意向的供应商提供标书，由盒马鲜生对其进行——比较；最后选择供应商，商定供应产品的质量、价格、供给天数、售后保障等具体的内容，具体采购流程如图 5-16 所示。

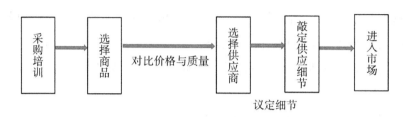

图 5-16　武汉市盒马鲜生采购流程

尽管盒马鲜生的采购流程较简单，但同时在各个环节也有严格的质量把关，保证了供应链的供应质量。

按照采购的来源进行划分，武汉市盒马鲜生的供应链采购体系又可以分为国外采购、全国采购、本地采购和一站式采购四种不同的形式。

第一，国外采购。由于某些商品需要进行进口，因此武汉市盒马鲜生有时会通过供应商或者代理商的渠道在国外进行采购，通过国外采购，极大地丰富了武汉市盒马鲜生食品的种类，满足了用户的猎奇与尝鲜的心理，同时也对国内采购的价格进行了制衡。

第二，全国采购。盒马鲜生需要保证供给食物的充足与供给产品的标准化，而部分农作物有其地道的产区，如宁夏的枸杞、赣南的脐橙等，以上特产都需要从当地直接进行购买，因此针对这部分产品，武汉市盒马鲜生通过全国采购的方式将以上产品输送到武汉市内，从而满足消费者的需求。

第三，本地采购。我国幅员辽阔，各个地区都存在极大的地域性差距，这就导致了消费者的口味呈现出极大的地域差异性，为了满足武汉市当地市民的切实需求，盒马鲜生通常情况下会以本地采购的形式来满足大部分客户的需求。而本地采购也能够极大地降低物流成本，提升供给效率。

第四，一站式采购。生鲜类产品一方面包含了蔬菜、水果、海鲜等，但另一方面也包含了冷冻类食品、生鲜肉类、面包类等产品，在对这部分产品进行采购时，相比于保质期较短的产品其总体要求较低，因此可以采取一站式采购的方式一次性购齐几种商品，减少了反反复复前往几个门店采购的情况，提升了采购效率。

(3)武汉市盒马食品供应链的库存管理现状。武汉市盒马鲜生的库存管理极大地依赖了阿里体系高效的信息集成化系统，通过该系统对各项信息进行了整合，支持了其库存管理与配送。武汉市盒马鲜生的库存管理目标为在保证供给量能够满足客户需求的基础上，尽可能地降低库存。武汉市盒马通过成立订货小组的方式来对库存现状进行管理，具体方式为通过订货小组不断地清查库存，如发现某项单品的库存总量过大，则需要通过派发门店、减价出售的方式来清理库存。如果反复出现该单品积压的情况，则会对其进行更为细致的调研，进而考虑是否在门店中删除该单品。若某项单品的库存较少，则会通过集成化和信息化的系统进行自动补货，并根据缺货的情况来对下一个周期进行预测，提前进行供货准备。

尽管武汉市盒马鲜生在供应链管理中的库存管理方面作出了众多努力，但库存管理仍然是武汉市盒马鲜生的薄弱之处所在。库存管理体系一方面能够履行配给职能，另一方面也在履行协调职能，但武汉市盒马鲜生的协调职能并未完全发挥出来。如武汉盒马鲜生在进行配送时，主要是通过配送中心统一进行配送，而配送中心在运营过程中需要兼顾各个门店的配送，导致各个门店配送呈现出差异，同时，运输路程的增长和运输时间的加长，也势必会导致食品流通效率的降低。

(4)武汉市盒马食品供应链的信息管理现状。第一，信息系统管理。盒马鲜生之所以能够在激烈的市场竞争中存活下来，是因为其通过阿里巴巴强大的信息技术手段，对物流信息进行了整合，例如客户购买商品的频率、人均购买金额、不同门店的销售额、供应商的供应总量与平均配送时间、武汉市盒马鲜生各个门店的热卖单品、不同单品的整体利润率、折扣比例与盈利等，因此供应链的基础通过密集化的信息管理来实现。武汉市盒马鲜生通过阿里的自由通信卫星和大数据系统，能够实时地对物流信息进行查询，并且能够实时地得知商品的流通状态，使得食品采购员、物流人员、盒马鲜生店面工作人员能够追踪到商品情况。

正是大数据系统的应用，使得条形码自动张贴、自动补货、自动统计货物存量等成为现实，极大地提升了商品的运转效率。

武汉市盒马鲜生应用的信息供应链管理体系一方面为食品供应链提供了更多的信息，另一方面也充当了用户反馈信息的媒介。用户在盒马鲜生 App 上可以对购物体验进行反馈，零售商、供应商均能够通过平台接收用户的反馈，从而能够有针对性地对用户的需求进行反馈，对产品进行优化，以满足用户需求。

综上所述，信息管理是武汉市盒马鲜生开展一切工作的基础，也是整个供应链体系中的关键环节。

第二，IT 技术支持。包括：物流条形码技术，通过将条形码贴到商品上，来对商品的物流信息、质量信息等进行实时的追踪，确保食品的质量与流通速度；射频技术，即条形码的配套技术，通过射频技术能够自动对条形码进行识别，从而汇集成数据流；便携式终端技术，传统的供货只能通过电脑进行操作，如向用户、门店发送短信、打电话等，而便携式终端则能够随时随地地通知用户、门店进行取货，随时随地地查询货物的流转动态等；射频标识技术，射频标识技术是射频技术的优化升级，即通过非接触式的射频便能够识别商品的各项信息，并进行更新，且无须人工操作，极大地提升了运转效率。

(5)武汉市盒马食品供应链的绩效管理现状。武汉市盒马鲜生对于人力资源的绩效管理体系能够对整个企业供应链的周转效率产生影响。由于不同的员工有不同的想法，员工在工作过程中也具有一定的自主权，因此盒马鲜生在对员工进行管理时，积极地为员工工作提供支持，充分调动了员工的积极性，在笔者的调研过程中，武汉市盒马鲜生从以下方面入手，展开了对员工的绩效管理工作。

第一，强调员工积极性的调动。盒马鲜生在对员工的积极性进行调动时，同样采取了信息化的集成系统来对员工的绩效进行考核，不再通过落后的人工考核形式进行，避免了人工考核所带有的主观倾向，使得考核结果更为客观和公正。在考核过程中，其主要对供应流程、配送过程中的出错率、销售额度的完成度、所负责食品的腐败损坏率等指标进行了考核，针对不同的岗位设置了不同的标准，并且结合考核结果进行工资的结算，有效地实现了对员工的激励，提升了工作效率。

第二，考核内容空洞。通过调研可知，武汉市盒马鲜生的员工在进行考核时，考核周期为一年一次，考核的内容分为了专业知识、责任感、客户服务能力、个人综合能力等方面。除了前述小节提到的出错率、完成度、腐败损坏率等可以量化的指标，责任感、服务能力等难以进行量化，这就导致了考核的评价标准不一，部分部门领导的评价标准不同，也会导致对员工的评价千差万别，引发了潜在绩效考核问题，对员工的工作效率产生影响，进而影响到了供应效率。

5.2.4 武汉市盒马食品供应链管理存在的问题与成因分析

1. 武汉市盒马食品供应链管理存在的问题

作为完整的供应链，运行方式是由参与产品供应的各个主体分别在各环节发挥作用所组成的产业链条，首先在商品的生产阶段，由生产商生产出商品，再由相关的人员进行培育最终形成成熟的商品，最后由物流公司进行商品的包装运输。多种角色在供应链中发挥着不可替代的作用，所以盒马鲜生在设计管理机制时应当充分考虑到供应链当中的各个环节，才能够实现有效管理。盒马鲜生作为现代社会发展速度较快，覆盖面较广的食品产业，研究盒马鲜生供应链的管理方法对未来食品业的发展能够起到重要的作用。

(1)盒马食品在当前供应链当中对于供应商的关注度不够，需要提升对供应商的重视程度，提高供应商的专业水平，盒马食品也应当为供应商提供一定的激励机制。以更加专业的供应商团队缩减当前过于冗长的供应链。

(2)作为新兴的食品产业，盒马鲜生在配送方面与传统的外卖行业存在差异，需要对现有的配送方式进行改良，找到适合在国内运行的配送方式。

(3)在原料及商品的采购方面，盒马鲜生需要对当前的采购政策进行改革，才能够发挥出盒马食品应有的优势。集中采购的方式，加快了商品采购的速度，同时减轻了总部对于采购的管理难度，但并没有将企业规模在采购方面所具备的优势体现出来，需要运用企业在各个地方设立分部的优势，实现总部与地方共同协作，充分尊重我国区域的不同性并加以利用，降低采购成本。同时，需要加大企业内部结构运行的互动性，尤其是利用好采购部门与运营部门之间的密切联系，从而通过企业内部的协同合作提升效益。另外，盒马食品更应当发挥在物流方面存在的优势降低成本，并建立起有效的客户反馈机制来提升服务质量。

(4)提升供应商在企业内部管理的影响力。为了满足客户不断增长的需求,供应商的参与成为盒马食品商品管理的必要条件,但在当前的企业运行过程当中,尽管供应商能够对用户对不同商品的需求量以及相关要求进行掌握,但却无法将自己的建议实际应用到运营过程当中,以至于无法发挥供应商应当具备的调控作用,应当给予供应商一定的干预权利,鼓励供应商为盒马的运营提供建议,对商品的物流及研发作出贡献。

(5)要提升产业的技术性,匹配信息技术发展水平,建立起完整的信息管理系统,以便于能够为盒马食品的整体运营提供事实准确的数据。能够准确对市场做出反应,以便于调整产业链的供应方式。

(6)在企业内部,为参与供应链当中的各个角色分别设计出更加详细、合理的考核制度,提升产业链的运行速度。

2. 武汉市盒马食品供应链管理存在的问题成因分析

第一,供应商品质量不稳定。在盒马不断发展的过程当中,供应商提供了强大的助力,因此盒马在选择商品的来源时倾向于继续与一直以来关系较稳定的供应商合作,但却忽视了参与供应商品环节中各个角色的趋利性,部分供应商仗着与盒马稳定的合作关系,将盒马给予的保障转变成其追求利益的手段,因此,即便在长期合作的过程当中,供应商已经掌握了盒马对于商品质量的要求,但为了追求更高的利益,供应商在供货的过程当中没有对盒马的品质要求执行相应的管理措施。此外,稳定的供货渠道也使所供应的商品价格趋于稳定,供应商通过降低成本,向盒马供应质量下成的商品,获取更多的利润,部分供应商的行为导致了盒马的经济损害,也破坏了客户对于盒马的信任程度。

部分消费者购买到质量低下的商品后选择投诉,这导致盒马的顾客投诉事件不断增加,然而,盒马没有建立起科学的应对策略和对供应商的严格管理机制,导致盒马在社会中的公信力下降。企业形象的损失难以挽回,只有加强对商品质量的把控,严格执行相关的质量检测制度,才能够有效弥补客户对于盒马的信任程度。同时,盒马还要建立起竞争机制,在我国经济发展水平稳定提升、经济发展速度不断加快的时代,国内食品生产行业的发展状况良好,许多新建立的企业在近年来取得了巨大的进步,其产品在市场当中也被更多的群众承认,企业的竞争力不断提升。盒马应当提升对相关食品企业的关注度，对于商品质量高、覆盖率不断提升的产业，应当主动寻求合作，为产品质量具备优势的企业提供更好的发展机会，也能够提升盒马自身的服务水平，建立起竞争机制，给传统的供货商带来竞争压力，提升供应商的业务水平，向商品质量好的供应商提供更多的扶持及政策倾斜，淘汰那些商品质量差、企业执行力低的供应商。

为了提升企业的收益水平，缩短产业供应链，盒马在供应关系当中作出了许多努力，希望能够通过改变供求方式或供应关系的方式提升供应链的工作效率，从而提升企业的运营速度和盈利率。其中一部分的创新为盒马带来了一定的利益提升，但部分手段却难以发挥作用，盒马的管理层一直都希望能够跳过中间商，直接与生产厂家进行合作，但由于产业性质不同，盒马无法满足相关生产商对于供货稳定性的保障要求，也不能像其他供应商那样能够为生产厂家提供多种供货途径，无法替代中间商对于生产商的必要性。并且由于所需的商品种类繁多，盒马缺乏专业的管理制度，无法对多种多样的供货渠道进行统一规范，数量庞大的供货厂商不能得到公平对待，这样会导致供货不稳定的情况发生。并且大部分生产商家与中间商在长期的合作中已经培养起来了良好的信任关系，密切的联系导致盒马无法给予生产商家足够的吸引力。

第二，采购效率低下。盒马食品能够在我国取得良好发展，除了优质的客户服务之外，还有一个主要原因是其商品质量相较于其他从事食品销售的企业来说更高，商品定价合理且商品种类颇多，符合大多数居民的消费能力，这也说明盒马公司对产业链的管理相当严格。

然而，盒马在成立初期，公司的采购活动与零售系统之间并没有产生密切的联系，导致盒马的发展受到了阻碍。由盒马总部订出公司的采购方案后分别下发到各个地方开始实施，地方分支分别在其所负责的区域内进行采购，但盒马总部在下发采购任务时，并没有分配给地方分支相应的决策权利，导致各地方分支从事采购活动的工作人员在确认商品价格时需要与总部进行大量沟通，直接降低了采购工作的效率。并且盒马的市场占有率在国内不同的城市存在差异，发展水平也不一样，导致盒马在各地方的市场地位有高有低，由于盒马在部分地区发展规模相对较小，影响力较弱，所以进行商业谈判时会受到一定的市场压迫，无法取得谈判的主动性。再加上盒马总部对地方办公室权利的限制，导致在商品采购过程中无法根据地方不同作出相应的调整，从而使得商品采购与地方市场脱节。

除此之外，在盒马实际运作的过程当中，由于所负责的工作性质不同，营运部门与采购部门经常在日常工作过程当中产生摩擦，采购部门在工作过程当中设立的指标会对营运部门按照企业规范进行销售产生很多麻烦，双方无法在门店运营的过程当中实现统一，也对与供应商的关系造成了一定损害，既浪费了公司大量的资源，还降低了门店的经营收益。所以盒马在管理过程当中应当充分考虑到二者之间的关系，找到部门之间产生矛盾的根本原因，并加以控制，将二者结合起来，综合进行统筹，解决矛盾的同时加强联系，促进两个部门共同为公司作出贡献。

随着盒马公司的规模不断扩大，覆盖的城市也越来越多，潜藏着更多机遇的同时，也为公司管理带来了巨大的难题。不同城市的消费者对于商品的需求不同，消费水平也存在差异，这就要求盒马总部适当地对地方经营负责人进行放权，充分尊重地方差异，制订出与地方相适应的经营策略及采购方案，根据不同的消费水平对商品价格进行适当调整，才能够协调好总部与地方之间的关系，实现协同发展，为盒马公司带来更大的进步。

第三，商品供应成本高昂。盒马借助阿里品牌在我国巨大的影响力，在成立时吸引了大量消费者的目光，但如何维持在食品行业当中的优势地位，就需要借助盒马自身拥有的亮点。盒马与传统食品行业不同，拥有自己的物流系统，在配送速度上具备优势，并且能够有效降低在提供商品配送方面付出的成本。但其自身的物流系统只能够在配送方面发挥优势，无法降低在供货方面付出的运输成本。盒马在我国发展迅速，并且能够在短时间内在多个城市设立营业门店，充分借助了盒马自身存在配送功能的优势，支撑起城市内部所需的商品运输服务，在配送服务方面投入的成本大大低于市场中的其他企业。但在城市之间的商品运输仍然是当前盒马的主要问题，供应链所提供商品多样性的优势在一定程度上提升了运输成本，无法发挥出供应链对竞争力提升的作用。为了将更多更好的商品提供给国内各个地区，盒马也作出了相应的努力，通过量采的方式在商品质量较高的地区进行大量采购并分发到各地，但由于盒马当前所具备的物流系统仅仅局限在城市内部，有限的物流分散中心无法将各个城市良好地连接在一起，只能够借助第三方物流公司对武汉市以外的城市提供运输服务，大大提升了商品供应的成本。

照盒马目前的情况来看，当前的物流能够基本满足当前市场对于盒马商品的需求，并没有建立盒马专门配送中心的必要。但从宏观角度考虑，盒马在不断发展的过程当中必然会增加门店数量，并且城市覆盖面积也将越来越广，如果不能建立起全国统一的盒马物流体系，仅依靠其他物流公司提供商品运输服务，无法满足供应链中对物流的需求，并且将在物流方面大大增加公司的运营成本。

第四，商品价格无法满足消费者心理预期。盒马鲜生能够在国内取得如此大的成绩，合理的商品定价发挥了巨大的作用。大数据时代，盒马能够通过数字技术有效统计出各城市的消费水平，比较成熟的零售系统也能够在市场竞争当中为盒马提供助力，但盒马仍然没有在我国取得食品销售行业的主导地位。与经济发展带来的居民消费质量的提升相比，我国居民的消费观念相对落后，再加上传统商家对于商品信息的公开程度不高，导致消费者往往无法掌握与商品相关的详细信息，对于商品了解程度的缺乏也会造成对商品价格的错误认知。我国的国土面积相对较大，城市数量也相对较多，不同城市存在着规模较大、时间较长的地方品牌食品产业，由于在地方已经从事多年的生产经营活动，这些老牌产业往往更加能够适应当地居民对于商品的需求，与地方消费水平的匹配程度也相对较高，使得市场占有率远高于在全国范围内具备知名度的品牌。我国零售业出现的时间相对较短，处于初级阶段的零售业还没有受到国家相关法律的全面规范，在相关的监管体系中仍然存在着许多不足，有关食品行业及零售业的法律法规还有待完善，并且还未建立起系统的管理体系，食品零售市场的运行也相对紊乱。

在消费观念相对落后、市场无法对居民的消费提供足够保护的情况下，国内的消费者往往只能够根据主观判断来确认商品是否符合自己的需求，这种判断方式缺乏合理性并且难以获得统一的评判标准。面对这一情况，地方的食品销售商往往会通过降低商品价格的方式取得消费者的认可，而盒马在对市场进行调查后决定采用的价值与价格较匹配的商品却无法得到消费者的青睐，商品出现销售情况不佳的情况时，也只能与供货商进行协商以降低成本，但由于商品本身质量较高，并没有较大的调整空间，即使盒马以降低收入的方式调低商品价格，也无法达到消费者的心理预期。

并且在我国的市场运行机制中，无法实现直接与供货商联系，绝对避开中间商的供应关系。由于我国传统的经销方式一直以来都在市场当中稳定运行,且运行效果良好,中间商与各个生产厂家已经形成了密切的联系,合作关系稳定,不易变化,并且我国商品种类繁多,生产厂家的规模也大小不一,从事食品生产的产业也分布在全国各个城市,所以在盒马的供应链中,中间商的地位难以被取代,无法通过避开中间商来降低商品成本,就需要盒马从其他地方入手,对产业链当中的生产厂家与中间商共同协商,分别对商品进行降价,从而实现降低商品价格的目的。

在实际消费中,大多数消费者都会产生盒马鲜生所销售的商品价格偏高的认识,并且认为盒马没有提供和其他从事食品零售行业企业一样的促销力度。盒马在未来的经营策略当中,需要对我国消费者心理进行深入研究,探索符合消费者消费观念的经营手段,并且加大市场宣传力度,提升消费者在食品购物时的认知水平,因地制宜,才能够在市场竞争当中发挥自身的优势,从而获得更高的市场份额,吸引更多的消费者。

第五,库存管理系统不成熟。在盒马从事采购工作的内部管理人员,在工作过程当中往往需要掌握诸多商品的信息,与其他行业的采购部门相比,商品多样化造成了巨大的工作量,导致大部分采购经理都没有精力再对商品在门店当中的销售情况及其他相关事项进行管理。所以在盒马实际运行的过程中,需要借助供货商的力量对商品的库存量等事项进行管理,以降低采购部门的工作压力,实现采购部门在门店运营中对商品的监管。供货商往往能够及时地了解到市场的变化,更快地发现问题,但盒马并没有给予供货商充分的信任,导致无法更好地掌握商品的销售情况从而及时作出调整,并且由于权力不足,即使供货商发现了问题也需要向盒马的采购部门进行汇报才能够作出调整,在一定程度上反而降低了采购部门的管理效率。

由于当前科技水平的发展有限,技术手段有限,供应商无法分析出当前供应链中存在的具体问题,也就无法实现根据供应链的变化及问题对商品进行相关调整。大部分供货商只能被动地接受盒马的订单并机械地提供商品,放弃对盒马供应链的了解和分析,使得供应链的发展水平停滞不前。供应商缺乏对供应链进行深入研究的动力,盒马应当为各供应商提供相应的技术支持,并且为供应商提供更详细的相关信息,建立起反馈体系,鼓励供应商对自己的产品进行不断的更新和优化，从而发挥出供应链的优势。

在当前的供应链当中，尽管供应商能够发挥产品优化适应市场发展的能动性，但供应商对于整个供应链的影响作用仍然有限，盒马鲜生的管理机制仍然是影响到整个供应链运行的主要因素。管理制度的不够完善不仅导致了利润的流失，也对供应商的利益产生了影响。盒马在不断发展的过程中，将会在更多的城市设立门店，也就会出现在某一阶段中，某商品的需求已经远远超过了市场的供给，但由于管理制度的不完善，信息传递不够及时，导致供应商无法了解到市场情况从而作出调整，再加上采购部门的工作任务较重，导致采购部门的工作人员只能够做到在商品缺货时及时上报，但无法顾及市场运行的情况，无法及时反馈出市场对于该商品的需求量上涨的信息，长期的商品缺乏不仅丧失了市场带来的巨大利益，还会降低消费者的依赖性，在整个市场都缺乏该商品的情况下，消费者对于该商品的购买需求就会转移到其他食品上，造成利益损失的同时，更加会丢失对于未来市场的把控，使其他竞争者获得更佳的发展环境。并且如果某一商品的供应量大大超出了当时市场的需求，但供应商却并没有在盒马经营情况当中分析出这一现状，就无法对商品的库存及生产作出及时的调整，也就无法为盒马进行货品调节，也会导致商品销量的下降，损害双方的利益。过量的库存也将会成为供货商与盒马共同的负担，只能够在通过一系列的促销活动降低利润甚至造成利益损失的情况下进行销售。

第六，信息管理系统落后。尽管近年来我国的食品行业随着公民消费能力的不断提升取得了良好的发展，但与其他行业相比，食品行业中技术要素所占的比重严重不足，导致在当前的食品行业当中信息技术的应用十分匮乏。在目前外资零售业涌入国内市场的情况下，外资零售业信息技术的发达将会对我国本土的食品产业产生巨大威胁，落后的信息传播技术将会成为阻碍我国食品行业发展的阻碍。必须要加强信息技术在行业中的发展，才能够与现代居民的生活相互适应，及时了解食品市场供求关系的变化，作出适当的调整，才能够抵住外来食品企业的竞争压力，实现行业的稳定发展。

第七，员工绩效考核不合理。在现代企业内部员工的管理中，绩效考核是提高员工工作积极性的必要组成部分，建立科学合理的考核制度能够有效地对员工的工作水平和工作完成度作出精确的判断，从而能够通过不同的完成度来决定员工的薪酬水平。合理的考核制度除了需要具备工作指标完成度和对工作完成的质量进行考核外，更需要通过员工日常表现和行为对员工的各个方面进行评价。从员工在公司工作的态度以及解决问题的方式等各方面，对员工的心理素质以及价值观进行评价，根据员工从事工作事宜当中所使用的手段和解决方式评估员工的工作水平以及应变能力，结合员工在工作日的出勤状况以及对待工作的主动程度对员工的积极性作出评价，再结合公司在不同职位设定的相应工作指标及工作人员的完成情况作出综合考量。对于盒马而言，考核制度也是企业管理的必要手段之一，所以要根据食品行业的特殊性，设计出更加合理的考核制度，就需要重点把握以下几个方面：

(1)员工的考勤。盒马能够取得良好发展的原因不仅在于其出色的产品质量与合理的商品定价，其优质的服务也能够为顾客带来良好的购物体验，因此，对于普通员工的需求量也比较大，为了保证员工的服务质量，必须要建立起完善的规章制度，同时，人性化管理也能够在一定程度上提高服务的积极性。在盒马的考勤制度中，充分体现了人性化管理，设立严格的出勤时间的同时，给予员工每月三次的迟到机会，员工迟到的次数在三次以内并不会对自己的薪金造成影响，超过三次后才会扣除考勤奖励，但在打卡系统的数据中显示，员工迟到的情况鲜有发生，所以考勤制度并没有在管理当中起到明显的考核作用，绝大多数员工都能够准时打卡上下班，几乎没有员工因为考勤而扣除薪金。

(2)奖励情况。盒马也在管理机制中添加了激励政策，为及时完成工作指标、工作能力较强且积极性较高的员工提供多种多样的奖励，包括奖金、奖品等多种体现方式，能够有效提升员工的积极性。并且为了提升整体服务质量，也为后进者提供了特殊奖励，在员工当中绩效排名靠后的工作人员如果能够通过努力获得提升，得到管理层的认可，也能够获得相应的奖励。但由于激励制度的不完善，尽管在员工管理中提升了一部分员工的积极性，体现出了企业奖勤罚懒的理念，但由于大部分奖励都是由公司的管理层人员进行评断，所以缺乏公平，也遭受到了部分员工的质疑，并且打击了那些认为工作完成情况良好却没有受到鼓励的劳动者的工作积极性。

(3)奖惩相符问题。为了鼓励工作积极的员工在未来工作的过程中更加努力，企业设计了多样的奖励措施，同时也提出了对于工作积极性较差、工作完成度较低的工作人员的多项惩罚措施。根据员工对待工作态度的不同和重大违纪违规程度分别设定了不同程度的惩罚措施，并且将员工的惩罚情况添加到员工的年度考核当中，对员工的薪酬水平造成了直接影响。但惩罚制度设计仍存在许多不足之处，公平性不足、缺乏合理性的惩罚措施对某些员工的职业发展造成了不可挽回的损害，必须要建立起更加科学的惩罚手段，规范惩罚力度，才能够在起到管理作用的同时维护好员工的合法权益。

5.2.5 武汉市盒马食品供应链优化对策建议

1. 供应链关系优化

在盒马的供应链当中，供应商有着不可替代的影响力，直接关系到供应链能否持续稳定的运行，对于供应商的分类也多种多样，由于盒马提供的商品数量巨大，且商品类型五花八门，所以在盒马供应链当中的供应商也担任着多种多样的角色，造成了盒马对于选择不同商品供应商的方式也不尽相同。在对供应链进行管理时，需要考虑到供应商种类的不同，对应地采取不同的管理办法，才能够真正实现有效管理。

针对供应链当中提供各种规格较小的商品供货商时，考虑到该类别商品的销量较大，市场对于商品种类和数量的需求也比较稳定的情况，就需要对商品的包装及保质日期进行严格把控，要求供货商提供的商品能够在长时间内不变质、商品包装不变形，将其作为标准对供货商进行选择。应当与产品质量过关的企业达成长期稳定的合作关系，并建立起独立的物流运输通道，以满足消费者的消费需求，并且通过制定关于该类型商品配送及采购工作的规章制度来达到精确标准，从而实现利益最大化，稳定的商业合作关系还有利于降低商品的采购成本，不仅能够降低商品价格，提高市场占有率，还能够为盒马吸引更多的消费群体，为盒马带来附加收入。

据武汉市统计局统计，截至 2021 年 7 月 25 日，武汉市拥有 12326518 人，为千万级人口城市，其中外来人口所占比重超过 30%，复杂的人口构成导致了武汉市市场对于商品多样性的需求。每天各种生鲜商品的消耗量巨大，生鲜商品的需求量也随着消费水平的提升逐年提高。包含了肉、蛋、海鲜类产品的生鲜商品，对供应商提供商品的新鲜程度要求较高，且由于生鲜商品本身的易腐特点，其对食品的生产日期、储存条件和运输效率等要求也较高，所以在供应链的管理当中，不仅要严格把控商品质量，也要建立起稳定的合作关系，保证商品质量长期保持稳定，并且要对商品的运输及储存严格把关。为不同区域的门店选择相同相近区域的供应商，不仅能够降低运输成本，还能够减少运输时间，以保证新鲜度。需要以门店地理位置为中心的供应链，对供应链区域中的各个供应商进行统一管理，建立起地域性的供应网络结构。并且需要严格监控市场变化，向供应商提供相应的产品优化方案，提升服务质量与产业利益。

2. 供应链采购优化

（1）实行"弹性"的运营采购模式。为了匹配市场的发展速度，适应市场对商品需求的变化，盒马需要对传统的采购及运营模式进行创新改革，采用"弹性"的运营及采购方式，能够更加灵活地应对市场的不同变化。在商品的采购过程当中，应当根据不同门店所在区域消费能力以及市场需求的不同，采取不同的采购方案，详细掌握所在区域市场的变化、商品价格的变化趋势信息，充分考虑不同地区存在的差异作出及时调整。对于在不同区域内区别不大的普通商品采用集中采购的方式进行，便于管理，对变化较大的商品分散采购，符合供需关系，以获得更大利益。但在实际当中，市场在不断运行的过程当中无时无刻不在发生着变化，仅通过采购方式的"弹性"并不能够解决这一问题，所以运营部门也需要随时掌握市场变化，根据不同地方的复杂情况对营运策略作出及时调整，将采购与运营相结合，及时调整，满足消费者的复杂需求。

（2）树立"诚信为金"的服务理念。任何行业的发展都离不开其在外界所树立的形象，作为影响企业发展的重要因素之一，社会公众对于企业形象的信任度直接关系到企业能否立足。作为食品行业，产品质量与消费者的身体健康直接联系，长期保持食品质量安全，是维持企业诚信形象的重中之重，诚信的企业形象，能够争取到大量消费者的青睐，必须提高警惕，防止意外发生。食品行业一旦出现问题，对消费者身体健康造成影响，且没有及时处理，企业在社会当中树立的良好形象将不复存在。

（3）实施严格的采购约束机制。对从事采购工作的部门进行分级管理，给予不同级别采购部门不同的权利，给予在其权利范围内充分的自由裁量权，对于数量巨大、涉及资金较高的采购活动由总部进行统一决策，控制在采购当中由徇私舞弊造成的财产损失。对于采购数量少，涉及资金数量小的采购活动充分放权，提升采购工作的效率，保证分散采购的灵活性，采用集中采购与分散采购相结合的工作方法，保障企业利益。制定严格的规章制度，给各部门的权利及行为设立严格标准。设立专门的监督机构，对内部工作人员的工作行为进行监控，对损害企业利益及社会形象的行为作出严厉惩罚，杜绝以权谋私情况的产生，并且在每个工作部门都安排专人负责监督，制定出完善的考查机制，严格落实企业的规范制度。

(4)针对当地现有的条件机制做规划。盒马企业的物流配套在当前仍存在许多的不足之处，由于交通拥堵、物流较多等问题导致的运输效率低的情况至今仍没有得到很好的解决，需要借鉴其他行业甚至其他国家的物流运输方案。但由于国家经济发展水平以及科技水平发展的程度不同，照搬国外优秀的物流运输系统将会在我国严重水土不服，要解决当前面对的物流运输问题，不能够只追求技术水平的提升，还需要结合我国不同地方的经济水平以及交通情况，充分利用市场，开发出适合我国的物流系统，才能够获得优势，提升企业商品在市场当中的覆盖率。应当对当前我国的技术水平作出明确的认知，采用与市场发展相适应的信息技术，提升物流运输的效率。

3. 供应链库存优化

近年来我国市场经济发展速度较快，市场处于不断地变化当中，市场供求关系的高速变化也对供应链的管理带来了更高的难度，为了适应变化速度较快的市场，提升商品运转的灵活性，减少商品的库存量是供应链管理发展的重要方向，能够提升整个供应链的工作效率，同时为根据市场变化及时对供应链作出调整提供充足的空间。

(1)供应商管理库存。提升供应商与销售商之间的联系，帮助供应商及时了解不同商品的销售情况，能够使供应商及时掌握市场供求关系的变化，从而主动减少或增加不同商品的供应量，以达到降低商品库存的目的。提升信息分享的速度也能够提升供应链的工作效率，促使供应商在商品快销售完时第一时间做到及时补货，降低商品的库存，以获得更大的储存空间，这样不仅能够降低盒马在采购方面投入的资金，还能够增加双方信息互动的频率，提升服务质量，缩短运转周期，提升资金的灵活性，获得更高的收益率。

（2）联合库存管理方法。零售商与供货商进行合作，借助互联网搭建出一个完整的库存管理系统，对各地方的库存划入同一系统当中，不仅能够实现全国库存的统一管理，将库存风险分散到供应链的各个角色当中，还能够加强地方的联系，提升信息互通的速度，能够通过最快的速度对商品供应作出调整。

（3）完善并创新条码技术。在传统的人力商品管理模式的基础上，增加条码商品管理的应用，能够有效降低库存管理人员的工作量，通过计算机系统以及对条码的应用对商品的数量以及种类进行更加明确的分类和统计，完成商品的收发作业，在提升工作效率的同时降低商品库存量。

（4）品类管理。在零售行业的发展过程当中，逐渐形成了由单品到种类的管理阶段，适应了市场不断增加的商品需求量，科技的发展也将技术管理带入了食品行业当中，数据信息已经成为当前商品管理的重要依据，代替了传统零售行业由经营者根据经验判断商品供应量的判断方法。在现代零售业当中，通过收集商品销售的数据，能够对不同商品的营销策略以及供应链作出合理的调整，提高利润率较高、销售量较大的商品陈列数；根据季节变化调整商品销售活动的力度等方式，都是由数据分析出的结果，能够提升食品行业的服务水平和工作效率。数据管理还能够对不同市场条件以及地区的信息进行采集，从而分析出更加合理的商品营销策略。盒马如果能够将这一技术推广给其他供应商，就能够赋予产业链更高的灵活度，也能够提升整个供应链的工作效率，在为盒马鲜生提高服务质量的同时能够帮助供应商获得更高的收益，实现双赢。

4. 供应链信息优化

盒马在不断发展的过程当中，为了提升企业管理水平，将信息技术应用到企业内部，实现信息化管理是大规模企业管理方式的主要组成部分。信息化管理能够有效地将各个工作部门进行整合，进行统一的统筹规划，同时能够帮助企业设立相对统一的工作标准，能够在宏观角度对供应链进行调整，保证参与供应链运行的各个主体都能够获得相应的收益；能够结合诸多要素，对企业进行系统有效的管理。

信息化管理的优势主要体现在信息整合方面，将企业运行的各个阶段与各个工作部门进行统一整合，借助全面的信息，能够分析出在各个阶段不同工作部门中存在的问题。宏观角度，信息化管理能够通过采集外部市场、供应商等相关信息，与企业信息进行再度整合和比对，能够为企业发展策略的制定提供一定的指导性建议。微观角度，信息化管理能够根据市场供需关系的不同，商品价格的变化以及供应商品牌的影响力不同，对每一个商品的采购方案作出调整，实现对企业的大小事宜进行有效管理。并且信息化管理还可以留存相关数据，能够在工作出现失误时进行查看，找出原因。

信息化管理可以将企业各个环节的运行状态进行信息化整理，以数据的形式呈现出来，能够通过对数据的分析制定出标准的工作规范，并且为企业的监管提供充足的证据支持。在每个生产环节，大到商品的运营方案，小到某件商品的检验报告，都能够在数据当中体现。通过商品在不同环节的检测报告，可以更加准确地发现供应链当中存在的问题，能够为供应链商品质量管理提供有效的监管手段。

信息化管理还能够为物流发展提供助力。通过采集从供货商开始，到消费者为止的物流运输信息，能够以数据的形式将物流系统运行的各环节进行分析；通过记录供货商到零售商的物流运输过程，能够分析出不同商品以及不同供货商在运输工作当中的不足，及时作出调整以降低企业的物流运输成本。记录由零售商到消费者的配送过程可以对消费者进行购物的时间段，以及配送时间偏好进行了解，提升服务质量。还可以借助信息技术为消费者建立反馈通道和网络客户服务平台，能够更加准确地掌握消费者对于商品的需求，对产业链进行适当调整。

中国物流行业的技术水平偏低，无法满足当前市场中消费者的需求，物流行业的不足也成为盒马鲜生发展的障碍之一。由于我国当前的物流行业处于初级阶段，不能满足盒马的采购与供应商直接联系的要求，增加了盒马与供应商进行合作的难度。盒马应当为产业链当中的供货商提供帮助，在传统的供货方式的基础上，建立起信息化的物流管理体系，不仅能够帮助供应商获得管理上的进步，还能够提升双方的合作水平，提高合作效率，实现相互促进、共同发展的双赢。

5. 供应链绩效优化

武汉市盒马鲜生的考核制度如表 5-3 所示。

表 5-3　　　　　　　　　　　　**武汉市盒马鲜生考核指标**

	关 键 指 标
专业知识	具备专业知识，能够胜任本职工作 主动参加培训，与时俱进，积极接受新事物
责任感	掌握公司基本制度，熟悉公司文化 严格按照公司的规章制度工作 日事日毕，按时完成工作指标
主动性	主动发掘问题，提出解决办法 主动学习专业知识，提升个人素养，探索更加高效的工作方式 面对挑战积极主动，勇于克服困难
可靠性	能够超越工作指标超额完成工作任务 高质量完成工作，达到工作要求 具备强烈的企业归属感，为企业树立良好形象 准时出勤，不无故缺勤
顾客服务	主动为顾客考虑，为顾客答疑解惑 尽力、尽快满足顾客的合理需求 给予超越客户期望的优质服务
判断力	处理问题时保持客观，尊重事实 准确认识工作的重要性，区别对待
合作性	坚持团队合作，能够处理好与同事之间的关系，服从管理 遇到问题能够主动沟通，及时与同事分享信息 积极参加公司举办的各项活动

与传统的考核指标类似，在上表当中盒马的考核指标能够体现出公司的经营理念，能够为员工提供工作导向，但仅仅凭借概念性的指标很难起到考核制度应当具备的指导员工工作的功能。尽管在考核指标当中对服务质量和工作态度等方面都作出了规定，但表格当中的考核指标都过于空泛，无法对员工的具体行为作出评判，过于主观的判断标准也就失去了考核指标的公平性。该指标并不能够有

效地为员工提供工作指导，并且无法起到引导公司员工为企业创造更高价值的作用，应当将考核指标更加明确，与员工的设计工作情况关联起来，设计出可量化的考核制度，以数据作为评判标准。

制定合理的绩效战略导向。在建立基本原则的基础上，从各个工作部门的具体工作内容入手，创立能够以数据形式体现的考核指标，为员工提供引导。

(1)制订科学的关键指标维度。从多方面入手，通过评估员工为客户提供服务质量的高低、对于公司文化的熟悉程度、能否做到主动学习等方面作出评价，与员工为企业创造的价值相结合，明确公司的考察项目，为员工工作提供明确的指导。

(2)定性与定量相结合。内外结合，在建立完备的内部考核制度的基础上，引入外部评价机制，建立起客户评价平台，使消费者能够在消费过程当中对员工的服务作出评价，将供应链的作用引入绩效考核，能够促进评价结果更加全面且客观。

(3)指标所占权重是否合理。统筹兼顾，分清主次，在制订考核指标时，要对各个指标对企业发展的重要程度进行排序，避免顾此失彼，防止指标向某一考核项目过度倾斜，导致考核失去有效管理的意义。

绩效管理体系的改进。盒马鲜生对绩效管理体系进行了一些修改和完善。

(1)做好职务分析。盒马鲜生的员工数量较大，从事的工作类型也多种多样，导致了在不同城市以及不同部门工作的员工考核标准各不相同，应当在不同工作部门采取不同的管理方式，才能够为员工提供更加明确的考核指标，能够在实际工作当中了解自己的工作职责。以商品运营部门为例，在门店的工作主要包括：

①对商品价格进行定期检查，在系统中核对商品价格是否准确，及时对商品进行调价。

②随时查看商品销售情况，保证负责区域内商品种类齐全，充分满足消费者的不同需求。

③定期对商品的包装及保质日期进行检查，防止消费者购买到过期、损坏的商品，损害消费者的权益。

④根据不同商品的销售情况，随时查看库存情况，发现库存数量不足的商品

时，及时补货，并根据市场对商品的供需关系的变化作出合理规划，提前准备。

⑤及时清理负责区域的卫生，保证门店的环境整洁，为消费者提供良好的购物体验。

⑥整理商品库存，统计商品的库存数量，保证仓库商品的分类清楚，摆放整齐，方便商品出库。

⑦在消费者购物的过程中，主动提供热情服务，满足客户的合理需求。

(2)制订绩效考核的主要指标。在对员工进行考核的过程中，把握重点，对企业工作的各个方案以及较为关键的环节做重点考察，在员工工作过程中，在销售能力、客户服务能力、专业能力提升等方面对员工进行综合评价，分别从消费者角度以及企业角度对员工工作作出客观评价，如表5-4所示。

表5-4 **盒马鲜生绩效考核供应链优化**

	KPI 指标	考核周期	权重	指标含义	评分标准
1	销售额度	季度	30%	根据门店指标划定销售额度	实际销售额
2	服务态度	季度	15%	服务态度及客户投诉情况	5 分制度，1 次投诉扣除 1 分
3	考勤情况	季度	5%	考勤记录	迟到早退扣除 0.5 分，无故旷工扣 1 分
4	培训考核	季度	10%	培训课程考勤及测试结果	考勤率×0.4+测试结果×0.6
5	补货情况	季度	15%	空货率及库存商品占比	$\frac{月库存商品数量}{周库存商品数量}×15\%$
6	价格处理	季度	5%	商品价格跟进情况	出现不同每次扣除 3~5 分，5 次以上不得分
7	价值观考核	季度	5%	对企业文化的掌握程度及企业归属感	主观评分×60%+同时评分×40%
8	团队合作意识	季度	10%	对同事的关心程度及沟通情况	主观评分×60%+同时评分×40%
9	损耗	季度	5%	商品卸补货过程中商品损坏情况	月损耗金额×5%

制订合理的工作计划和绩效采集，及时调整工作计划。

①管理人员的完善。在为员工设定工作指标后，不同部门的管理人员应当及时与员工进行沟通，为员工提供工作指导，帮助员工制定具备充分可行性的工作方案，达成工作指标。

员工在对考核制度进行了解后，有不同意见时应及时与管理层沟通，在实际工作中出现问题时管理层应当主动承担责任，为员工提供帮助。

②中期改进指导。在日常工作中管理人员应当定期约谈员工，对每位员工的工作情况进行了解，在员工出现长期难以完成工作指标后，管理人员应当重新考虑考核指标的合理性，对员工的专业素养及工作难度作出评估，对无法适应工作内容的员工进行沟通，为其安排更加适宜的工作，并及时向上级汇报。并且根据部门工作的整体运行情况作出分析，及时调整工作计划。

③绩效评估与面谈。在对员工工作的评估工作结束后，应当对未达到工作指标的原因进行分析，结合实际工作情况中遇到的困难对指标作出调整，在评估的过程中，管理人员要充分尊重统计数据，做到客观评价，保证绩效考核工作的公平性，监管部门应当对评估过程全程监控，避免权力滥用导致员工权益受损。

除此之外，在对考核制度进行优化后，能够细化考核标准，对员工的工作情况作出更加科学合理的评价，相对严格且明确的评判标准能够有效保障员工的权益，保证员工在工作中能够获得合理的薪资报酬，能够提升员工工作的积极性，提升员工对企业的归属感。完善各工作部门及运营环节管理制度的同时，为员工提供更多的再教育机会，从专业素养以及心理素质方面为员工提供培训，提升员工的综合素质和心理素质，保证员工能够在工作中不断成长。帮助员工在培训过程中对公司的经营理念及公司文化产生更多认同，加强团队合作能力，并且在新员工入职时为其提供培训能够迅速提升员工的工作能力。同时企业也能够通过员工培训时的表现对其个人能力作出评估，合理安排工作岗位。为管理人员提供培训，提高管理层的领导能力，提升管理人员的专业程度，才能够帮助企业做到有效管理，保证企业的运营策略能够落地实施。

5.2.6 小结

盒马鲜生为生鲜食品产业中的龙头企业，因此以武汉市盒马鲜生的供应链管理为研究对象展开研究，从供应链管理中的前端和后端的六个方面展开研究，对关系管理、配送管理、采购管理、库存管理、信息管理、绩效管理进行了分析。在对武汉市盒马鲜生供应链管理的论述过程中，归纳了其存在的问题为供应关系问题紧张、采购与物流效率低、库存管理系统不成熟、信息管理系统落后和员工绩效考核不合理五项问题，针对以上五项问题提出了具体的解决方案，以切实提升盒马鲜生的供应链管理能力。

通过研究，也得到了盒马鲜生供应链的优化启示，主要为通过与供应商关系优化实现协同管理、通过采购优化来实现供给效率的源头提升、通过库存优化来实现最低库存损耗、通过信息优化来消除供应链中各个主体的信息不对称性、通过绩效优化来激发供应链各个环节的工作积极性。但受笔者能力所限，本书还存在一定的局限性，例如，研究对象仅仅聚焦盒马鲜生武汉地区的门店，对其他地区的门店情况不熟悉，需进一步了解具体情况，以便于对后期的对比研究提供更具参考价值的建议。

5.3 预制菜电商：京东生鲜

5.3.1 京东生鲜介绍

京东旗下的生鲜品牌"京东生鲜"成立于 2015 年，为中国领先的生鲜电商冷链宅配平台，业务范围覆盖海鲜水产、水果、蔬菜、肉禽蛋、速冻等品类，并于全国范围内自建冷链物流体系与专属冷库，实现生鲜产品全物流链的控温配送。本着以让消费者"吃好一点"为宗旨，坚持"自营+买手制"模式。

物流配送：目前京东生鲜上架的预制菜商品已经超过 5000 种，冷库数量超过 10 个，冷链仓库面积共计 2 万多平，全程冷链配送覆盖全国 200 多座城市。京东生鲜以 C 端为主，B 端业务(团餐、企业集采等大 B 客户)仍处在战略布局中。截至 2020 年 12 月 31 日，京东物流就运营了 87 个生鲜、冷冻及冷藏产品设计的温控冷链仓库，保证商家产品到达用户手中时的新鲜度。而极具竞争力的末端配送优势，让商家产品快速触达用户。其次，京东拥有覆盖全国的 750 多个仓库，以及达达快送、京东到家等多个业务，可以进一步实现履约成本的降低，更快速触达用户。

京东物流在 2022 年推出了"预制菜专属解决方案"，为预制菜企业提供从商品生产储存到打包配送，从线上业务到线下场景的全程冷链解决方案。据京东官方表示，在产品包装上，京东针对不同环境温度沉淀了一套从-22℃至15℃的商品分温层包装方案，通过差异化的冷媒投放方案，在实现成本最优的同时避免商品化冻问题。通过多温层、一盘货的服务能力，以及精细化的仓储运营能力，确保预制菜商品在仓库内的安全、新鲜。

流量扶持：京东自有上亿用户规模，为商家提供流量支持。京东集团发布的2020年第四季度及全年业绩显示，截至2020年12月31日，京东年活跃用户数达4.719亿，能为商家提供更大的流量支持。预制菜作为京东超市的重点扶持品类，计划三年打造20个年销售过亿品牌、5个年销售过5亿品牌。2023年4月京东超市发布以预制菜为重点趋势品类，并推出倾斜资源扶持、独家菜品定制和成立独立团队三大举措。未来较长的时期里，预制菜都将跟随市场需求的多样性呈现出多元化发展的态势，京东超市通过战略扶持举措，结合品类发展特点，联合品牌商家打造更多元化、精细化的预制菜产品，满足消费需求的同时，助力品牌商家实现持续性高增长。

5.3.2 京东生鲜发展历程

2017年京东生鲜组建专门的运营团队操盘预制菜品类，从0开始布局预制菜行业。2019年京东生鲜雏形出现。2021年预制菜商品成交额同比增长156%。2022年京东生鲜将预制菜纳入战略扶持品类，并联合中国预制菜产业联盟召开预制菜食品战略媒体沟通发布会，发布并实施电商渠道首个"佛跳墙预制菜标准"（详见图5-17）。

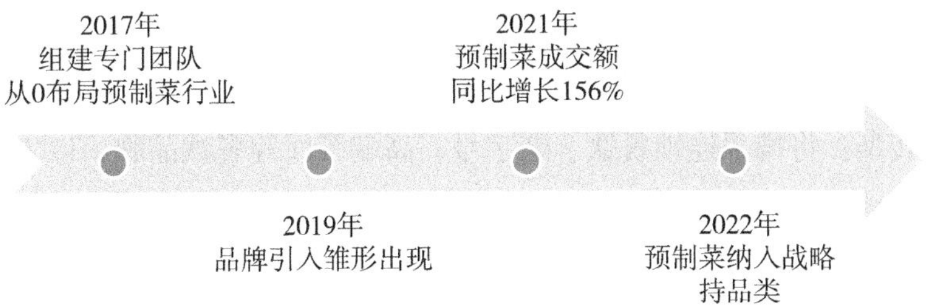

图 5-17　京东预制菜发展历程

资料来源：灼识咨询。

5.3.3 预制菜布局规划

大单品发掘。继续助力预制菜大单品大爆款的发掘和培养，包含煎炸卤味、小食，以及餐饮品牌或者有 IP 认知的新锐品牌。

自有产品拓展。借助自身丰富的供应商资源为自有品牌打造合适的预制菜产品，搭建 C2M 或者 DTC 供应链体系。京东平台为谷言等食品品牌提供平台。2022 年上半年，谷言京东自营旗舰店，方便面类目全网销量排名第一。

地方特色开发。与中国预制菜产业联盟共同构建美食地图，打造全国各地具有城市地标性的预制菜产品，最终形成全国性优势。将预制菜按照地域分成川菜、粤菜、西餐等多个菜系。

品牌扶持。计划未来 3 年内扶持 20 个销售过亿的预制菜品牌，5 个销售过五亿的预制菜品牌设置专门的流量扶持激励以及供应链金融扶持激励政策，帮助中国目前已有的 7 万多家在册预制菜企业发展。2023 年 6 月，京东与安井集团旗下冻品先生、安井小厨达成一致，共同把握预制菜发展趋势，在供应链产品开发、预制菜产品质量等级标准等领域展开深度合作，聚力打造预制菜零售新格局。京东作为中国领先的互联网零售电商，积累了大量消费者数据，依托自身跨境物流体系，可将安井的产品快速渗透到全球市场，进一步搭建多元化的销售渠道。

政策制定。中央"一号文件"多次提出要培育发展预制菜产业。京东集团积极参与政府产业扶持相关工作，计划 2022 年制定 5 个细分类目标准(佛跳墙、低温午餐肉已经发布，烤肠、卤味、丸料即将发布)。京东超市的一系列食品安全标准有效填补了业内空白，保障了消费者购物体验。

品牌转型：将携手连锁餐饮、老字号、高端餐厅等餐饮品牌，以定制、联名的方式助力餐饮品牌零售化转型，为消费者提供更多品质化、高端化预制菜产品。如百年京式老字号全聚德品牌，在京东大数据的支持下，京味烤鸭和团圆鸭两款京东独家款烤鸭礼盒先后上架，并受到广大消费者喜爱，而这两款礼盒如今也成了店铺爆款。

5.4 陇南市电子商务发展案例

5.4.1 陇南市基本情况介绍

陇南是甘肃唯一全境属于长江流域的地区，既具烟雨凝翠峰的北国雄奇，又兼晨岚含碧水的南国灵秀，独特的资源禀赋和环境特征，孕育了许多绿色有机、品质优良、享誉全国的特色农产品。在这片土地上，形成了多样的优势主导产业、区域特色产业、地方性特色农产品。比如油橄榄产业、中药材产业、绿茶产业、花椒产业、核桃产业等等。油橄榄产业是陇南独特的产业，陇南的油橄榄产业面积、产量、产值位居全国第一，油橄榄产品多种多样；陇南素有"陇上药仓""千年药乡"的美称，尤其因米仓红芪、文昌纹党、宕昌当归、柞水大黄的量多质优而名列全国之首；陇南绿茶因其得天独厚的地理位置优势，具有"高纬度、高香气、高海拔"等特点，特别是文县国家地理标志产品"文县绿茶"，色泽翠绿、香气浓郁、味甘爽口、形似雀舌，色、香、味、形俱佳，且茶多酚、咖啡因、氨基酸均高于邻近茶区；花椒产业是陇南产值最大的产业，其产量、产值、品质、人均收入均居全国第一，陇南武都花椒种植面积和产量居全国第一，以其色红油重、粒大饱满、麻味醇正、香气浓郁、药效成分多、精油含量高等优良品质著称，与海底捞、老干妈、重庆德庄等大型餐饮企业建立了长期供销关系；核桃产业是陇南分布最广的产业，栽植范围广至全市，其面积、产量、产值均位于全省第一，陇南核桃果大皮薄，肥厚饱满，氨基酸、锌等微量元素含量均高于其他产区，是健脑补脑之佳品。除此之外，礼县苹果、两当狼牙蜜、生态放养鸡、徽县银杏、康县天麻等是陇南的优质农产品；康县黑木耳、武都崖蜜、西和半夏等是陇南的特色优质农产品。

5.4.2 陇南市农村电商发展现状

自 2013 年开始，陇南将发展农村电子商务纳入全市整体发展战略决策，成县县委书记李祥利用实名微博叫卖成县核桃，引起网友强烈反响，也给陇南各级领导带来前所未有的思想震动。2014 年陇南全力推进农村电商工作，市县区成立领导小组和专门机构，配备工作人员，出台鼓励发展的一系列政策措施，并尝试将发展农村电商与脱贫攻坚相结合，开展电商扶贫的探索。

陇南市通过电商的方式，助力精准扶贫。形成了陇南独特的依靠政府推动、市场运作、百姓创业、协会服务、全媒营销五位一体电商带贫机制；通过网店、产业、创业、就业、入股、众筹六种路径带贫，并形成"七路助农"模式（详见表5-5）。经过多年的努力，陇南市的跨境电商也取得了一些成效①，在人才培育方面，陇南市组织开展专题授课、外出考察等各种形式的跨境电商人才培训，邀请第三方服务商为本土企业提供业务指导、企业孵化等全方位服务，截至目前，已经精准培育本土跨境电商人才百余人，成为陇南市发展跨境电商的人才基础和主要力量；在培育企业主体方面，陇南市以传统外贸企业和新型跨境电商创业企业培育为主，通过跨境电商政策普及和外出考察学习的方式引导其转型升级，指导新型跨境电商企业掌握跨境电商发展趋势、熟悉运营模式，为企业提供办公场地，对接平台资源。一年时间，涌现出了华龙恒业农产品有限公司、陇膳堂商贸有限公司、裕丰农产品开发经销有限公司等一批新型跨境电商创业企业快速成长，年销售额突破千万或百万。在研发适销产品方面，陇南市的电商企业有针对性地研发满足不同客户需求的产品，例如核桃产品，除了核桃原果外，还研发出了核桃油、核桃奶、不同口味的核桃果；例如中药材产品，研发方向主要围绕药食同源康养产品。跨境电商的发展对企业产品质量、产品精深加工、提高产品附加值、完善产业链供应链、产品包装设计等方面都提出了更高的要求。陇南创新工作办法，建立益农机制，探索振兴模式，广泛培育农村配送、跨境电商、直播电商、数字电商、服务电商等新业态，孵化农村电商人才，壮大农村电商市场主体，激发农村发展内生动力，书写着乡村振兴电商有为的生动实践。2022 年陇南市电商销售额突破 60 亿元，累计销售总额超 338 亿元，陇南市发展网店 1.4

---

① 2023 年 11 月，陇南电商（《甘肃陇南武都区隆兴镇：蔬乐田园——开启共享"向往的生活"》）再次入选联合国世界粮食计划署年度报告优秀案例（"科技赋能乡村振兴案例"）；2023 年12 月 6 日，在第七届中国农村电子商务案例成果发布会上，陇南市通过现场推介比拼，荣获"整体推进县域直播电商特别奖"；在案例申报中，成县、徽县荣获"2023 农村直播优秀县域案例"；武都区李彬、宕昌县苏军平、文县柳青、康县龙江辉、成县张珏娅、徽县梁倩娟、西和县刘许霞、礼县张家成荣获"2023 农村直播优秀个人案例"；2023 年 12 月 11 日，农业农村部办公厅发布《第六批全国农村创业优秀带头人典型案例名单》，陇南电商人白亚龙成功入选。

万家，开发网货 9600 余款，培训农村人才 31 万人次，带动农村居民就业 30 万人。[①]

表 5-5 　　　　　　　　　　陇南市"七路助农"模式介绍[②]

	内　　容
培训强农	倒逼强化电商培训，培育新农人，赋能农业经济组织，增强农业、农村、农民的发展内生动力
村点惠农	激活电商站点，提供农村公共服务，便捷实惠服务群众
平台联农	依托电商平台，架起农产品出村进城、消费品进村入户和联系农业、农村、农民的桥梁
网销富农	依托电商平台，提高网销水平，拓展网销渠道，加快网销速度，助农致富奔小康
订单益农	拓展电商订单，以销定产倒推产业发展，托底保购提高农业产业收益
业态带农	发展电商业态，与农村居民共享互联网红利，多渠道，多路径，多方式，带动农业、农村、农民发展
数商兴农	提升数字能力，跟进学习互联网新技术，释放数字技术和数据资源对农村电商赋能效应，提高数字电商对数字农村和乡村振兴建设的服务能力

资料来源：2023 年第六届"一带一路"跨境电商国际论坛致辞。

5.4.3　华龙恒业农产品有限公司跨境电商成果

陇南市华龙恒业农产品有限公司通过传统企业与跨境电商结合，含有多品类 200 多款产品，致力于将农产品和特色产品销往全球。自 2022 年下半年开始，在跨境电商业务和外贸出口业务领域取得较大突破，产品已销往俄罗斯、日本、马来西亚、菲律宾、印度尼西亚、吉尔吉斯斯坦、南非等国家，累计成交金额达人

---

① 2023 年 8 月 16 日—8 月 25 日，笔者所在团队组织了"2023 第六届'一带一路'跨境电商国际论坛"，相关资料来源于此次活动，详见附录。

② 2023 年 12 月 13 日，陇南电商"七路助农"新实践，按下助推乡村振兴"快进键"，成功入选《中国改革 2023 年度地方全面深化改革典型案例》。

民币60余万元。目前该公司已与俄罗斯采购商签订年采购量2000吨(其中核桃果1350吨,核桃仁810吨)的采购合同,与日本采购商签订年采购量30余吨的枣夹核桃、琥珀核桃、核桃仁等产品的采购合同。除此之外,陇南市华龙恒业农产品有限公司正在与另一家俄罗斯公司商定年4000吨的采购合同。该公司将主要目标市场定位为:俄罗斯及中亚五国(哈萨克斯坦、吉尔吉斯斯坦、乌兹别克斯坦、塔吉克斯坦、土库曼斯坦)、东南亚(菲律宾、马来西亚、印度尼西亚)。根据数据(详见图5-18),阿里巴巴国际站核桃品类的买家来源地TOP10分别为印度、美国、巴基斯坦、俄罗斯、阿联酋、土耳其、英国、伊拉克、德国、孟加拉国。截至目前已经出单的国家和地区包括:澳大利亚、美国、南非、利比亚、沙特阿拉伯、哈萨克斯坦、巴基斯坦、印度、俄罗斯、越南、泰国、马来西亚。

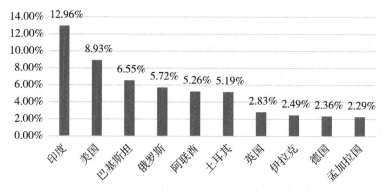

图5-18　阿里巴巴国际站核桃品类的TOP10买家来源地

资料来源:2023年第六届"一带一路"跨境电商国际论坛致辞。

5.4.4　华龙恒业农产品有限公司未来规划

(1)以线上方式为主突破口,解决地域瓶颈,线上与线下展会相结合,形成线上客户线下化,线下客户深刻化。

(2)双赛道打造,RTS品牌化建设及原料化输出,针对不同的国家和地区制订不同的营销方案(中亚、俄罗斯、东南亚)。

（3）场景化营销与粉丝通以及直播基地的打造有效结合，渠道化建设和产品品牌化建设（东南亚）。

（4）着眼吉尔吉斯斯坦、俄罗斯，打造具有特色的海外仓，提高时效性和风险应变能力，辐射中亚、俄罗斯、中东、东南亚等区域和国家市场。

第6章 社区团购供应链效率分析及其优化

6.1 研究背景

2021 年 3 月 12 日，《中华人民共和国国民经济和社会发展第十四个五年规划和 2035 年远景目标纲要》正式发布，其中提道："推进智慧社区建设，依托社区数字化平台和线下社区服务机构，建设便民惠民智慧服务圈，提供线上线下融合的社区生活服务、社区治理及公共服务、智能小区等服务。"2021 年 5 月 28 日，商务部等 12 部门联合印发《关于推进城市一刻钟便民生活圈建设的意见》，推动开展城市一刻钟便民生活圈建设试点，提高服务便利化、标准化、智慧化、品质化水平，以满足消费需求为核心，在提升实体商业服务质量与水平的同时，充分利用新技术推动业态和模式创新，线上线下融合，满足即期消费，激发潜在消费。

当我国进入新的发展阶段，社区团购作为一种以社区用户为中心，对传统电商"人""货""场"进行链路重构而产生的电商新形态新模式，顺应时代发展的新变化，满足人民群众对美好生活的需要。社区团购一方面通过数字化技术，构建全新的数字化供应链体系，能够实时感知消费者的确定性需求，实现"人""货""场"的精准匹配，将源头企业和农户以最优链路直连消费终端，为社区居民提供更加优质的商品和服务；另一方面通过推动农户和农产品基地深度融入供应链，加大优质农产品源头直采的力度，采用"订单"形式在原产地直采、集采，聚合分散的小农户，打通农产品规模化上行新渠道，为解决农产品供需不匹配、流通效率低下和损耗大等问题提供了新的解决方案。

尽管社区团购近年来发展迅猛，但是仍然面临诸多挑战：供应链效率有待进一步提升；盈利能力有待进一步加强；社区团购团长管理体系有待进一步完善。通过对社区团购供应链的不断优化或重构，可以有效降低成本，减少损耗，提升整体效率和价值，促进社区团购健康持续地发展，更好地服务社区居民，助力乡村振兴。

6.2 供应链效率研究

本章通过实地调研，收集第一手资料和数据，针对农贸市场、超市和社区团购三种模式的供应链进行理论和数据分析，并对三种供应链效率进行比较。

6.2.1 数据来源

2021年9月17日至10月17日，本研究团队先后赴超市、农贸市场、社区生鲜店、社区团购及其供应商等地进行调研，而且调研地点主要选择湖北省武汉市，超市主要选择沃尔玛、中商平价和中百超市三家大型连锁超市，社区团购平台选择的是阿里旗下的"淘菜菜"。淘菜菜是阿里社区电商对外的统一品牌。淘菜菜依托百万小店，构建社区"一刻钟便民惠民智慧社区生活圈"；还协同菜鸟驿站、饿了么等平台，为小店提供"一店多能"的柔性定制。

1. 武汉桃花林生态农业有限公司

该公司位于武汉市洪山区红霞物流园，主要产品是叶菜类，采取的运营方式是跟农户合作，部分自产自销，部分外地采购。合作的商家主要是淘菜菜、美团、商超和农贸市场。公司每天给社区团购平台供约2000份芹菜，采用的是云南的芹菜，价格是4元/斤，且提供给平台的是干的；而供给商超是含有水分的，4.5元/斤；供给机关、食堂、部队同样也是4.5元/斤。采取的销售方式是线上加线下，线下处理一部分，剩下的主要靠线上来增加销量。全程采取的是冷链物流(详见图6-1)。

图 6-1　武汉桃花林生态农业有限公司

2. 长沙华创农产品贸易有限公司

该公司位于武汉市江夏区海吉星物流园。调研内容：为了解瓜果类供应去向和销售情况。其中，商超供应占 40%，社区团购占 60%；一般小商小贩不供应。销售方面采取薄利多销。花菜类主要是供给淘菜菜和美团，也供应给超市，但是超市的要求高，标准化高，不过利润也高。该公司选择供给社团团购平台很大一部分原因是平台的量大、稳定、好组织货源。该公司供应社区团购平台的花菜价格为 2.95 元/斤，供应超市的价格为 5.9 元/斤。关于订单信息，淘菜菜和其他社区团购平台一样采取的是预售，都要提前一天预定，商超也是提前一天预定（详见图 6-2）。

图 6-2　长沙华创农产品贸易有限公司

3. 北京筐鲜生科技发展有限公司

该公司位于武汉市华南果批城。调研内容：主要调查了石榴和火龙果在各个平台的供应价格。石榴的采购方式采取的是基地直采。其供应给淘菜菜的价格是8.5元两斤装，商超是6.0元/斤。该公司经理表示石榴贵的原因为：第一是线下量少；第二是周转问题，即资金周转率；第三是竞争因素，各个平台的竞争力大。火龙果供应的规格是(200~300)g/个，供应给淘菜菜的价格是3.2元/斤，商超是4.5元/斤(详见图6-3)。

图6-3 北京筐鲜生科技发展有限公司

4. 湖北新太阳保健制品有限责任公司

该公司位于武汉市硚口区古田二路汇丰企业部。调研内容：主要调查了老干妈销售的相关情况。其供给社区团购(淘菜菜)的老干妈价格为8.9元/瓶，供商超比供淘菜菜的价格贵20%；供小店的价格比供社区团购的价格贵3%~5%，比供超市的价格低20%。社区团购平台的品类较少，但销量大，且以成本价出售。

5. 杭州一拾一味网络科技有限公司

该公司位于武汉市江汉区江旺路大润发总部(详见图6-4)。调研内容：主要调查了蜀味源豆瓣酱的价格。其供应给淘菜菜的价格是 5.48 元/瓶，商超是 8 元/瓶。相对于线下来说，线上的业绩占比较大，而且增长快。

图 6-4　杭州一拾一味网络科技有限公司

6. 武汉嘉祺生物食品有限公司

该公司位于武汉市江岸区澳门路(详见图 6-5)。调研内容：主要调查了海天蚝油的价格以及相关情况。其供应给淘菜菜的是 5.1 元/瓶，商超的是 9.7 元/瓶。农贸市场是 5~6 元/瓶。受访人表示，该公司从 2021 年 4 月才开始和淘菜菜合作；且就成本而言，其中物流成本占 3%，资金成本和合同扣点费用占 10%左右，维护成本(卖场维护，进场一次性费用)占 8%~10%。

图 6-5　武汉嘉祺生物食品有限公司

7. 超市与农贸市场

调研地点：武汉市中商平价南湖花园店、沃尔玛南湖花园店、南湖花园农贸市场、青菱乡菜市场、中百超市烽火二村店。调研内容：主要调查花菜、芹菜、石榴、火龙果、带皮五花肉、排骨、老干妈、蜀味源豆瓣和蚝油的终端价格(详见图6-6)。

图6-6　终端价格

6.2.2　供应链效率分析与比较

1. 社区团购的供应链结构与传统供给渠道存在差异

与超市、农贸市场等传统零售业供给链路相比，社区团购模式具有缩减供给链路，实现区域集采统配的精细化供给特征。传统零售业供给链路，从产地或品牌商到最终消费者手中至少经过产地、产地经销商、销地经销商（二批、甚至三批）、超市等门店、终端消费五级销售流通体系。而社区团购模式复用原有产地和产地经销商的供给系统，并将其嵌入平台所搭建的"中心仓"—"网格仓"—"团点"组成的三级物流网络，进而绕过了加价最为混乱的销地经销环节以及运营成本较高的终端门店。

与此同时，在商品选择和分拣方式上，社区团购会对高频次的日销品实现有计划的聚集，依靠社区销售习惯平滑供给。因为，品类集中且类目少于农贸市场和超市，可大幅缩短分拣工作时长，提升工作效率。社区团购模式的另一特点在于其依照区域需求，实现货品的集采集配和线路优化，替代了传统多头配送发货场景，可节约物流运力，为供应链的降本提效提供了空间。

2. 社区团购与超市相比具有多维度的降本提效

与传统供应链相比，社区团购通过数字平台的供需对接，以销定产，降低了传统产品供给链的诸多不确定性，具有多维度的降本提效功能。首先，"社区团购"模式绕过了链路冗杂，加价繁多的销地批发环节，降低产销差价成本；其次，"社区团购"的仓储实为分拣仓，而非贮藏仓，因此并不产生储存成本；最后，与传统超市相比，"社区团购"模式消除了进场费、年节费、店庆费、年底返利、毛利补偿费等多种管理杂费，有利于提供更平价的商品和服务。

为更精准地测算社区团购模式的供应链效率，研究团队基于武汉社区团购所售商品，重点比对了蔬菜、水果、肉类、标品调味料等产品的终端价格和供应商价格（详见表6-1）。研究发现，在标品供给上，社区团购比超市成本降低35%左右；在生鲜品上，水果、肉类和根茎类蔬菜，比超市成本降低30%~40%，但由于市场对叶菜类的水分和品相有较高要求，社区团购在叶菜类供给上的成本与超市接近。

表 6-1 　　　　　　　　社区团购与传统渠道主要商品终端价格对比

品　　类	蔬菜(元/斤)		水果(元/斤)		肉类(元/斤)		标品(元/件)	
	花菜	芹菜	石榴	火龙果	排骨	五花肉	老干妈	豆瓣酱
大型商超	5.99	7.99	7.34	9.9	45.9	19.8	13.6	11.3
农贸市场	3	6	3.5	—	30	14	10	6
社区团购	2.89	6.58	4.32	2.68	33.73	16.23	8.9	6.38

数据来源：2021 年 9 月武汉市调研的市场价格。

3. 社区团购与农贸市场相比可显著降低生鲜品损耗

在实地调研中了解到，传统以农贸市场为主要渠道的生鲜配送系统，存在大量的商品损耗。例如，五级分销链路中，每一环节的"选、抓、捏，拿"均会带来 5%~10% 的生鲜品损耗，部分叶菜类菜品的损耗率甚至会到达 15% 左右。社区团购由于采取预售制，产品以整件制发出，可以充分降低生鲜品配送的过程损耗，而由于产品品质不达标造成的少量损耗基本可以控制在 3%~5% 以内。

研究团队结合走访调研和成本构成分析，将综合超市、农贸菜场、社区团购三种业态的成本按采购成本、管理成本、损耗成本三种方式拆解(详见表 6-2)。研究表明，农贸市场的损耗成本占比最高，达总成本的 10% 左右；超市与社区团购的损耗成本占比接近，约占各自总成本的 5%，但超市的管理费用占比明显高于社区团购。

表 6-2 　　　　　　　　区电商与传统销售渠道成本构成比较

成本构成	采购成本	管理成本	损耗率
大型商超	40%	55%——销售人员薪酬、推广类促销费用、合同类促销费用、进场条码费、年节费、店庆费、年底返利、毛利补偿费、生鲜补偿费、堆垛费、物流运输费等	5%
农贸市场	80%	10%——进场费、水电费、摊位费、物流运输费等	10%
社区团购	60%	35%——中心仓、网格仓分拣成本、配送成本、配送履约、团长佣金、质保金、营销推广拉新	5%

数据来源：结合武汉、成都、天津等社区团购市场调研所得。

4. 社区团购可显著缩短商家资金回款周期，缓解货物堆存压仓

供应商是社区团购模式中最重要的关联主体，也是数字化重塑传统零售行业的重点对象。在实地走访和座谈中了解到，绝大多数供应商，特别是传统供应链的一级分销商对"社区团购"持积极肯定的态度。其原因来自两个方面，一是社区团购模式可有效化解传统分销企业存货积压，降低供应商的库存风险；二是社区团购模式可显著缩短商家资金回款周期，避免因货款长期不到位引发的"三角债务"问题。

调研考察了解到，传统商超及菜市场等零售终端的业务模式为先进货、后卖货，存货周期较长，而社区团购仓储实为分拣仓，而不是存储仓，周转期基本为1~2天；在资金周转方面，社区团购回款周期在3~5天，明显短于超市和便利店超过30天的回款周期，这也是中间供应商愿意为社区团购销售商品主动降价的重要原因。如表6-3和表6-4所示。

表6-3　　　　　社区团购与传统销售渠道资金周转与库存时长比较

业　　态	库存天数	年周转次数	资金周转
综合超市	28~30 天	12~16 次	30~40 天
便利店	20~22 天	18~24 次	20~25 天
社区团购	1 天	—	3~5 天

表6-4　　　　　　　　　　综合超市货物周转周期

品类	天数	品类	天数	品类	天数
酒水饮料	20 天	家庭用品	50 天	清洁用品	22 天
文化用品	52 天	休闲用品	52 天	大小家电	35 天
鞋	35 天	季节性服饰	35 天	非季节性服饰	35 天
食品	24 天	冷冻冷藏鱼	15 天	熟食	5 天
蔬菜杂粮	10 天	面包	5 天	生鲜	7 天

5. 有利于缓冲市场供需矛盾，平抑价格异动

社区团购的本质是基于信息技术和数字平台，对传统零售市场实现更加精准、细化、同频的供需匹配，进而形成零售品的社区近场化供给。社区日常消费品的复购率高，商品流量相对平滑，社区团购平台可基于每日，甚至每天多时段的消费数据，沉淀区域消费数据，进而获得城市社区和下沉市场等消费场景的规律性特征；再借助供应链的前置布局，实现区域所需商品的预购与储备，由终端需求决定前端供给，缓解商品市场的资源错配，平抑因供需失衡产生的价格异动。

2021 年 10 月以来，受秋季蔬菜主产区降雨等多种因素影响，国内绿叶菜价较往年出现了大幅上涨，供给的不确定性造成大量消费者囤积蔬菜和日用商品，形成商品挤兑压力。面对抢购潮，国内社区团购平台充分发挥了全国范围的直采直销网络优势，基于平台订单开展集采直配，对菜价的稳定发挥了重要的缓冲作用。例如，阿里社区团购平台淘菜菜，直连全国近 300 个菠菜种植基地，在 10 月份向市场投放了 100 万斤平价菠菜，保障了部分地区菜品的平价供应。

6.3 社区团购发展的主要问题

目前社区团购发展面临诸多挑战，其存在的主要问题如下。

1. 供应链效率有待进一步提升

供应链是社区团购平台长期竞争的核心要素。社区团购平台以怎样的价格获得货源，以怎样的供应链效率，将商品送达社区用户至关重要。在这个流通过程中，供应链决定了社区团购利润的多少，即供应链决定了社区团购的生存与发展。目前，社区团购平台的供应链主要面临如下三个挑战：

第一，高损耗。一般而言，生鲜产品在团购平台的 SKU 占比，通常达到 40% 以上，头部玩家占比达到 70%，生鲜产品的高损耗将带来压力。尤其是夏季，在高温状态下，如何解决生鲜到仓分拣、物流配送到团长、消费者自提这三个环节中，生鲜产品的保鲜、足重问题，这对企业提出了挑战。

第二，物流成本。统仓统配一定是效率、成本最优的方式，但当这种配送要为上百个、甚至上千个社区进行配送的时候，物流成本势必会上升。而随着夏季到来，冷链物流的建设将会进一步加剧企业成本的上升。

第三，难以源头化。社区团购产品，从产地直接到仓，或从产地到一批到二批到中心仓到网格仓，再到团长，流程长，货品成本和人员运营的投入高。而基于主流社区团购平台次日达的特性，对企业供应链会形成极强的挑战。

2. 营利能力较弱

一方面，社区团购平台的成本除了产品采购之外，社区团购平台需要租赁或自建仓库，还要具备冷柜甚至是冷库，仓储费用这部分成本首先就比较高，而且这部分是固定成本，哪怕当地销量很差，这些成本都是必须支出的；而且，分拣、物流配送和运营管理费也是一笔不小的开支。此外，团长佣金占社区团购平台成本费用结构的 5%~10%。

另一方面，社区团购模式跑通的核心仍为规模经济，但又受一定区域半径约束，社区团购供应链基建所需投入较大。许多社区团购平台规模有限，资金有限，导致其无法营利甚至被淘汰。

3. 团长建设

团长忠诚度问题应该是目前行业里面的通病。其一，团长不会只做某个团购平台。当前社区团购团长通常是哪个平台给的优惠力度大，活动多，就做哪家。而一个团长从小白到老手，团购平台前期还是花了很多精力扶持的，可等团长培育起来时，可能会马上就被其他平台以更大的诱惑挖走了。虽然在社区团购早期的时候，整个市场成熟度还不高，像同城生活以及食享会也尝试过和团长签订排他性合作，但是这种方式目前也不太玩得转。其二，团长不会花特别多精力做这个事情。

当前这些平台在业务拓展当中，找的团长一般都是线下有门店的团长，比如菜鸟驿站、母婴店、超市、服装店等，平台的出发点是想借助这些团长的个人流量，让用户在自己平台下单，同时为社区团购业务提供一个自提点，出发点是为平台考虑。而团长和平台合作，是希望能够给他的门店带来客流，增加收入，出发点是为自己的门店考虑，两者利益出发点不同，所以很多团长一般是自己掌控流量，不会轻易交给平台，甚至有时是团长代用户下单。所以团长在社区团购这个工作上，更多的只是抱着试一试的心态，不会像对待自己的主业那样尽心尽责。

6.4 建议

供应链体系是零售企业的核心壁垒，也是社区团购平台长期竞争的核心要素；供应链效率成为社区团购决胜的关键。围绕社区团购的供应链体系建设、社区团购供应链数字化和智能化改造，努力提升供应链效率，不断优化供应链。具体措施如下：

1. 充分利用数字化技术，构建全新的数字化供应链体系

社区团购平台应该充分利用其在互联网技术方面的优势，构建基于物联网、大数据、区块链与人工智能等关键技术，以客户为中心，以需求为驱动，动态、协同、智能、可视、可预测、可追溯、可持续发展的网状供应链体系；努力实现实时感知消费者的确定性需求，实现人、货、场的精准匹配，将源头工厂和农户以最优链路直连消费终端，进而为消费者提供更优质的商品和服务。

2. 加快推进销售终端改造、升级与赋能

打造数字化供应链体系离不开销售终端的数字化。我国约有600万家线下零售小店，这些以个体户为主的商家，贡献了快速消费品行业40%的出货量，每天服务2亿消费者。但这些小店的数字化水平往往很低，不能敏锐地"感知"消费端的需求，进货的渠道也比较有限。社区团购平台应该努力为这些消费终端(小店和团长等)提供成套的数字化与智能化设备，大力促进传统门店和社区小店升级改造，为他们提供批发、广告营销、移动支付、数据分析、软件系统等数字化服务，帮助他们更好地做生意，更好地为社区居民提供更便利、更实惠和更有品质的产品和服务，提升其自身价值。

3. 推动农户和农产品基地深度融入供应链

社区团购一方面可以通过搭建社区数字化销售服务网络，聚合确定性的终端消费需求，另一方面可以直接连接农户和农产品基地，如此便可以实现供需精准匹配，供需平衡，从而节约时间与成本，减少损耗，提高效率。因而，社区团购平台应该积极与各地政府建立战略合作，加大优质农产品源头直采的力度，推动农户和农产品基地深度融入供应链，通过"订单"形式在原产地直采、集采，聚合分散的小农户，打通农产品规模化上行新渠道，为农户和基地提供长期稳定的订单，同时也为社区团购提供稳定、充足、高质量的货源。

4. 完善社区团长管理体系

社区团购模式中的团长是连接社区团购平台与社区消费者中间重要的纽带，在社区团购发展中发挥了巨大作用。因此社区团购平台应该完善现有团长管理体系；加强团长队伍建设；认真甄选团长；对团长进行长期培训；建立团长激励制度；增强团长与社区团购平台的黏性和忠诚度。具体而言：一是要完善团长的福利制度，定期组织培训活动，增强团长的引流能力，提高日单量。二是要对团长进行等级管理，以激励一些积极性较低的团长，尤其是三四线城市以及农村地区更是社区团购的主战场，要让团长尽可能挖掘潜在用户并根据等级进行奖金激励。

第 7 章 内 容 电 商

7.1 内容电商的定义

内容电商是指在互联网浪潮下，进入信息碎片化时代，为内容赋予商业价值，通过内容引发用户需求、借助内容引导消费购物、依靠内容塑造电商新的业态的营销模式。内容电商是在传统电商的基础上发展而来的新模式，是对传统电商的创新，也见证了传统电商的发展变化。相较于传统电商，内容电商的创新点主要在：(1)改变消费者的决策行为，使消费者由有购物需求主动进行购物转变为在无购物目的的情况下被引导进行消费。(2)合理匹配内容、商品、消费者三者，内容电商是在琳琅满目的商品中筛选出最适合消费者需求的产品，并输出与产品特点、产品价值最契合的内容来吸引消费者的注意。随着越来越多的网民在观看直播、刷短视频、浏览自媒体文章、看帖子的过程中被其中的内容所吸引，进而引发消费行为的背景下，内容电商作为一种新生力量正在逐步崛起。零售行业从线下实体店转为线上平台经营，出现了所谓的传统电商；从消费者主动搜寻商品到消费者被内容引导接触商品，内容电商也就随之诞生。如今，借助智能化技术的进一步发展，内容电商能够将对用户有需求价值的内容，通过品牌商、电商平台以及各种资源的整合传播，精准触达目标用户，分析产品的市场前景，从而实现购买转化。

7.2　内容电商分类及特征研究

7.2.1　以模式为标准划分

目前内容电商两种常见的主要模式是内容电商化和电商内容化。内容电商化一般是社交内容平台先专注于做好各垂直领域的内容，平台的属性首先是社交和分发内容，通过优质的内容吸引流量，并将观看者沉淀积累为忠诚的粉丝，经过一段时间的发展后，引入能够获取收益的商品或服务；电商内容化则一般是专注做电商平台，依靠强大的供应链和物流服务水平扩大规模，在传统电商模式下创新，布局内容生态，优化平台的内容运营，目的仍然是通过优质的内容吸引用户、提升品牌形象和扩大知名度。相较于电商平台做内容，内容平台想要做好电商的难度更大。

内容电商化是近几年比较热门的一个现象，移动网络的普及和社交内容平台的进步降低了内容创作的门槛，只需要一台移动设备，任何人和群体都可以零成本、随时随地在网络上输出他们的原创内容。由此，除了PGC模式(专家撰写内容模式)有针对性、有目的性地生产专业的内容外，还出现了UGC模式(用户自产内容模式)，大量的普通人成为独立内容创作者，他们在各自熟悉、擅长的领域创造出了很多优质的内容。起初，这些内容创作者可能只是出于好奇和挑战的心态输出内容，把内容创作当作闲暇时间的爱好，但随着这些内容创作者持续的内容生产，逐渐出现了一些更加新颖、更加具有吸引力的创作者，可以称他们为网红或者KOL(关键意见领袖)，他们积累了大量的粉丝，内容的观看量也达到不小的数额后，各自的粉丝对他们也有了基础的信任和依赖，内容创作者做内容电商的机会就到了，即使他们并没有意识到自己的商业价值，也会有敏锐的商家、品牌商注意到他们的商业价值，找寻他们合作，通过内容进行商品变现，久而久之，就形成了大规模的内容电商。典型的代表是社交平台小红书、抖音、快手。

电商内容化则是为自己的平台注入新的活力。随着社交内容平台的日益火爆，内容电商发展得如火如荼，传统的电商平台虽然因为过去的成绩已经发展成近乎垄断的规模，但是却增长乏力，对用户的吸引力日益降低，越来越多的电商从业者发现仅靠花钱购买流量不再像从前那样有效，意识到消费者对内容引导的商品热情更高、注意力更集中，便也开始纷纷布局内容，优化平台的内容运营，通过多种渠道布局内容矩阵。比如手机淘宝首页出现了微淘、有好货、极有家、淘宝直播、每日好店以及淘宝首页底端的"猜你喜欢"等，将流量吸引进内容导购的入口；淘宝平台上的商家们通过微淘等渠道吸引粉丝、固定粉丝，通过淘宝达人的内容输出进行产品营销，通过商品详情页的内容优化提高消费者的转化率，通过自媒体账号扩大影响力。例如，商家利用微淘页面推送护肤类专业知识、通过图文或视频的形式发布"女装搭配指南"类内容。典型的代表是淘宝、京东、拼多多。

内容电商化和电商内容化都是"内容+电商"的发展模式，但它们的本质区别在于基础不同，内容电商化的基础是内容属性，而电商内容化的基础是电商属性。

1. 内容电商化的路径(以短视频平台为例)

前期以内容平台为基础，内容创作者们发布短视频，平台帮助其进行传播，获取对此感兴趣的用户的关注，并将他们逐步发展为粉丝群体，通过粉丝的点赞、转发、分享等途径获取更多群体的关注，扩大粉丝群体数量。收获一定量粉丝后，内容创作者们对账号进行长期的运营，同时平台借助大数据分析等智能技术在全平台进行精准推送，使内容创作者们得到更多的曝光量，积累大量用户后，平台会出现一些粉丝群体量庞大的头部账号。品牌或商家发现这些头部账号的影响力和发展潜力，与他们进行合作，提高产品的曝光量和销售量，推动流量的变现；内容平台与传统电商平台进行合作，将内容平台上的流量引导至传统电商平台，获取相应的利润，或者积极布局自己平台的电商业务，构建产品的供应链，提高平台的运营效率，最终实现内容平台的电商化。

2. 电商内容化的路径(以传统电商平台为例)

起初以电商平台为基础，平台链接消费者和商品，主要模式是交易型电商，一般消费者有购物需求后才会在平台上进行搜索商品，对商品进行联合评估、货比三家。随后平台开始内容化布局，丰富内容产出的形式，用图文、视频、直播等形式对商品进行导购推荐或者攻略分享，平台由交易型电商逐步过渡为内容型电商，即使消费者没有购物需求，只要消费者在逛平台看到内容的过程中也可以被激发起潜在的购物需求。

7.2.2　以内容产出方式为标准划分

根据内容产出的方式不同，大体可以将内容电商分为四种类型：UGC（用户自产内容）、PGC（专业生产内容）、BGC（品牌生产内容）、MGC（媒体生产内容）。

1. UGC 方式（用户自产内容）

UGC 是 User-generated Content 的缩写，意思是用户生产内容，即个人用户自己所生产的内容。UGC 的概念最早起源于互联网领域，即用户将自己原创的内容通过互联网平台进行展示或者提供给其他用户，常见于个人自媒体，即用户原创内容。这部分内容是由用户自行产出的，平台并不会直接参与内容产出，平台更多的功能是维护良好的互动环节、搭建内容分发的效率、协助更高质量内容的产出。其中的典型代表是社交平台小红书。此外，淘宝平台的"发现"中的"逛逛"板块也属于此类内容产出方式。

2. PGC 方式（专业生产内容）

PGC 是 Professionally-generated Content 的缩写，意思是专业生产内容。他们有针对性、有目的性地生产专业的内容，垂直深耕于某一领域，比较典型的代表是带货主播。可以说成功的带货主播都是"专家"，他们或专于穿搭领域、或专于美妆领域、或专于生活领域、或专于美食领域，这些带货主播一般都有拿得出手的"专业"，用自己的专业来输出粉丝喜欢的内容，增加粉丝的信任度，从而实现后续的销售转化。还有一些积累了粉丝群体的微信公众号也在采用这种模式，甚至不仅限于实物商品的销售，还包括课程、培训、服务等的销售。

3. BGC 方式(品牌生产内容)

BGC 是 Brand Generated Content 的缩写,意思是品牌生产内容。商户可以通过此模式生产与自己品牌价值观相通的内容,BGC 模式的重要作用是展现品牌价值观、品牌文化及内涵,消费者基于内容认可和价值观认同,产生品牌亲近感,进而激发购买行为。比如在倾向于种草的小红书平台上,一些酒店商家、民宿主人、美妆品牌商直接通过自己的品牌账户输出一些内容,通过这些内容向普通用户们展现自己的品牌文化、品牌价值观,如果某些用户比较认可他们所展示的品牌文化,就容易引起用户们的共鸣,产生购买商品的欲望。再比如淘宝首页的"淘宝直播"板块,点进去就会发现是很多品牌店铺自己创立的带货直播间,在他们的直播间里,一般销售的都是该品牌的商品。

4. MGC 方式(机器生产内容)

MGC 是 Machine Generated Content 的缩写,意思是机器生产内容。由于近些年来人工智能技术的不断发展,又多了一种新的生产内容的方式,2017 年 12 月 26 日,新华社在成都发布中国第一个媒体人工智能平台——"媒体大脑",生产了第一条 MGC(机器生产内容)视频新闻——《新华社发布国内首条 MGC 视频新闻,媒体大脑来了!》。随着内容电商的不断发展,MGC 方式也开始被用于内容电商中。相比于其他模式,MGC 最大的不同点是以人工智能分析顾客需求为主导,自动生成内容,及时解决用户需求。MGC 虽然初现雏形,但是在内容生成方面却显示了人工智能的优点,极具潜力。

7.2.3　以内容表现形式为标准划分

按照形式分类,可以将内容电商主要分为图文形式的内容电商、短视频形式的内容电商、直播形式的内容电商三种。但有些平台也会同时利用两种或两种以上的形式进行组合。

图文形式的内容电商即主要通过将精美的图片以及具有吸引力的文字组合在一起,对某种商品进行介绍和推荐,从而达到让用户产生购物想法的目的。比较典型的采用图文形式输出内容的代表是小红书平台,用户只要点开小红书,首页就会通过大数据技术精准推送用户可能感兴趣的内容，其中主要的内容形式便是图文形式，但是图片和文字的介绍能力是有限的，为了对商品外表、功能、质量、特点等信息进行详细的展示，也为了降低信息不对称可能导致的后果，发布者就不得不增加文字的字数、图片的数量，这样可能就会消耗顾客们的时间，降低他们的购物效率。淘宝首页下方的"逛逛"中的"发现"板块也是主要采用图文的形式对产品内容进行输出，并且用户点进感兴趣的内容后，就可以直接通过点击"查看 TA 提到的宝贝"，进入商品的购买详情页；淘宝首页底端的"猜你喜欢"则主要是结合大数据推荐，通过直观的图片展示商品，引起用户们购物的需求。

短视频形式的内容电商则是在进入信息碎片化时代后，短视频平台兴起的背景下所形成的一种内容电商，庞大的用户群体只需要点开短视频平台，边刷短视频就可以边进行购物行为。比较典型的代表是抖音、快手平台。当用户刷短视频时，平台也会利用大数据技术向用户们精准推送他们可能感兴趣的内容及商品，而很多短视频中就包含了商品的信息，用户们边刷短视频边了解了商品的信息，在短短的几分钟内，便可以详细了解商品的具体信息，如果想要购物的话，只需要一键点进链接便可以完成商品的购买。淘宝首页下方的"逛逛"中的"视频"板块，也是利用短视频的方式，用户们在观看短视频时，如果对某一产品感兴趣，可以直接点击下方的"找视频提到的同款"，直接寻找到同款商品进行购买。

直播形式的内容电商主要是在直播高速发展的背景下，逐渐形成的一种内容电商，是目前一种主流的购物方式，最常见的就是直播带货。淘宝、抖音、快手等平台纷纷布局了直播业务，之前淘宝火出圈的李佳琦等便是不断创造直播间销售额新高的头部主播，而后抖音也签约了罗永浩，想要借此孵化平台的头部主播。目前直播形式的内容电商发展得非常快速，直播间在各大平台几乎随处可见，消费者们也渐渐习惯并喜欢上在直播间观看商品展示并购买心仪的商品。消费者们在直播间能够通过互动和陪伴获得情绪价值，减轻孤独感，并且直播间能够实时、全方位地展示商品，降低消费者们因信息不对称带来的不安感，大大提高了消费者的购物效率，这是直播形式的内容电商发展得如此庞大的主要原因。

7.2.4　以营销模式为标准划分

内容电商主要分为四种方式，即导购型、自营型、平台型、联盟型。

1. 导购型

导购型电商指的是电商为买家提供产品购买意见的线上营销模式，内容形式多为盘点式，如"新手妈咪出门必备神器""这个 6·18 最值得买的 20 样东西"等。

2. 自营型

自营型内容电商以"逻辑思维"为典型代表，这种类型的内容电商主要是靠内容聚拢人气，培养用户的黏性后再进行自营产品的推销。

3. 平台型

平台型内容电商以"淘宝头条"为代表，它以为产品导购资讯提供平台为主，表达和呈现方式相对其他类型更为灵活多变。

4. 联盟型

联盟型内容电商也可以理解为矩阵型内容电商，比如现在比较火的樊登读书，等，它借助多种类型，多个内容展示平台，来吸引更多的流量，从而达到转化的目的。

7.3　内容电商与传统电商的区别

1. 获取信息的方式不同

在传统电商的模式下，消费者们往往是在电商平台上，通过直接搜索商品以及关键词获取大量的商品信息。而在内容电商的模式下，随着互联网的普及程度日益提高、网民规模日渐增长以及人们对各种平台的习惯性使用，网络上充斥着各种各样的信息和内容，甚至出现信息超载的情况，再加上人们生活压力增大，每天已经被海量的信息弄得疲惫不堪，铺天盖地的信息和产品使得消费者更难作出消费决策。由于有智能化技术的加持，许多内容电商平台可以收集并分析平台用户对哪些内容感兴趣、在哪些内容上停留以及停留时长多久等信息数据，从而准确地获得用户画像，了解消费者购买习惯、心理状态和消费行为，进而能够在特定的时间、特定的场景给特定的人群推送他们大概率感兴趣的内容。这些内容的形式各种各样，可以是带给用户情感体验的视频、让用户感到放松的音乐、带给用户信任感的种草分享、制作精美的图文，等等，在这些内容中往往隐含着高度匹配的商品，于是用户们很容易对该商品产生好奇心，想要一探究竟。

2. 对用户购物体验的重视程度不同

在传统电商的模式下，商户对用户的购物体验的重视程度并不高，往往采用的营销手段比较传统和普通，对用户购物体验的重视主要表现在店铺客服与顾客们之间的互动中，虽然有一些比较有远见的商户通过设置积分、赠送小礼物等方式提高用户的购物体验，但相比较于内容电商，程度还是不够。内容电商不同于以往的营销模式，与过往机械冷漠的硬营销手段相比，内容电商更在意给用户带来的情感价值和体验乐趣。通过带动用户情绪起伏的内容吸引他们，真正地赢得他们的信赖和喜爱。内容电商可以为用户带来的价值有许多，如娱乐价值、审美价值、实用价值，等等。在传统电商模式下，用户们进入电商平台，搜寻需要的商品，在琳琅满目的商品中不断进行比较，他们能看到的只有冷冰冰的数字和日趋同质化的介绍。而内容电商模式下的商家们尤其注重带给用户满意的购物体验，让用户参与其中，让用户不只是消费者，甚至成为生产者。比如品牌商或主播用直播的形式介绍商品，或营造购物的氛围、或通过故事引起粉丝共鸣、或利用饥饿营销的手段。用户不仅能够直接地获得与产品相关的信息，而且消减了孤独感，获得了主播以及其他用户的陪伴慰藉，主播边介绍产品边使用产品，也能够让用户更加直观清晰地了解到此商品的优点和对自己的价值。电商通过内容实现变现，虽然更加新颖，但实际上更需要注重与用户的互动，将他们沉淀为忠诚的粉丝群体，制造情感共鸣，在发展后期进行其他产品的推广时，才能够获得一定流量的支持。

3. 以商品为中心与以用户为中心

过去传统电商模式下，商家为促进产品的销售，往往使用的营销手段是打价格战和心理战，做促销活动、打折优惠、借助节庆日的热度，并且消费者普遍的消费习惯是比较理性的，需要进行比较后再作决策，因此这决定了传统电商需要以商品为中心，他们在商品的包装、价格、成本、功能上下苦工夫，以期提高产品的竞争能力。而内容电商则需要关注用户，以用户为中心，内容具有碎片化的特征，这也符合用户碎片化阅读的习惯。在内容电商平台上，用户往往是抱着娱乐和休闲的目的，并没有明确的购物目标，只是在看到感兴趣的内容过后，产生购物的需要，甚至出现冲动消费的可能，因此，内容电商的竞争点主要在于是否能够吸引用户的注意力，这就决定了内容电商需要真正地以用户为中心，关注用户的潜在需求。

相较于传统电商，内容电商的创新处主要在：（1）改变消费者的决策行为，使消费者由有购物需求主动进行购物转变为在无购物目的的情况下被引导进行消费。(2)合理匹配内容、商品、消费者三者，内容电商是在琳琅满目的商品中筛选出最适合消费者需求的产品，并输出与产品特点、产品价值最契合的内容来吸引消费者的注意。

综上所述，内容电商拥有传统电商未具有的许多优点：减少经营成本，降低进入市场的门槛；激发消费者的潜在需求，提升购物欲望；增强消费者的信任倾向；提高用户黏性。内容电商使传统电商的联合评估变成更好的单独评估，在头部传统电商平台诸如淘宝、京东等进行购物消费的用户往往需要对产品进行联合评估，由于一个品类下的商品数以千计，用户在购物时自然而然地会注意到相似商品，并会对众多商品的外表、功能、质量、价格、优惠力度、评价等因素对比分析，比较理性地带着"货比三家"的心理进行消费。相反，当用户通过内容电商平台购物时，大概率只会对某一产品进行单独评估，并被优质的内容所吸引，从而对某一产品产生了兴趣，此时消费者比较感性，脑子里只有该产品的身影，对价格敏感度降低，很大程度上不会再与其他同类产品进行比较，因此更容易促成价格偏贵、非必需商品的销售。

7.4　发展过程

随着主流应用被巨头们占领，品牌商、中小企业面临流量增长难题。同时，新的网购群体产生，年轻用户群体占比接近50%，成为网络购物中的主力军。而娱乐化、内容化、社交互动类应用深受年轻网民的青睐，比如娱乐直播、游戏直播、短视频平台。另外，"种草"成为年轻人之间对产品表达兴趣以及购买欲望的社交方式，他们乐于跟随具有影响力的网红、明星，自己喜爱的博主，更愿意为他们信赖的人推荐的产品买单。他们追求个性化、差异化、私人定制，在社交平台上寻找参与感、归属感、体验感并得到需求上的满足。内容电商的崛起正是源于为了降低获取流量的成本、满足年轻消费者升级的购物需求。

2015—2016年，在内容电商方面的融资纷纷涌来，并在这期间达到高峰，2015年有72起、2016年有79起，其中有120多起前期募资，虽然数量比较多，但融资数额大多不高，此时内容电商处在起步阶段。

大多数人认为2016年是内容电商元年，2016年，一些新媒体平台逐渐崛起，比如：抖音平台于2016年正式成立，它是国内一个面向各个年龄阶段的短视频自媒体平台；微信公众号也于2016年正式成立，微信公众号是腾讯公司旗下设立的一个自媒体平台，它依附实力强劲的社交软件微信而存在，人们可以在微信设立自己的原创公众号，并在上面发布原创的图文，是比较早期的内容形式；360自媒体平台也在2016年成立，它是360百科旗下自媒体平台，平台根据类型分类，有财经科技、幽默笑话、旅行和电影影评等多个区域。这些平台都对内容进行了一定程度的运营，在刚开始时，普遍通过接广告并根据内容的浏览量来营利。一段时间之后，内容创作者意识到可以将商品放入输出的内容当中，相当于新的广告宣传方式，便可以直接获取相应的广告收益，并且从市场反应和广告转化率来看，是比较有效的方式，同时直播这样新颖有趣的形式也被商家们发现并使用，不少用户有了观看直播的喜好。

2017—2018年，在移动互联网、社交平台和移动支付的推动之下，人们的消费心理也随之发生了变化。当线上消费从新奇玩意变成人们习惯性的消费行为后，"低价""促销"等传统的硬营销手段很难再吸引顾客，他们更加追求新鲜潮流和购物体验。内容与电商结合的内容电商模式又一次掀起互联网浪潮。拼多多、小红书等纷纷加入竞争，内容电商进入探索期到成长期的过渡。QuestMobile数据显示，2017年10月到2018年10月，从综合电商净增MAU量看，拼多多增加了6700万；随着我国的经济进入了新阶段，小红书标榜"让全世界的好生活触手可及"，在2017年，小红书获得了"中国品牌创新奖"，笔记曝光量高达近10

亿次，成为上亿用户高度信赖的 App。在 2018 年，融资额达到顶峰，总计 125.21 亿元，其中拼多多 D 轮融资超过 90 亿元，小红书 D 轮融资接近 20 亿元，同时抖音的国内日活用户也突破 2.5 亿。

近年来，年轻消费者成为购物主力军。内容电商进入成长期，社交内容平台与国内实力强大的电商巨头纷纷合作，通过内容+电商的形式互相协作，取长补短，发挥各自的优势并弥补对方的短板，内容+电商的模式推动着盈利模式创新，找到变现的新方式，期望实现利益最大化。2018 年抖音开始关联外部电商产品链接，如与淘宝合作，签订合约，于是用户在观看抖音平台上内容创作者发布的内容中可以看到左下角有外部链接可以点，点进链接后则自动跳到淘宝的该商品详情页面，相当于抖音帮助淘宝引流。相类似地，2019 年 5 月，知名社区内容平台快手也与头部社交电商平台拼多多达成合作。

2019 年至今是内容电商的爆发期，尤其在 2020 年伊始，受突如其来的新冠疫情影响，全国范围内的人们都或多或少地经历了居家隔离的阶段，人们的消费心理发生了天翻地覆的变化，网民规模也因此日益增长，得益于这些因素，内容电商产业得到更进一步的发展，社交内容平台与电商模式融合程度日益加强，包括微博、微信、抖音、淘宝等在内的平台加速布局内容电商，尤其是对直播电商的精心运营，打造"内容+直播+电商"完整的闭环产业链。以淘宝为例，依靠着直播电商的风头，在 2021 年 10 月 20 日天猫"双 11"预售中，淘宝直播间 top 主播李佳琦预售销售额为 106 亿元，同为 top 主播的薇娅为 82 亿元，当晚，李佳琦和薇娅直播间观看人次累计超过 2 亿，这在以前都是想都不敢想的数据。

7.5 未来内容电商监督思路导向及预判

1. 监督思路

完善法律法规，加强网红电商市场监管。对于网红和网红经济的约束和监管，国内目前使用的是民法法律框架，更多靠公序良俗监督以及网红自身的行为约束。但网红经济发展演变迅速、影响力广且深，针对网红经济的监管还需形成一个统一规范的法律体系。对于涉及虚假广告、版权、隐私以及打擦边球的种种违法行为，需要有更明确的法律来约束。另外，需要完善相关法律法规，使移动社交电商平台走向规范化发展；社交电商售卖的所有商品都应遵循现有的《产品质量法》《食品安全法》等法律法规的约束和制约。同时，应加强计算机防范措施，提高警惕，建立客户信息安全预警和保障机制，净化移动社交电子商务的网络环境。针对大数据的缺陷，在用户的隐私信息方面，各大移动电商平台需要以身作则，严格遵守相关规定，做好保密工作。

联合行业部门，加强供应链上下游管理。联合行业部门加强监督，加强对移动电商平台的管控，加强对供应链上游及下游的管理，提高商家进驻门槛，对知假售假、延迟发货等违规行为进行惩罚，改善平台的不良风气，让消费者重新建立对平台的认可。严格控制质量不过关的产品、严格处罚刷单、刷好评等欺骗性行为；打造产品、店铺设计、电商运营的线上教学课程，让商家建立良好的经营习惯。建立电商平台的信息库，将商家信息、产品详细信息录入其中，提高交易的透明度，确保产品信息真实可追溯。定期对商家和经营产品进行全面的审查，对于出现信誉不良、用户投诉、多次违规情况的商家，应及时暂停其营业活动并进行面向消费者的透明公开的处理。

完善移动社交电商配套体系。社交电商必须做好市场细分，明确平台所针对的目标消费群体，并识别具有相同或相似消费习惯的群体特点，分析其社交习惯和心理，将商品与目标客户的兴趣、价值观相匹配，并在用户端呈现出定制化的内容输出，击中消费者痛点做到"稳、准"，赢取用户好感，提高用户忠诚度。另外，完善移动社交电商就需要打造专业的人才队伍。目前来说，专业的电商人才相当匮乏，商家和平台需要采取一些行动来弥补人才缺口。首先，实现校企合作，在开设了电子商务专业的学校建立实习培训体系，让电商专业的学生能接触到实际的运营工作，毕业之时便能快速上手，成为精准匹配岗位的专业人才；其次，在开展社会招聘时，重点关注应聘者的实际运营经历，考察其理论知识和实践能力的融合情况，并推出适配岗位的相关培训课程，快速提升人才的全面素质，培养其优秀的职业品德和服务意识。

完善售后服务，建立和用户的沟通渠道。维护商家和客户之间良好的关系。优质的产品和服务是基础，在此之上，以客户为中心，做到让客户放心、满意，针对消费者对购买的商品不满意，商家对顾客的问题反馈不及时甚至不予理睬的问题，平台应该完善售后服务体系，对商家的职责和义务进行明确，并规范出各项流程标准，对客服人员的自身素质和专业技能进行考核。另外，平台也应该建立和用户的沟通渠道，保持投诉渠道的畅通，尽力提升消费者的购物体验，提高顾客满意度，从而对吸引更多的消费者起到正向激励作用。

压实有关主体法律责任，明确相关责任。一是针对直播平台跳转至传统电子商务平台的网络直播营销模式，明确直播平台履行电子商务平台经营者的责任和义务；二是针对网络平台提供付费导流服务，构成商业广告的，应履行广告发布者或广告经营者的责任和义务；三是明确网络直播者应按照《反不正当竞争法》履行经营者的责任和义务，构成商业广告的还应根据具体情形履行广告发布者、广告经营者或广告代言人的责任和义务。

2. 内容电商监督预判

直播电商行业合规体系日益完善。2021 年以来，多个直播电商平台积极更新完善平台规则，推出管理规范、负面清单、处罚规则等细则促进各方合规经营。部分平台在 2021 年针对性地开展了虚假宣传、恶俗炒作等违规行为的专项治理活动，对违规商家与主播进行处罚，加速直播电商行业生态的规范化进程。同时，直播机构也在积极贯彻落实国家相关合规政策。

多领域标准研制工作全面铺开。直播电商各领域标准制定渐次展开，直播电商行业形成多层次、全方位标准化态势。国家标准和行业标准的权威性和强制性，团体标准的引导和规范作用，以及企业标准中所体现的行业发展最新成果，均有利于引导行业规范化和标准化发展。

加强对电商创作者内容保护的力度。电商平台知道或者应当知道平台内经营者侵犯知识产权的，应当采取必要措施；未采取必要措施的，与侵权人承担连带责任。

要求注重平台服务协议和交易规则在规范电子商务行为中的关键作用，对以平台规则为核心的平台治理机制作出明确规范。遵循公开、公平、公正的原则，制定平台规则，明确进入和退出平台、商品和服务质量保障、消费者权益保护、个人信息保护等方面的权利和义务；在其首页显著位置持续公示平台规则信息或者上述信息的链接标识，并保证消费者能够便利、完整地阅览和下载；建立健全信用评价制度，公示信用评价规则，为消费者提供对平台内销售的商品或者提供的服务进行评价的途径。

7.6　内容电商的成长策略分析及一般路径总结

随着短视频商业价值的逐渐体现，短视频的目的已经从展现内容为主转变为销售商品为主，而短视频内容电商产业发展的主要动力来自移动社交平台的消费转化。短视频内容电商将单纯的"购物环境"转变成了"社交+购物环境"，同时搭配多元化场景，通过优化"人、货、场"三要素，给消费者带来沉浸式购物体验，完成消费引导。

其次，私域流量成为短视频发展的重要渠道。通过私域流量，品牌方可以和消费者进行更高频次、更深入的交流，占领用户时间，强化用户心智，也可以通过私域和用户建立起更信任的关系，呈现品牌独特的人格魅力，让消费者更了解、更信任品牌，商业短视频平台主要以快手、抖音、小红书为主。下文将以抖音、快手和小红书为例，进行详细分析。

7.6.1　抖音的成长策略分析

1. 内容生态能力

（1）从内容生产角度来看，短视频功能越多、越丰富越能够创造更高的条件，其自身优势也就越明显。"抖音"通过人脸识别、肢体识别、图像识别及 3D 渲染，为用户提供了丰富的拍摄功能。其次，签约达人或者与 MCN 机构进行合作，保证内容的原创度、品质及供应。最后，通过"DOU 计划""美好生活计划""社会责任计划"引导用户发布"美好生活"视频。

（2）从传播的角度看，"抖音"播放的内容大多是其后台经过挑选之后的全民参与度和话题热度较高的视频。这些内容大多能引起情感共鸣，发人深省的优质内容。平台通过其推荐策略既保证优质内容影响更多用户，同时又让更多用户关注优质内容。

（3）从内容审核角度看，视频发布前"抖音"会进行一次初步审核，审核的目的是检查视频的原创度及其质量，只有达到了一定的原创度，并具备较高的水平的视频才能发布。通过完善的内容生态"抖音"短视频既积累了大量优质内容，也积累了一批忠实的用户。

2. 战略联盟能力

首先，从2018年7月，"抖音"逐步开放了认证MCN机构的限制，并且挑选部分运营能力比较强的MCN机构进行了合作。"抖音"在认证MCN机构以后将百万粉丝以上的达人推荐给MCN机构，允许网络红人与MCN机构签订协议，并且形成稳定的合作关系。

其次，"抖音"与政府、媒体和公益机构等各方力量共同营造平台的正向价值导向。为了帮助更多政府媒体机构利用"抖音"传播正能量，"抖音"还公布了"抖音"政务媒体号成长计划，协助政府机构利用短视频平台更好地推进政务数字化。根据《2018抖音大数据报告》，截至2018年12月，共有5724个政务号和1334个媒体号入驻"抖音"。其中政府机构主要有警察、共青团中央、中国陆军等。其中四平警事的"抖音"粉丝数超过1000万，位列政务号粉丝量第一名，收获超过5400万点赞。媒体机构主要有人民日报、浙江卫视、央视新闻等。

最后，"抖音"短视频与外部企业之间的合作关系也在平稳发展的过程中。目前已经与耐克、阿迪达斯等知名国际品牌通过软广告和开机视频广告等多种形式建立了良好的合作关系。

3. 技术能力

抖音之所以能够快速发展，一个重要的原因是其在发展的过程中非常重视人才和技术的积累。"抖音"母公司字节跳动科技有限公司于2016年成立人工智能实验室（AI Lab）。该实验室专注人工智能、机器学习、计算机视觉、自然语言处理等领域的前沿技术研究，开发出行业领先的人脸识别、语音识别技术。

4. 营销能力

（1）广告投放。所谓广告软植入是指在开放视频中推荐商品、挂购物车，或者直接在视频中向粉丝推广，最终根据广告植入产生的效益进行分成，如网红抖音号"温精灵""豆豆 Babe"。与广告软植入相比还有广告硬植入,一般涉及官方品牌账号,利用短视频的流量效应展示品牌产品,进而吸引用户进行购买,如迪奥、阿迪达斯、李宁等。

(2)达人创意合作。第一种,佣金合作。首先企业在短视频官方渠道(星图)、或淘客 QQ 群、或在达人主页找到达人的联系方式,双方约定佣金比例后,企业再把平台商品链接发给合作达人,达人通过在抖音视频下方小黄车(商品橱窗)上链接,那么,达人通过粉丝购买商品分成赚取佣金。第二种,视频只负责品牌曝光,不要求做转化。

(3)定制挑战赛。抖音发动挑战赛,通过丰厚的奖励,KOL 带动用户参与,增加粉丝黏性。

(4)聚合电商。通过与其他电商平台进行合作发挥聚合作用。

7.6.2 快手的成长策略分析

1. 营销模式

快手平台的短视频全链路营销模式名为 RISE 短视频全链路营销模式(以下简称 RISE 模式),其中 R 是指 Reach(触达),I 是指 Inspire(激发),S 是指 Seize(转化),E 是指 Echo(运营)。以前链路为主要发展对象的转化闭环主要包含短视频和直播两种传播方式;随着生产方式的革新,直播电商又成为新的传播方式,以后链路为主要发展核心的转化闭环也逐渐形成。从前、后两种链路发展方式来看,直播成为两者链接的节点。此营销模式主要是通过直播提升用户的参与感,实现实时共享的目的,也推动了前后链路发展的转变,进一步构建了合理的流量布局。下面将基于 AARRR 模型对快手平台短视频全链路营销模式即 RISE 模式进行分析。

触达——获取下沉市场用户。快手平台的 RISE 模式中的 R 是 Reach 的缩写,是触达用户之意,对应 AARRR 模型的第一个 A,即获取用户。触达用户首先产品得有吸引用户的地方,并能触达用户的需求并满足其需求。快手平台坚持的价值观是普惠、公平,即去中心化的流量分发模式。把流量的分配权交给用户自身。其次,真实又接地气是其短视频的内容,这也是快手平台的一大特点。此外，快手的用户界面设计极其简单，拍摄以及剪辑无须太多繁杂操作。

激发——提高用户的活跃度和留存率。快手平台的 RISE 模式中的 I 是 Inspire 的缩写，是激发用户之意，对应 AARRR 模型的第二个 A 和第一个 R，即提高用户活跃度和留存率。在激发用户来提高平台用户的活跃度和留存率方面快手平台采取了一些措施。快手平台主要通过两方面来提高用户活跃度：一方面是鼓励用户原创内容；另一方面是鼓励互动，快手鼓励用户以直播的方式加强用户与用户之间的互动，通过互动引发共鸣，从而产生情感羁绊。对于提高留存率快手平台也是通过两方面来进行的：一方面是让用户对平台产生某种依赖，比如，签约网红主播；另一方面是送使用福利。目前快手通过推出快手极速版，即看到视频时间越长，获得的奖励越多，然后通过这种方式吸引用户每日前来报到。

转化——获取收入渠道多元。快手平台的 RISE 模式中的 S 是 Seize 的缩写，是转化用户之意，对应 AARRR 模型的第二个 R，即获取收入。通过打造商业化模式，把用户转化成消费者，从而获取收入是平台类产品推广的现实目的。快手平台现阶段收入主要由直播、广告与电商这三部分构成。其中直播收入主要来自打赏礼物的分成，广告收入主要来自平台广告资源的售卖，电商收入主要来自佣金抽成。

运营——主要发展自传播路径。快手平台的 RISE 模式中的 E 是 Echo 的缩写，是运营用户之意，对应 AARRR 模型的第三个 R，即自传播，本书主要分析运营用户的自传播部分。为了促进用户对平台的自传播，快手主要做了三项工作：一是制定分享机制，二是加强口碑传播，三是优化快手的 UI 界面设计。通过实施以上三项工作，快手平台的 K 因子比 1 大，用户群体不断增加，自传播取得了很好的效果。

2. 发展历程

(1)工具期，GIF 快手 App 上线。快手最开始是一个 GIF 图的制作工具，2011 年智能手机刚刚普及，移动互联网时代悄然来临，移动互联网大量的机会，手机端有大量的用户需求没有被满足。

(2)转型探索期，快手发布 V2.4 版本，上线 Gif show。

(3)短视频社区破局期,快手发布 V3.4 版本,全面转型短视频社区。

(4)增长期,快手发布 V4.0 版本,快手用户快速增加。

7.6.3 小红书的成长策略分析

小红书的笔记有两大形式,一是图文,二是视频。小红书社区每天产生超过 30 亿次的笔记曝光,内容覆盖时尚、个护、彩妆、美食、旅行、娱乐、读书、健身、母婴各个生活领域。小红书的卖点在于用户可以编辑自用物品推荐笔记、拍摄使用视频,表达自己的产品使用体验,其他用户购买产品之前会搜索关键词,浏览相关的使用心得。用户和用户间的双向互动,无形之中促进了真正好用的产品的销售,比起商家单调的宣传,同为消费者的其他买家的购物体验更有说服力。

小红书的定位是生活方式分享平台,主要是用户可以向别人分享自己的生活,在不停被"种草"的过程中产生购买欲。小红书最初从用户需求出发打造工具型产品,开拓了海淘购物攻略领域的用户心智,为后期做社区型产品打下重要基础。产生购买欲之后,用户可以在购买界面进行选购,购买界面有不同的商家,价格也不尽相同,其中有小红书自营的小红书福利社,不仅有小红书的强大背书,还有正品保障。在看完种草笔记之后滑到另一个界面选购商品的一站式服务,操作非常便捷。

内容是小红书平台活力提升的基石,是"种草"关键。大规模的用户贡献流量的同时也是内容生产者。目前小红书内容呈现以 UGC 为主,PUGC 以及 PGC 为辅的状态。从内容创作者结构来看,小红书以腰部和尾部创作者为核心。多元的内容创作形式和分享生活方式的社区氛围下,用户创作门槛相对较低;去中心化的流量分发机制之下,创作者的内容都有机会获得曝光,获得认可。非头部化的结构下,小红书基于创作者和用户间的双向交流互动,一定程度上能更好地维持用户黏性。

小红书链接以有影响力用户为中心节点。那些具有较大影响力和话语权的有影响力用户 KOL,通过与这些中心节点建立链接,在中心节点的带领之下,往往可以产生引爆社群的强大能量。小红书首先邀请本身具有话题的明星入驻小红书,比如林允、张韶涵、欧阳娜娜等女星在小红书上分享美妆、穿搭、好物吸引了众多粉丝,粉丝在小红书上也能够窥见更多关于偶像的生活。这些明星本身就具有很多粉丝,通过入驻小红书可以将明星的粉丝顺势转为小红书自己的用户,明星自身也能吸引更多的粉丝。

小红书赢得良好口碑的重要因素是真实性。依靠口碑传播能够花费更小的成本获得更大的效益,小红书里的分享是用户自己制作的,最终都要回到现实生活进行消费,在这里用户既是分享者也是消费者,小红书必须保证整体氛围的真实性。

7.6.4 抖音、快手、小红书策略比较分析

1. 流量分发机制

抖音、快手、小红书是目前主流的三个商业短视频平台,它们均通过算法向用户推荐内容,流量分发机制主要依赖于一个复杂的推荐算法系统,该系统会考虑多种因素来确定哪些视频应该被展示给哪些用户,算法会根据用户的观看习惯、点赞、评论、分享和搜索行为等个性化信息来推荐内容,如果一个用户经常观看某类型的视频并与之互动,那么算法就会倾向于向这个用户推荐类似的内容,但是在流量分发方面,三者之间存在一些差异。

抖音以短视频为核心功能,注重娱乐性和创意性,积累了大量的年轻用户群体,其内容分发本质上是中心化的,即内容由某一个视频账号创作出来,不同用户接收到一样的内容,抖音的中心化表现为大部分流量聚集在少部分群体,如明星、网红、大 V 等。大部分用户登陆抖音平台时,界面出现的视频往往是已经获取了大量点赞、转发和收藏的热门视频。抖音利用算法推荐,通过平台用户的行为分析精准推送其感兴趣的内容,倾向于推广具有较高娱乐性和创造力,并且热门的短视频,这种中心化的内容分发机制使得抖音很容易打造出爆款视频,培养出爆火的账号。

快手同样以短视频为主,但更侧重于日常生活分享和草根文化,用户群体更为广泛,包括一二线城市用户及更多的三四线城市及农村用户,其内容分发则是去中心化的,虽然快手平台也使用算法推荐,但相对抖音平台来说,快手更加重视社区建设和用户之间的互动,例如通过"关注"页推荐关注用户的内容,强调

用户间的链接。快手平台更注重用户和账号之间的关系链接，推动用户增强与视频账号的互动，促进用户与视频账号之间的关系进步，提高用户对账号的认同感和忠诚度。快手鼓励普通人记录生活，输出内容，因此在快手平台上，普通人创作的内容也有很大机会获得流量扶持。和抖音平台相反，在快手平台上粉丝数量较多的账号，反而不容易获得流量扶持。

小红书作为一个社交平台，早在 2014 年，小红书就提出"重内容、轻达人"的去中心化流量分发策略，并一直坚持至今。除了算法推荐外，还注重内容的质量，鼓励分享有深度的生活体验和实用信息，如美妆心得、旅行攻略等，并将内容购买链接融合在笔记中，以促进电商转化。配合图文这一门槛相对较低的创作形式，大量腰尾部创作者创作的内容都有机会获得流量与曝光，并在认可、共鸣等正反馈激励下持续创作高质量的 UGC 内容。"小众"内容的不断"破圈"亦有助于用户群体的横向拓展，由此拓展的新用户群体又会在平台良好的社区氛围与去中心化流量分发机制的激励下创作出更为多元的 UGC 内容，进而推动内容与用户的"飞轮式"增长。只要生产的内容获得了测试用户的正向反馈，即使是粉丝数较少的普通人也会获得平台的流量扶持，而且帖子存续的时间也较长。换句话说，只要是优质的内容，就有很大的可能被推送给大量其他的用户。

2. 营销逻辑

抖音、快手、小红书初期均是以内容为主的社交平台，近年来逐渐电商化，融入电商功能，加强了电商功能的整合。虽然三者均利用电商功能获取更大的利润和知名度，但是三者在营销逻辑上存在差异。

抖音作为以短视频为核心功能的社交平台，内容形式主要以短视频为主。抖音以年轻人为主要目标用户群体，内容风格偏向娱乐化、趣味性和创意性。营销策略通常利用热门挑战、话题标签和病毒式视频来吸引用户参与，强调快速传播和品牌曝光。生产内容的账号通过在输出的视频中植入产品信息、剧情等方式，将商品信息融入视频，广告和内容自然而然地结合，引起观看视频的用户注意并促进他们进入抖音商店或者第三方购物平台进行购买。

快手的用户群体覆盖面则更广，包括一线到四线城市及农村地区的用户，内容风格更加接地气、真实。营销逻辑更侧重于通过视频等形式的草根营销，强调与用户建立信任和情感连接进而产生消费行为。快手注重培养用户之间的紧密联系，营销活动通常依托于用户的社区黏性，利用能够迎合大众喜好的通俗日常视频吸引注意力，同样将商品信息融入视频，刺激用户进入快手商城购买商品。

小红书则主要针对追求品质生活的中高端用户群体，尤其是女性用户。小红书作为一个社区，强调分享具备高质量和高价值的内容，尤其是美妆、时尚、旅行等垂直领域的深度笔记，并依靠借助 KOL（关键意见领袖）和种草文化来推动商品销售。小红书的营销逻辑更侧重于内容营销和口碑传播，通过优质笔记和用户推荐来实现产品的自然植入和销售转化（详见表 7-1）。

表 7-1　　　　　　　　　　快手、抖音、小红书策略对比

	抖音	快手	小红书
流量分发机制	中心化流量分发，注重打造爆款	普惠式、去中心化流量分发，给予素人博主一定曝光机会	去中心化流量分发，给予中长尾内容的曝光机会
内容形式	视频	视频	视频、图文
营销逻辑	• 剧情视频引流，抖音商店购买，比如：剧情+美妆 • 广告和内容结合	• 通俗视频内容呈现产品信息，快手商城购买	• 正常博主笔记种草 • 充满干货的笔记 • 产品测评
内容呈现	• 以 UGC、PGC 为主	• 以 UGC、PGC 为主	• 内容呈现以 UGC 为主，PUGC 以及 PGC 为辅的状态

7.6.5　抖音、快手、小红书发展路径分析

1. 抖音

抖音是由科技公司字节跳动（ByteDance）开发的一个短视频平台。2016 年 9月，字节跳动推出了抖音短视频应用。起初，抖音以时长为 15 秒的音乐短视频为主，用户生产的内容主要是跳舞、口型模仿等，迅速吸引了年轻用户群体；随着用户基数的增长，抖音开始拓展不同类型的，除了唱歌、舞蹈以外，还有美

食、旅游、科普等多种类型的视频。同时，抖音不断增加新功能，如直播、电商、广告等，以增强用户黏性和商业变现能力；2017 年，字节跳动收购了美国短视频应用 Musical. ly，并在 2018 年将其并入抖音的国际版 TikTok。此后，TikTok 在全球范围内推广，成为一个国际知名的短视频平台。近年来，抖音依靠其强大的算法推荐系统通过分析用户的互动行为(如点赞、评论、分享、观看时长等)，向用户推荐个性化的内容，并积极探索商业化渠道，例如广告、直播带货、小店等电商功能，此外，抖音还致力于构建更加完整的内容生态，支持创作者发展，提供多元化的创作工具和收益渠道，鼓励优质内容的产生。

2. 快手

快手是国内一家主要的短视频和直播平台。快手最初名为 GIF 快手，由宿华和程一笑在 2011 年创立，最开始是一个 GIF 图片分享的应用。随着用户对短视频内容的需求增加，快手逐渐转型为一个短视频社交平台；2014—2016 年，快手通过优化产品功能和改善用户体验，吸引了大量的用户。快手的特色之一是其强调真实性，鼓励用户分享日常生活中的点滴，而不仅仅是精心制作的内容。这种策略使得快手在三四线城市和农村地区获得了庞大的用户基础；2017—2019 年，快手在这期间开始推出直播功能，并且通过直播打赏、广告、电商等多种方式进行商业化尝试，逐步建立起自己的盈利模式；2021 年 2 月 5 日，快手科技在香港联合交易所主板成功上市，标志着快手进入了一个新的发展阶段；至今，快手不断扩展业务范围，包括在线教育、游戏直播、电商等多个领域。同时，快手也在不断提升算法推荐效率，优化用户体验，加强内容生态建设，以及在版权保护、用户隐私保护等方面加大投入，并尝试探索国际市场。

3. 小红书

小红书是一款结合了社区分享和电商功能的移动应用程序，主要面向年轻人，尤其是女性用户，提供一个分享生活方式、购物经验的平台。2013 年 6 月，小红书作为一个海外购物分享社区应用诞生。起初的主要定位是提供海外购物攻略和分享购物心得的社区，迅速吸引了一批热爱海外购物和分享的用户。随着用户基数的增长，小红书逐步演变成一个更加广泛的生活方式分享平台。用户不仅分享购物经验，还包括美妆、时尚、旅游、美食等多方面的内容。小红书鼓励用户生成内容(UGC)，形成了强大的社区氛围。2014 年小红书推出了电商功能，用户可以直接在小红书上购买商品，使得小红书逐渐成为一种新型的社交电商平台，平台开始与各大品牌进行合作，提供广告和营销服务。同时，小红书通过商家入驻、广告、平台抽成等方式实现商业化，并逐渐吸引了更多的商家和品牌入驻。至今，小红书不断扩展新的内容领域，如健康、亲子等，以吸引更多的用户群体，不断增强功能，如视频内容、直播带货等，以增加用户的互动和参与度，同时，小红书也尝试走国际化模式，推出了英文版，并尝试吸引海外用户，希望将其独特的社区电商模式推广到全球范围。

第8章　生鲜电商与预制菜

8.1　预制菜的定义

从广义上来说，预制菜是以农、畜、禽、水产品为原料，经过标准化作业，通过预加工、预烹等方式而成的预包装成品或半成品菜肴。预制菜可根据预加工程度、菜肴后续处理、调味与否、生熟食以及保质期等综合参考后分为即食类、即热类、即烹类和即配类，如图8-1、表8-1所示。按照菜系划分，分为中式、西

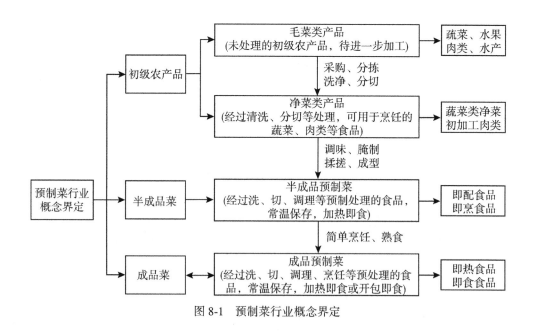

图 8-1　预制菜行业概念界定

式、日式、韩式、东南亚式等。按照原材料分,分为海/水产品类、禽肉类、蔬菜类、综合类等。与传统菜肴相比,其特点在于用规模化预生产提高出餐效率,具有制作流程简易、卫生水平高、产品品质可控等优点。

表 8-1 预制菜的分类

分类	介 绍	产 品
即食食品	指开封后可以直接食用的预制调理制品,可以概括为"开包即食"食品	如泡椒凤爪、鸡腿和罐头等
即热食品	指只需要经过加热即可食用的食品,可以概括为"加热即食"食品	如霉干菜扣肉,辣子鸡丁等
即烹食品	指经过相对深加工(加熟或浅油炸),按份分装冷藏或常温保存的半成品材料,可以立即入锅,加上调味品进行调理的食品,属于半成品预制菜范畴,可以概括为"熟料加热调味"食品	如香酥肉、椒盐排骨等
即配食品	指经过清洗、分切等初步加工(只是物理加工)而成的小块肉、生鲜净菜等。一般以生的菜料为主,烹饪者要自行搭配各种调料,经过炒制加热变熟后可食用,即可概括为"生料加热调味"食品	净菜、净肉

20 世纪 90 年代,随着跨国快餐巨头首次进入大陆市场,诞生了一批净菜加工及调理肉制品企业,这成为预制品菜诞生的起源。至 21 世纪初期,大型连锁餐饮开始探索中央厨房模式,以半成品菜为主的生产厂商陆续诞生。从 2011 年开始,随着餐饮业供给侧升级以及外卖平台快速发展,预制菜产业迎来 B 端市场快速增长期。2020 年后,疫情暴发也加速了消费者的市场教育,消费者对预制菜接受程度提高,C 端市场呈现爆发式增长(详见图 8-2)。

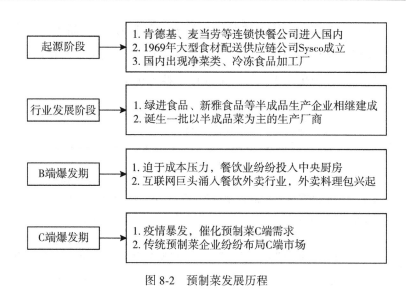

图 8-2 预制菜发展历程

8.2 发展环境

8.2.1 经济环境

1. 居民消费能力增强

中国消费升级经历了从大众消费到品牌差异化消费再到高端、定制、便捷消费的阶段。一方面，随着国民经济增长，居民收入增加，居民对产品可接受能力增强。国家统计局发布的数据显示，截至 2021 年，我国居民人均可支配收入为36883 元，较上一年度增长了 1755 元。居民收入增多，消费能力也得到显著增强，我国居民人均食品烟酒支出稳定增长，2022 年上涨至 7481 元，较上一年度增加了 303 元。人们消费能力增强，食品类支出增多，我国预制菜的经济发展环境良好，预制菜市场的可开发空间大。另一方面，中国消费群体逐渐年轻化，"90 后"成为新一代消费主体，与上一代相比，"90 后"消费群体学历更高，对个性化、品质化、便捷化的产品需求更多，而预制菜满足了中国居民对多样化、个性化、便捷化餐饮的需求。国家统计局的数据表明，中国人均预制菜的年消费量从 2013 年的 5.4kg 增长到 2021 年的 8.9kg，年复合增速达 6.4%，整体呈上涨走势(详见图8-3、图8-4)。

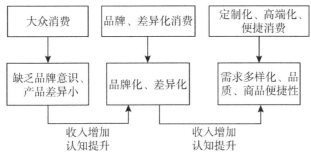

图 8-3 中国消费升级趋势

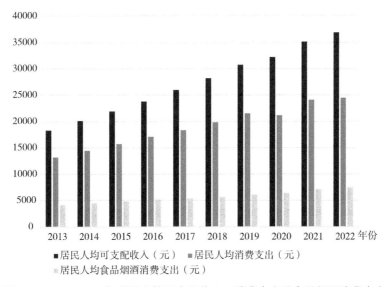

图 8-4 2013—2022 年居民人均可支配收入、消费支出及食品烟酒消费支出

2. 城镇化进程加速

根据国家统计局公布的数据显示，2020 年我国城镇人口总数为 90220 万人，城镇化率为 63.89%，较 2010 年提升 13.94 个百分点。根据国家统计局发布的《中华人民共和国 2021 年国民经济和社会发展统计公报》公布的统计数据显示，截至 2021 年年底，我国城镇人口总数达 91425 万人，城镇化率进一步提升至

64.72%（详见图 8-5）。

　　城镇化进程加快意味着涌入城市中生活工作的人群也相对增加。目前，越来越多的国民前往一线、二线城市工作生活，但城市中的节奏较快且生活压力较大，这更需要缩短用餐时间。在社会高速发展的现代，社会竞争压力日益激烈。人们的身体状况和精神压力也随之不断增大，健康问题日益突出，随着"健康中国行动"的持续推进，全社会开始普遍关注和重视健康问题，人们的健康意识逐渐提升。从饮食的角度来看，中国居民对健康的便捷食品的需求助推预制菜的诞生。

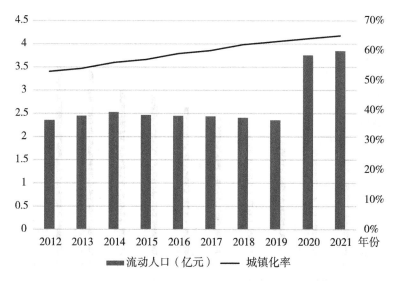

图 8-5　2012—2021 年中国流动人口与城镇化率

8.2.2　技术环境

1. 冷链技术升级

　　预制菜是经过初加工的食品，因此对物流运输要求极高。冷链技术的提升保障了预制菜品的新鲜度，降低了预制菜产业的运输成本，为预制菜的发展提供技术支撑，扩大预制菜的销售半径。2016 年至 2021 年，我国冷链物流的市场规模持续扩大，中物联冷链委的数据显示，2021 年我国冷链物流市场规模为 4184 亿元，同比增长了 9.2%。同时，我国的冷库容量和冷藏车保有量也持续增多，为预制菜的发展提供充足的储藏空间和物流运力。

2. 气调包装保险技术与真空慢煮技术升级

经过多年研发，中国气调包装技术进步较快，不仅能够连续自动完成抽真空、自动混合保鲜气体、充气、封口等环节，同时包装效率与质量也有很大的提升，目前被广泛应用于预制菜领域。真空慢煮烹饪技术是将食物放入真空袋内密封，加工过程全程真空、控制温度和控制时间，这不仅能使食物内部的胶原纤维不受到破坏，而且能够使得食物在最适合的温度释出过多的谷氨酸钠，保证健康的同时，最大限度地保留嫩滑口感，为预制菜产业高质量发展提供良好的技术支持。

8.2.3 政策环境

预制菜作为促进我国乡村产业发展的新模式新业态，对于促进农产品深加工、食品制造转型、消费和产业升级、扩大就业创业、拉动内需等方面均有积极意义。国家为推动预制菜产业的发展，以国家市场监督管理总局、工业和信息化部、财政部等部门联合出台相关政策来加强产业引导，保障预制菜产业良好的发展环境。国家分别从产业用地、财税、投资引导、金融服务等多方位的政策支持方面助力中国预制菜行业的发展。

2019 年中共中央、国务院发布《关于深化改革加强食品安全工作的意见》，提出建立食品安全追溯体系。2021 年，中国绿色食品发展中心发布《绿色食品产业"十四五"发展规划纲要》，明确了"十四五"实现绿色食品产业发展的目标；2022 年，国家发展和改革委员会发布《关于做好近期促进消费工作的通知》提出创新丰富年节餐食，鼓励提供多品类套餐、自主配餐、网上预订年夜饭食材等服务，鼓励制售半成品和"净菜上市"。2023 年 2 月，《中共中央国务院关于做好 2023 年全面推进乡村振兴重点工作的意见》发布，明确提出"提升净菜、中央厨房等产业标准化和规范化水平。培育发展预制菜产业"。为产业发展注入了强心剂。2023 年 3 月,工信部等十一部门联合印发《关于培育传统优势食品产区和地方特色食品产业的指导意见》,重点推动对应产业到 2025 年基本形成"百亿龙头、千亿集群、万亿产业"的地方特色食品发展格局,打造一批全国知名地方特色食品产品品牌和地方特色小吃工业化典型案例。政策体系日益完善,推动预制菜产业高质量发展(详见表 8-2)。

表 8-2　　　　　　　　　　2019—2023 年中国预制菜产业相关政策

颁布时间	颁布主体	政　策　名　称
2023 年	工信部等 11 部门	《关于培育传统优势食品产区和地方特色食品产业的指导意见》
2023 年	中共中央、国务院	《关于做好 2023 年全面推进乡村振兴重点工作的意见》
2022 年	国家发改委	《关于做好近期促进消费工作的通知》
2021 年	中国绿色食品发展中心	《绿色食品产业"十四五"发展规划纲要》
2019 年	中共中央、国务院	《关于深化改革加强食品安全工作的意见》

8.3　产业发展现状

预制菜产业链由上游的原材料、中游的预制菜加工和下游的预制菜流通构成。预制菜上游企业主要为食品包装加工制造企业和食品原料来源和食品初加工企业(禽畜水产养殖屠宰企业、农作物种植企业、米面粮油和蔬菜初加工企业,以及调味品制造企业等),预制菜产业下游则主要为各类消费端口,食品运输企业则贯穿整个预制菜产业链。

从产业链整体看,上游企业数量占比高,相关产业发展相对完备。由于肉禽以及水产等原材料价格呈周期性波动,且直接成本的占比比较高,上游龙头企业往往有强势定价权。中游企业往往集中度高、规模较大。下游渠道丰富，涵盖了大小 B 端与 C 端销售链条(详见图 8-6)。

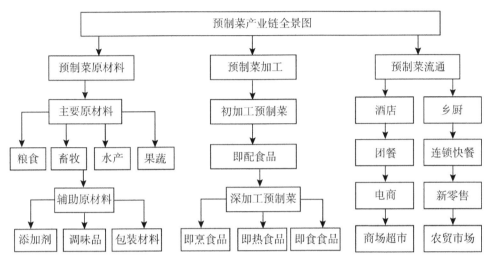

图 8-6 预制菜产业链全景图

8.4 竞争现状

根据百度指数，2020—2021 年年底，"预制菜"一词出现在百度的相关新闻头条的频次基本处于较低水平，普遍在 200 次以下，在 2021 年 5 月 23 日前后关注度有小幅度增长。在 2021 年年末这段时间内，"预制菜"的热度开始增长。预制菜赛道越发火热，众多行业企业纷纷入局。目前，中国预制菜行业主要参与主体为餐饮企业、食品及食品加工企业、农业和畜牧业企业、零售企业，以及专业的预制菜企业。这些企业均处于预制菜产业链中的一环，这些参与主体各自掌握发展预制菜的相关社会资源，在业务转型至预制菜时具有相应的资源和产业链优势，使得入局门槛较低又具有较大市场空间的预制菜行业竞争越发激烈(详见图8-7)。

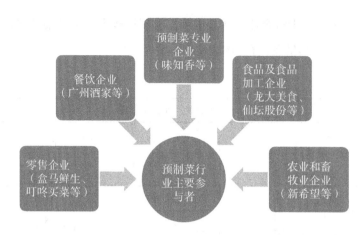

图 8-7　中国预制菜行业主要参与主体

8.5　电商与预制菜的关系

8.5.1　电商为预制菜提供平台

1. 新兴模式助力预制菜产业发展

对比预制菜零售极发达、渗透率达 60%、饮食习惯又较接近的日本市场，预制菜这一消费趋势在我国尚未得到完全爆发。结合国内电商履约基建与大众消费习惯，这一爆发的节点应该发生在线上。

一方面，预制菜在货架式电商数据向好，天猫数据显示 2021 年上半年其平台内预制菜销售额较去年同比增长超过 70%，部分品牌增长甚至超过 400%；另一方面，抖音电商等以短视频、直播带货等模式为核心的新势力正式崛起，开始凭借兴趣驱动的新逻辑助力不同行业获得增长。因此，预制菜的发展可以得益于电商平台和直播带货等新兴模式，扩大其市场占有率。

疫情期间，"宅家经济"突然爆火，显著改变了居民的生活习惯，预制菜在 C 端市场迅速走红。2022 年春节期间，叮咚买菜高端预制菜销量同比增长超过 3 倍，7 天内卖出 300 万份预制菜，客单价也同比增长 1 倍。2022 年，盒马平台年货销售数据显示，预制年夜饭的销量同比增长 345%。京东到家数据显示，平台半成品净菜销量同比增长 2.6 倍，寿司、炸薯条、烤肠、沙拉、热狗等西式口味也有同比 3.5 倍及以上增长。

2. 信息实时数据监控

电商平台具有对数据实时监控的能力。首先，通过对比菜品喜好、交易偏好、交易信息等数据，精准预测预制菜的价格趋势以及消费者的需求趋势。其次，预制菜全流程监控。从上游的食材采购数据到调料、配料数据，再到中游的预制菜加工数据、生产环境指数、生产流程数据，再到下游的消费者菜品需求数据，通过预制菜全流程的数据监控，实时跟踪预制菜的加工、贮运、保鲜等关键数据，对于过程中的异常信息，做到及时处理和提前预防。最后，预制菜关联数据的分析和手机 App 数据可视化设计，将菜谱、菜品、特色风味、消费者偏好等信息数据进行关联，设计好预制菜"色、香、味"及菜品传奇故事等关联分析参数，为预制菜产品的高端研发和满足消费者个性化的需求提供真实数据和可查询、可追溯的安全数据。同时，结合"5G+"的应用，积极进行手机 App 数据可视化的设计，通过预制菜标准化生产的每个环节的场景数据，在工业物联网平台上进行可视化的产品展示，数据关联到手机 App 终端数据库，随时随地让预制菜的消费者、设计者、研发者、品管人员及加工包装人员进行数据溯源和实景查看。

8.5.2 预制菜倒逼电商向上升级

菜品研发升级。预制菜有着广阔市场发展前景，但是面临着产品同质化严重的问题，预制菜单一的配比，难以满足消费者挑剔的口味需要。据《2022 年中国预制菜行业发展趋势研究报告》显示，有 61.8% 的消费者认为预制菜的口味复原程度需要改进。

冷链运输建设升级。消费者对于预制菜的新鲜和品质有着更高的要求，这意味着无论是在原材料还是产品储藏、运输中，预制菜对起到保鲜作用的冷链运输有着极高的依赖作用，这也倒逼电商平台直面消费者痛点、向上升级。如在物流运输上，叮咚买菜搭建了预制菜产业从产地食材直采到生产，再到自有的冷链物流和仓储的全链路。针对我国南北饮食差异，以及预制菜产品的同质化问题，生鲜电商在菜品的研发上也主打"个性化定制"。叮咚买菜会根据"时令化、场景化、本地化"的原则进行预制菜商品规划，会依据不同季节、不同场景、不同地区当地人的喜好，围绕节气和时令，上架对应产品。盒马也同样以时令产品为突破口研发预制菜。比如今年春菜季，盒马就推出了预制春菜，满足多样化的消费需求。

供应链优化。大数据、物联网、物流冷链等技术的应用与加强，保证了生鲜的电商交易品质。人们对生鲜品质、配送服务的要求也越来越高，行业巨头为了实现营利目标，将提升生鲜行业供应链整合的速度。2021 年 12 月盒马布局生鲜供应链上游，首条全链路标准化数字化牛肉生产线投产。2021 年年底，京东生鲜对宁夏五宝之一滩羊的品质管控，也渗透至供应链的全链路。

第9章 社交电商平台属性对品牌忠诚的影响研究

9.1 研究背景

根据中国互联网络信息中心在 2021 年下半年发布的第 48 次《中国互联网络发展状况统计报告》，中国网民规模自 2018 年 6 月的 8.02 亿逐步增长到 2021 年 6 月的 10.11 亿，互联网普及率自 2018 年 6 月的 57.7% 逐步增长到 2021 年 6 月的 71.6%。由此趋势可以估计，未来中国网民规模和互联网普及率将继续升高，这也意味着，社交电商行业未来有着巨大的发展潜力(详见图 9-1)。

图 9-1 2018.06—2021.06 网民数量与网络普及率

资料来源：《CNNIC：第 48 次〈中国互联网络发展状况统计报告〉》，http://www.199it.com/archives/1302651.html，2024 年 3 月 28 日访问。

中国社交电商于2009年开始兴起，在诸多因素的共同作用下，我国社交电商行业发展态势良好，从探索期稳步过渡到稳定发展期。近年来，随着移动社交媒体的兴起，我国社交电商的发展正逐步移动化、去中心化，我国社交电商占全国整体网购市场的比重不断攀升。中国社交电商的全民时代已经到来，社交电商作为我国电子商务中不容忽视的增长高、规模大的细分市场，已成为新的产业增长极。

目前是商贸全球化和竞争品牌化的新时代，从品牌声誉和利润获取的角度来看，忠诚顾客是企业最注重也是最有价值的消费群体，社交电商平台越发聚焦于培养和维护忠诚顾客。随着电子商务产业链的日趋完善和消费者需求结构的多元升级，未来社交电商的迅猛发展已势不可挡，然而随着移动网络的普及和5G技术的高速发展，社交电商市场的消费群体已趋于饱和，但各类社交电商运营平台仍层出不穷，消费者面临的选择性越来越多。因此，对于社交电商平台而言，如何快速吸引消费者，提高用户黏性并培养平台的忠诚客户，让自身能够在激烈的市场竞争中保持获取用户红利的优势，是具有实用意义和现实指导价值的。

9.2 研究假设与理论模型

9.2.1 研究假设

1. 社交属性的影响作用

（1）互动性及其影响作用。互动性是指在社交网络环境中用户对信息进行交换。一方面，企业通过构建网络聚集用户进而可以直接与用户进行互动；另一方面，消费者线上平台交流，可以对企业产品及其服务等进行了解。社交电商平台能够更加清晰直观地与用户交流，方便快捷地掌握用户消费偏好，诸多学者通过具体实践已经证实，互动性能够显著影响用户的信任感知和关系承诺。据此提出以下研究假设：

H1：社交电商的互动性能够显著影响消费者的信任感知。

H2：社交电商的互动性能够显著影响消费者的关系承诺。

（2）亲近性及其影响作用。亲近性是指社交电商平台所营造的一种亲密的心理和情感关系的氛围和感觉，社交电商的亲近性来源有三：一是社交电商消费需求具有被动性特点，用户的消费需求易受推荐而产生，商家通常从情感交流出发，与其消费者拉近距离、继而建立关系，再逐步推荐介绍相关产品；二是基于社交媒体的方式，拉近并维系社区内用户的关系，营造人性化的社交氛围；三是社交电商平台能利用大数据分析，为用户提供专业化的服务，从而增强用户对该平台的亲近性和关系依赖。据此提出以下研究假设：

H3：社交电商的亲近性能够显著影响消费者的信任感知。

H4：社交电商的亲近性能够显著影响消费者的关系承诺。

（3）真实性及其影响作用。对于商品信息的真实感，社交电商平台通过对商品进行多角度、全方位的展示，力求塑造真实的商品形象展示给消费者，当消费者快速获取商品的详细信息时，内心会因此产生认可，继而认为"真实"。在社交电商直播情景中，主播在直播间与消费者进行多途径的互动中，其所展示的信息和线索越丰富，展现的购物环境越真实，消费者越能产生代入感，从而越会产生真实的社交感，表现出更强烈的信任感知和关系承诺。另外，社交电商平台鼓励用户，对产品或销售服务的使用信息进行评论、分享和交流，信息公开透明，在线用户均可收集。用户根据自己的购物体验表述自己的想法、分享推荐商品或者借鉴他人的意见，极大地保证了信息的真实性和可信度。据此提出以下研究假设：

H5：社交电商的真实性能够显著影响消费者的信任感知。

H6：社交电商的真实性能够显著影响消费者的关系承诺。

2. 营销属性的影响作用

（1）去中心化及其影响作用。去中心化包括"去购买端口的中心化"和"去头部商品的中心化"。"去购买端口的中心化"是指，在社交电商模式下，根据不同的消费场景特征，打造创建多个不同特性的流量入口，为消费者提供多元化、可替代性并且能够快捷跳转的购物场景。"去头部商品的中心化"是指，在社交电商模式下，若消费者能够挖掘高性价比的商品并愿意对其进行宣传，其口碑便能依托社交网络进行传播，长尾商品也因此能够拥有广阔的发展空间。故而，社交电商的去中心化，有利于促进消费者在使用社交电商平台的过程中产生积极正面的情绪反应，减少因烦琐复杂的操作流程而产生的烦躁情绪，增加消费者的购买欲望，促使用户愿意选择并推广该社交电商平台。据此提出以下研究假设：

H7：社交电商的去中心化能够显著影响消费者的关系承诺。

H8：社交电商的去中心化能够显著唤起消费者的积极情绪。

（2）个性化及其影响作用。社交电商平台通过大数据手段，能针对用户偏好提供信息，实现信息的个性化、私人化推荐。消费者在购物时，消费会受到情绪影响，当社交电商平台向消费者输出个性化商品时，消费者会因为个性化和专业化服务感受到获得感和满意度。商品的个性化程度越高，商品各方面就越满足消费者的心理预期和需求，消费者的购物信心就会提升，消费情绪也会变得更加积极。当个性化的商品超过消费者的期望感知价值，消费者会对商品作出正面的在线评价，并倾向于通过积极信息反馈商品价值，并向其他消费者推荐，让更多消费者得以在购买商品之前深入了解信息，继而提高消费者使用该社交电商平台并购买商品的可能性。据此提出以下研究假设：

H9：社交电商的个性化能够显著影响消费者的关系承诺。

H10：社交电商的个性化能够显著唤起消费者的积极情绪。

3. 承诺信任理论及顾客情绪的影响作用

（1）信任及其影响作用。在社交电商平台中，信任指用户对社交电商平台中所提供产品或服务可靠性、真实性的感知。在首次信任情境下，用户在与其他网络用户的交互中产生对社交电商平台的信任和容易使用的感知，进而促进其使用该社交电商平台并产生消费购买行为。在持续信任情境下，用户拥有使用社交电商平台的经验，因此在后续与其他用户的交互过程中能够产生持续的信任感。信任影响关系承诺，众多学者表明信任和承诺存在相互关联性，或者更确切地说信任是承诺的前因。如果用户一开始难以信任社交电商平台，那么便很难对这段营销关系作出承诺。当消费者对某一企业或品牌产生信任时，他们下意识降低对交易中的风险和不确定性的预期，就使得用户保持对公司或品牌的长期忠诚。据此提出以下研究假设：

H11：社交电商中消费者的信任感知显著影响消费者的关系承诺。

H12：社交电商中消费者的信任感知显著影响消费者的品牌忠诚。

（2）顾客情绪及其影响作用。顾客情绪能够影响顾客对企业或品牌的关系承诺，如果消费者在体验社交电商平台购物的过程中感到满意并产生积极情绪，那么其会在该平台上停驻、浏览或互动更长时间，更有利于让消费者保持该平台购物活跃度，从而使得消费者增加使用该平台的可能性。社交电商平台通过深度情感互动挖掘"粉丝"用户，将"粉丝"用户变为关键意见消费者，发挥用户自身价值，使其主动与其他用户分享，降低获客成本。在社交电商平台中，顾客的积极情绪能够让消费者对平台产生积极的心理和行动反应，从而促使更多消费，进而有利于顾客对平台产生忠诚。消费者对社交电商平台形成忠诚是基于消费者在平台上全活动过程中产生的积极情绪，承诺愿意与品牌建立并保持长期联系，进而形成品牌忠诚。据此提出以下研究假设：

H13：社交电商中消费者的积极情绪显著影响消费者的关系承诺。

H14：社交电商中消费者的积极情绪显著影响消费者的品牌忠诚。

（3）关系承诺及其影响作用。关系承诺与品牌忠诚密切相关，承诺意味着忠诚，两者皆属于关系营销理论研究中的核心内容，承诺是区别品牌忠诚内在的真实心理和行为和一般重复购买的表面性行为不同的关键要素。在社交电商平台中，关系承诺是指消费者在社交电商平台使用中依赖程度的整体感知。消费者对社交电商平台的关系承诺感知越强烈，用户愿意维持并保护与平台关系的意愿则越高，当消费者有购买需求时，其选择该平台进行购买以满足自身需求的倾向就越强。社交电商平台中的关系承诺显著影响消费者的参与意愿，进而影响消费者参与社交电商平台时的特定具体购买行为。据此提出以下研究假设：

H15：社交电商中消费者的关系承诺显著影响消费者的品牌忠诚。

9.2.2　理论模型的构建

以整合 SOR 理论模型和承诺信任理论模型为基础，考虑社交电商平台的特性、消费者关注的重点以及学者探究的焦点，本书以社交电商平台为研究对象，将社交属性和营销属性作为前置变量，信任、关系承诺和顾客积极情绪作为消费者在使用社交电商平台时的机体反应，会直接影响消费者对平台的品牌忠诚。据此构建研究模型，如图 9-2 所示。

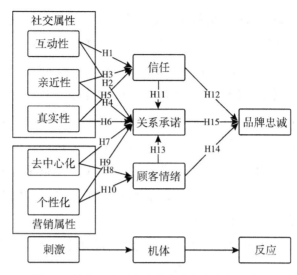

图 9-2　社交电商平台消费者参与行为假设模型

9.3　研究设计与数据收集

9.3.1　量表设计

由于所构建模型中的变量很难进行直接的定义测量，因此需要对其选择可测量的指标，从而有利于定量研究。所有变量均由三个测量指标组成，使用 5 点 Likert 方法对指标进行测量。在量表中，1 表示非常不同意，5 表示非常同意。其中互动性主要参考 Kim H 和 Niehm L S 的研究；亲近性主要参考 See-Pui 的研究；真实性主要参考 CHIA-YING L 的研究；去中心化参考了 Szymanski 与邓之宏的研究；个性化参考了 Hsu 和 Lee 等的研究成果；信任和关系承诺主要参考 Morgan 和廖列法的研究；品牌忠诚参照 Gilly 等的研究。为了更好地定义用户在使用社交电商平台时所具体引发的积极情绪类别，前期征集 68 名大学生作为实验对象。在无干扰情况下，实验对象在使用社交电商平台一段时间后，被要求在所列 12 种积极情绪中选出其所感知到的最强烈的三种。分析结果发现，所有参与实验者选出的积极情绪中，占比率在 36.7% 以上的分别是愉快、惊喜和兴奋三种，因此本书选取这三种情绪为测量积极情绪的主要维度。

9.3.2 样本选择与数据收集

1. 样本选择

本书参考各类权威机构年度统计报告，确定样本选择依据范围。整理《2019年中国社交电商行业研究》和《2020年中国社交电商行业发展报告》可以发现，我国网购用户主要群体年龄集中在10~39岁，然而，不论是普通网购用户还是深度网购用户，用户特征均集中表现为20~29岁高中学历以上的群体。网络购物用户除了更加关注性价比，不同特征的群体对商品需求和服务要求存在显著差异化区分，同时网络购物用户的购物时间更加碎片化，购物场景更加分散。综上所述，本书样本选择应着重于年龄介于20~39岁年龄段的高中及以上学历特征人群进行调查研究。

2. 问卷的发放与回收

本书研究采用抽样的调研方式，主要面向使用社交电商平台的20~39岁高中及以上学历特征的用户群体进行问卷调查。在Credamo网站设计电子问卷，线上进行链接推广发送，另外以高校范围内学生群体为主，辅以商场行人进行线下问卷调查。为保证问卷的信度和效度，对问卷的作答进行多样设置以提高问卷的有效率，如作答前进行智能人机验证、作答过的用户不允许再次作答本问卷，保证多次发布后所有样本不重复、每个IP只能填答一次以及对填写问卷完整的用户进行奖励等。最终，线上平台发放共计2500份问卷，收回2396份问卷，线下随机发放100份问卷，收回97份问卷，问卷回收率达95.88%。经过整理和检验，筛选剔除首题"请问你使用过社交电商平台吗?"为否答案、所有题项答案选择一样、前后有明显矛盾等问卷，最终收集到有效问卷数是2315份，有效率达92.86%。

9.4 数据分析与假设检验

1. 样本特征

如表9-1所示，从性别上来看，参与调研的女性消费者群体数量显著高于男性消费者；从年龄上来看，参与调研的人群集中于 16~20 岁和 21~30 岁两个年龄段，占样本总数的 85.79%；从职业上来看，参与问卷调查的对象主要是学生，有 1900 人；从学历上来看，本科学历参与调查的人最多，有 1646 人；从月收入来看，由于学生占比居多，因此月收入主要集中于 2000 元以下；从网购年龄来看，大部分调研对象使用社交电商平台 1~5 年；从每月网购次数来看，每月网购 4~6 次的调研对象最多，其次是 7~9 次的调研对象。从数据的基本特征来看，基本符合现实各机构调研的社交电商平台消费群体的样本特征情况，符合调查背景，进而为后续实证分析作基础。

表 9-1 样本统计特征

基本信息	统计特征	样本数(个)	比例
性别	男	748	32.36%
	女	1567	67.69%
年龄	16~20 岁	706	30.50%
	21~30 岁	1280	55.29%
	31~40 岁	208	8.98%
	41~50 岁	85	3.67%
	50 岁及以上	36	1.56%
职业	学生	1900	82.07%
	上班族	286	12.35%
	自由职业者	95	4.11%
	其他	34	1.47%
学历	普高及以下	69	2.98%
	专科	297	12.83%
	本科	1646	71.10%
	硕士及以上	303	13.09%
可支配收入	2000 元以下	1439	62.16%
	2001~4000 元	313	13.52%
	4001~6000 元	228	9.85%
	6001~8000 元	197	8.51%
	8000 元以上	138	5.96%

续表

基本信息	统计特征	样本数(个)	比例
网购年龄	1 年以内	229	9.89%
	1~5 年	1476	63.76%
	5~10 年	520	22.46%
	10 年以上	90	3.89%
每月网购次数	1~3 次	515	22.25%
	4~6 次	954	41.21%
	7~9 次	653	28.21%
	10 次以上	193	8.33%

从表 9-2 可以发现，调研对象日常选择的社交电商平台的前三位分别是淘宝、拼多多和京东，平均选择数达 3.67，意味着调研对象会选择多个社交电商平台使用。同时表中的数据也大致显示出各社交电商平台的市场占有现状。

表 9-2　　　　　　　　　**样本选择社交电商平台的基本情况**

社交电商平台	选择数(个)	选择数占总选择数比	已选样本占总样本比($N=2315$)
淘宝	2060	24.24%	88.98%
拼多多	1619	19.05%	69.94%
京东	1126	13.25%	48.64%
微博	917	10.79%	39.61%
社区团购	791	9.31%	34.17%
微信	669	7.87%	28.90%
抖音	536	6.31%	23.15%
小红书	409	4.81%	17.67%
其他	371	4.37%	16.03%
选择数总计	8498	平均选择数	3.67

2. 信度与效度分析

（1）信度分析。首先对样本的整体进行分析，整体 Cronbach's α 系数为 0.893。如表9-3所示为最终的数据分析计算结果，各个变量的 CITC 均大于 0.6，各项变量的 Cronbach's α 均高于 0.8，删除项后的 Cronbach's α 均高于 0.7 且小于变量整体数值，符合信度要求。

表 9-3　　　　　　　　　　　　　　信 度 分 析

变量	项目编号	CITC	删除项后的 Cronbach's α	Cronbach's α
互动性	INT1	0.756	0.796	0.864
	INT2	0.685	0.859	
	INT3	0.787	0.765	
亲近性	PRO1	0.691	0.737	0.857
	PRO2	0.754	0.840	
	PRO3	0.626	0.838	
真实性	AUT1	0.820	0.837	0.868
	AUT2	0.685	0.839	
	AUT3	0.812	0.837	
去中心化	DEC1	0.830	0.724	0.864
	DEC2	0.675	0.838	
	DEC3	0.726	0.824	
个性化	IND1	0.807	0.840	0.895
	IND2	0.787	0.837	
	IND3	0.807	0.856	
顾客情绪	CE1	0.798	0.742	0.859
	CE2	0.783	0.834	
	CE3	0.837	0.838	

续表

变量	项目编号	CITC	删除项后的 Cronbach's α	Cronbach's α
信任	TRU1	0.767	0.848	0.885
	TRU2	0.717	0.851	
	TRU3	0.865	0.774	
关系承诺	RC1	0.759	0.729	0.838
	RC2	0.758	0.809	
	RC3	0.815	0.736	
品牌忠诚	BL1	0.858	0.928	0.941
	BL2	0.883	0.909	
	BL3	0.892	0.902	

(2)效度分析。利用 SPSS 24.0 的因子分析对整体变量进行检验，如表 9-4 所示，KMO 值为 0.812，巴特利特球形度检验显著性概率为 0.000，高度显著。另外，在进行主成分分析研究时，共提取出 9 个成分，总方差解释累计率达到 70.495%，这意味着提取出的因子具有显著的解释力和内部稳定性。

表 9-4 **KMO 测度以及 Bartlett 球度检验结果**

KMO 取样适切性量数		0.812
巴特利特球形度检验	近似卡方	21851.012
	自由度	351
	显著性	0.000

如表 9-5 所示为本问卷各题项的聚合效度分析结果，各项因子载荷数据均大于 0.8，平均提取方差值大于 0.6，组合信度大于 0.8。

表 9-5　　　　　　　　　　　　　　　　聚合效度分析

变量	项目编号	因子载荷	AVE	CR
互动性	INT1	0.837	0.676	0.862
	INT2	0.823		
	INT3	0.807		
亲近性	PRO1	0.835	0.677	0.863
	PRO2	0.824		
	PRO3	0.810		
真实性	AUT1	0.824	0.655	0.850
	AUT2	0.806		
	AUT3	0.797		
去中心化	DEC1	0.822	0.647	0.846
	DEC2	0.801		
	DEC3	0.789		
个性化	IND1	0.842	0.659	0.853
	IND2	0.815		
	IND3	0.777		
顾客情绪	CE1	0.845	0.659	0.853
	CE2	0.818		
	CE3	0.771		
信任	TRU1	0.790	0.622	0.832
	TRU2	0.790		
	TRU3	0.786		
关系承诺	RC1	0.824	0.633	0.838
	RC2	0.812		
	RC3	0.748		
品牌忠诚	BL1	0.807	0.614	0.827
	BL2	0.786		
	BL3	0.757		

3. 结构方程模型检验分析

根据模型初始计算结果可得，真实性对信任路径的 CR 值不符合标准且 P 值大于 0.1，说明社交电商的真实性显著影响消费者的信任感知的假设并不成立，因此修正本研究的初始模型，将"信任<--真实性"路径进行删除，对修正后的模型再次进行拟合指标检验和路径分析。修正后的模型拟合指数如表 9-6 所示。

表 9-6 　　　　　　　　　　修正后结构方程模型拟合指数

拟合指标	χ^2/df	AGFI	GFI	NFI	IFI	CFI	PGFI	PNFI	RMSEA
标准指数	<3	>0.90	>0.90	>0.90	>0.90	>0.90	>0.50	>0.50	<0.05
实际结果	5.065	0.941	0.953	0.931	0.944	0.944	0.756	0.796	0.042

初始模型进行修正后，结构方程模型的各项拟合指标均符合拟合指数的标准。修正后的影响路径系数和假设检验的计算结果如表 9-7 所示。

通过表 9-7 可以得出，社交电商的互动性、亲近性和真实性对关系承诺有着正向的影响作用，社交电商的互动性和亲近性对信任有正向的影响作用。消费者信任和顾客的积极情绪对关系承诺和品牌忠诚有正向影响，消费者的关系承诺对品牌忠诚有正向影响。

表 9-7 　　　　　　　　　　修正后的模型系数检验结果汇总

	假设		Estimate	S. E.	C. R.	P	Label
信任	<--	互动性	.178	.031	5.666	***	H1
信任	<--	亲近性	.136	.030	4.557	***	H3
顾客情绪	<--	去中心化	.120	.037	3.273	***	H8
顾客情绪	<--	个性化	.366	.035	10.518	***	H10
关系承诺	<--	个性化	.145	.030	4.875	***	H9
关系承诺	<--	去中心化	.103	.032	3.247	**	H7
关系承诺	<--	亲近性	.109	.032	3.398	***	H4

续表

	假设		Estimate	S. E.	C. R.	P	Label
关系承诺	<--	真实性	.126	.031	3.998	***	H6
关系承诺	<--	顾客情绪	.086	.023	3.718	***	H13
关系承诺	<--	信任	.227	.026	8.908	***	H11
关系承诺	<--	互动性	.065	.029	2.240	*	H2
品牌忠诚	<--	信任	.105	.025	4.175	***	H12
品牌忠诚	<--	顾客情绪	.094	.021	4.395	***	H14
品牌忠诚	<--	关系承诺	.236	.026	9.058	***	H15

注：***代表显著性水平，*，$p<0.05$；**，$p<0.01$；***，$p<0.001$

由表9-7所知，所有假设的 CR 值均大于 2 且 P 值都小于 0.05，符合显著性水平标准，因此修正后的模型假设均成立。

4. 结果分析

结合上述分析，最终假设检验结果如表9-8所示。

表9-8 **假设检验结果汇总**

序号	假 设	验证结果
H1	社交电商的互动性能够显著影响消费者的信任感知	成立
H2	社交电商的互动性能够显著影响消费者的关系承诺	成立
H3	社交电商的亲近性能够显著影响消费者的信任感知	成立
H4	社交电商的亲近性能够显著影响消费者的关系承诺	成立
H5	社交电商的真实性能够显著影响消费者的信任感知	不成立
H6	社交电商的真实性能够显著影响消费者的关系承诺	成立
H7	社交电商的去中心化能够显著影响消费者的关系承诺	成立
H8	社交电商的去中心化能够显著唤起消费者的积极情绪	成立
H9	社交电商的个性化能够显著影响消费者的关系承诺	成立
H10	社交电商的个性化能够显著唤起消费者的积极情绪	成立

续表

序号	假　　设	验证结果
H11	社交电商中消费者的信任感知显著影响消费者的关系承诺	成立
H12	社交电商中消费者的信任感知显著影响消费者的品牌忠诚	成立
H13	社交电商中消费者的积极情绪显著影响消费者的关系承诺	成立
H14	社交电商中消费者的积极情绪显著影响消费者的品牌忠诚	成立
H15	社交电商中消费者的关系承诺显著影响消费者的品牌忠诚	成立

（1）互动性对信任感知和关系承诺的影响作用。假设 H1 和 H2 均成立，说明社交电商平台所具有的互动性的社交属性能够显著影响消费者对社交电商平台的信任感知和关系承诺。消费者在使用社交电商平台时，既是互动内容的发布者和传播者，也是互动内容的接收者，通过与用户和卖家的互动提高了消费者对社交电商平台的信任感知和关系承诺。

（2）亲近性对信任感知和关系承诺的影响作用。假设 H3 和 H4 均成立，说明社交电商平台所具有的亲近性的社交属性能够显著影响消费者对社交电商平台的信任感知和关系承诺。社交电商的亲近性体现在消费者在使用社交电商平台时，可以选择自己感兴趣的圈子，在圈子里与用户建立联系，得到认同感和归属感。消费者或发布或选择符合自己价值观的评价内容，能够获得同属圈子其他用户的尊重、支持，从而拉近消费者的心理距离，增强消费者对社交电商平台的信任感知和关系承诺。

（3）真实性对信任感知和关系承诺的影响作用。假设 H5 不成立，说明社交电商平台所具有的真实性的社交属性对消费者的信任感知没有显著的影响关系，社交电商平台的真实性关系到消费者利益，消费者认为真实性应是吸引其使用的前提，若此平台的内容不真实，甚至消费者会由此降低对此平台的信任感知；当平台的内容真实时，消费者购买的产品只是符合了其心理预期，却无法调动积极情绪，此时并不会引起消费者提高其对平台的信任感知。假设 H6 成立，说明社交电商平台所具有的真实性能够显著影响消费者对社交电商平台关系承诺。社交电商平台上所提供的信息越真实，越能够让消费者作出关系承诺。社交电商平台作为信息的中转站，应该严格把关信息的真实性，让消费者能够接收到真实且有价值的信息，减少消费者的误判，降低消费者错信的可能，让消费者对平台保持关系承诺并产生忠诚。

（4）去中心化对关系承诺和积极情绪的影响。假设 H7 和 H8 均成立，说明社交电商平台所具有的去中心化的营销属性能够显著影响消费者对社交电商平台的关系承诺并唤起消费者的积极情绪。社交电商平台具有去中心化的特性，消费者能够多渠道进入平台，长尾商品得到发展空间，有利于消费者快速找到符合自己标准的高性价比商品，这都能直接影响消费者的情绪，去中心化促使消费者在使用平台过程中产生积极情绪，同时也能增强消费者的关系承诺。

（5）个性化对关系承诺和积极情绪的影响。假设 H9 和 H10 均成立，说明社交电商平台所具有的个性化的营销属性能够显著影响消费者对社交电商平台的关系承诺并唤起消费者的积极情绪。社交电商平台可以为消费者提供精准的个性化服务，在实际使用过程中，其点击、翻阅和搜索的内容将以数据的形式得到保存并被进行分析，根据此平台能够提供精准和个性化的内容推荐。另外，平台根据消费者的不同消费特性和需求偏好，生成多元化的社区专题，吸引消费者参与话题讨论，而讨论的内容本身也体现了消费者的个性化。社交电商平台的"私人定制"，使消费者获得个性化的满足，唤起积极情绪，增强关系承诺。

（6）信任感知对关系承诺和品牌忠诚的影响。假设 H11 和 H12 均成立，说明消费者的信任感知能够显著影响消费者对社交电商平台的关系承诺和品牌忠诚。消费者对社交电商平台的信任感知度越高，其对平台的关系承诺越强，也就越能产生品牌忠诚。因此社交电商平台应尽可能提高消费者的信任感知，如内部提高消费者的互动性和亲近性，外部强化自身品牌特性，提高消费者的品牌认知度，从而提高消费者的信任感知。

（7）积极情绪对关系承诺和品牌忠诚的影响。假设 H13 和 H14 均成立，说明消费者的积极情绪能够显著影响消费者对社交电商平台的关系承诺和品牌忠诚。消费者的积极情绪对刺激品牌忠诚的产生具有十分重要的积极作用，社交电商平台结合其社交属性和营销属性展开经营活动，不断优化自身，同时也加强与消费者的联结性，让消费者在使用平台的过程中产生积极情绪，心理上获得满足的购物体验不断促使消费者逐渐形成对社交电商平台的依赖，增强关系承诺，并产生对社交电商平台的品牌忠诚。

(8)关系承诺对品牌忠诚的影响。假设 H15 成立，说明消费者的关系承诺对消费者的社交电商平台品牌忠诚有显著影响。消费者对社交电商平台的关系承诺越强，其越能对社交电商平台产生品牌忠诚。消费者的关系承诺主要来源于社交电商平台特征的影响，因此要想发挥关系承诺的积极作用，就要加强社交电商平台的外部优势特性，提高社交电商平台的个性化服务水平，满足消费者的情感需求和多元化个性需要。

9.5　小结

社交电商作为电商发展的新增长极，其发展态势不容忽视。研究基于 SOR 理论和承诺信任理论，构建社交电商平台属性对品牌忠诚的影响模型，探讨社交电商平台的社交属性和营销属性对消费者的信任感知、积极情绪和关系承诺的影响，以及是否影响消费者产生品牌忠诚。结论表明：社交电商平台的社交属性，即互动性和亲近性对消费者的信任感知和关系承诺有显著影响，社交电商平台的营销属性，即去中心化和个性化对消费者的积极情绪和关系承诺有显著影响，而信任感知、积极情绪和关系承诺又会进一步影响消费者对社交电商平台产生品牌忠诚。社交电商平台的真实性虽然不能通过消费者的信任感知对品牌忠诚产生影响，但是能却能对消费者的关系承诺产生正向的显著影响，进而影响消费者对社交电商平台的品牌忠诚。这说明社交电商平台中社交属性和营销属性具有其独特优势，SOR 模型和承诺信任理论模型在社交电商平台中具有高度适用性，对于研究分析社交电商平台中消费者心理行为和实际行为，创新社交电商平台模式具有重要意义。

研究结果证实了社交电商属性的重要性，但也说明存在的一些问题。因此在实践方面，不仅要发挥社交电商平台的优势作用，还要弥补不足。一是社交电商平台应注重促进消费者之间的互动。社交电商平台区别于传统电商和线下实体交易的最大不同在于其互动性能够超越时空限制，社交电商平台应充分发挥这一优势，保持平台的互动性和支持性氛围，为消费者提供信息互动和情感支持。社交电商平台要打造以社交兴趣为核心的黏性购物社交圈，在平台功能设计上要突出互动关系的引导，提高互动关系中的情感体验和社区认同。二是社交电商平台应注重不断优化系统。在保证平台使用的流畅性和安全性的同时，开发多渠道商品链接跳转服务，节省消费者的时间成本，为消费者提供更方便快捷的沟通反馈机制和更愉悦满意的购物体验。三是社交电商平台应建立有效规范的平台信任机制。注重维护对消费者的信任培养，实行严格的处罚机制，对于不良商家和虚假评论的消费者进行惩处，保持社交电商平台的规范化管理。此外，利用 SaaS 服务类平台为社交电商平台发展提供底层支撑价值，打造云端生态体系，为实现商家能力模块化有效接入社交电商平台提供可能性，助力去中心化的智慧零售体系建设。

第10章 总 结

近年来，随着互联网、大数据等技术的迅速发展，中国已经进入数字经济时代。加快发展数字经济，打造具有国际竞争力的数字产业集群，是国家的发展目标，数字经济持续发展为我国经济稳步增长能够作出积极贡献。农产品电子商务作为数字经济重要的一部分，在推动数字经济的发展中必定能够发挥出积极作用；同时，数字经济的不断发展，也推动着国内农产品电子商务向更高的水平进步。

本书基于数字经济时代的发展背景，从各个方面对国内农产品电子商务进行了研究。第一章我们介绍了本书的研究背景和文献综述，为了让读者们更加直观地感受到数字经济和农产品电子商务的发展状况，我们制作了大量清晰明了的图表。研究背景包括数字经济时代的表现、电子商务的发展、生鲜电商的现状，通过分析可以知道，国内数字经济、农产品电子商务都有着强大的发展势头，未来还有很大的进步空间；通过梳理与农产品电子商务相关的文献可以发现，目前对于生鲜电商的研究，主题主要聚集在生鲜电商满意度、生鲜电商模式等方面。第二章为了让读者对本书的内容有更加清晰的了解，我们用文字加图表的形式对农产品电子商务有关的概念和理论基础进行了比较清晰的阐述，包括生鲜食品的定义、生鲜电商的定义、数字经济的概念界定、数字农业的概念界定。第三章我们利用大量图表向读者介绍国内生鲜电商的现状，从行业规模、市场渗透率、企业现状、投融资情况、发展环境五个方面分析国内生鲜电商的发展现状，可以发现，目前生鲜电商问题与机遇并存，并且国家希望大力发展；从时间维度对国内生鲜电商的发展历程进行划分，我们认为，2005—2011 年，是生鲜电商的萌芽期；2011—2017 年，是生鲜电商的发展期；2017—2020 年，是生鲜电商的新零售模式期；2020年至今是生鲜电商的社区团购模式期。在第三章，我们还分析了生鲜电商发展存在的问题，包括生鲜商品的特殊性、物流要求高、冷链物流建设不充分且成本高昂、物流人力资源困境、生鲜电商市场竞争激烈、生鲜电商行业盈利难、食品安全问题凸显。目前生鲜电商经过十几年的发展后，已经出现了各种各样的模式，第四章，我们从模式介绍、模式特点、优劣势、具体案例、优化策略、发展历程与现状等方面分析了生鲜电商的主要模式，包括前置仓模式、仓店一体化模式、社区团购模式。第五章我们运用大量的篇幅，采用实地调研等方法对武汉市"盒马村"、武汉市盒马食品供应链管理、预制菜电商京东生鲜、陇南市电子商务四个案例进行具体的分析，按照解决问题的逻辑，对各个案例中涉及的主题进行全面分析后，指出目前发展所存在的问题，并提出了对应的优化策略。第六章我们将研究视角聚焦于当前热度很高的社区团购，通过到现场实地调研，对六个公司和超市与农贸市场进行考察，收集第一手资料和数据，针对农贸市场、超市和社区团购三种模式的供应链进行理论和数据分析，并对三种供应链效率进行比较。研究团队结合走访调研和成本构成分析，将综合超市、农贸菜场、社区团购三种业态的成本按采购成本、管理成本、损耗成本三种方式拆解。研究表明，农贸菜场的损耗成本占比最高，占总成本的10%左右；超市与社区团购的损耗成本占比接近，占各种总成本的5%左右，但超市的管理费用占比明显高于社区团购。内容电商作为一种新颖的业态，也在迅猛发展着。第七章我们将内容电商作为唯一的研究对象，分析了内容电商的分类及特征、内容电商与传统电商的区别、发展过程、未来内容电商监督思路导向及预判、抖音和快手的成长策略分析及一般路径总结。预制菜虽然在20世纪就已经出现，但直到现在，预制菜才成为市场上的热门话题，第八章我们研究了生鲜电商与预制菜的关系，得出生鲜电商为预制菜提供平台、预制菜倒逼迫电商向上升级的结论。第九章运用实证方法，通过问卷调查，对数据进行分析，关于社交电商平台属性对品牌忠诚的影响研究，结论表明：社交电商平台的社交属性，对消费者的信任感知和关系承诺有显著影响，营销属性对消费者的积极情绪和关系承诺有显著影响，而信任感知、积极情绪和关系承诺又会进一步影响消费者对社交电商平台产生品牌忠诚。

　　由于研究团队能力的局限性以及一些客观原因，在基于数字经济时代的视角下，我们对农产品电子商务的研究存在着一些局限性和不足之处。未来其他学者可以从其他方面对农产品电子商务的研究进行补充和完善，相信通过努力，国内农产品电子商务的发展会越来越好，在推动乡村振兴方面起到越来越重要的作用，并为国家经济的发展作出巨大贡献。

参 考 文 献

[1]汪普庆等. 新形势下食品安全治理体系[M]. 武汉：武汉大学出版社, 2021.

[2]汪普庆, 杨赛迪. 基于食品安全视角的社会化电子商务研究[M]. 武汉：武汉大学出版社, 2020.

[3]汪普庆, 杨赛迪. 区块链视角下我国跨境电商的发展困境及应用路径分析[J]. 对外经贸实务, 2021(10)：48-52.

[4]汪普庆等. 区块链技术在食品安全管理中的应用研究[J]. 农业技术经济, 2019(09)：82-90.

[5]丁晓珊, 王鹏皓, 姜迅, 张皓宁, 刘星星. 供应链管理视角下的"仓店一体"模式库存优化研究[J]. 商讯, 2021(21)：4-6.

[6]刘炫. "互联网+"背景下生鲜电商商业模式对比分析——以盒马鲜生与每日优鲜为例[J]. 商业经济研究, 2023(01)：160-163.

[7]唐文丽, 李勤. 生鲜产品新型仓店一体化服务模式探究[J]. 河北企业, 2022(08)：88-90.

[8]李旭, 刘兆惠. 新零售背景下生鲜连锁超市经营现状分析——以盒马鲜生为例[J]. 知识经济, 2020(18)：57-58.

[9]王嘉欣. 服务营销下传统零售超市与现代电子商务的竞争性拥抱——基于"永盛成超市"与"美团优选"的对比性分析[J]. 中国储运, 2022(11)：53-55.

[10]海裕. 农产品社区团购的模式研究[D]. 湖南农业大学, 2021.

[11]王馨怡. 社区团购电商平台运营模式分析——以美团优选为例[J]. 对外经贸, 2022(08)：33-36.

[12]曹畅. DEVA 模型与情景分析法结合下互联网企业价值评估研究[D]. 兰州

财经大学，2022.

［13］王楠.后疫情时期生鲜电商前置仓配送模式研究［J］.山西农经，2023（02）：154-156.

［14］宋帅.前置仓模式下 X 企业供应链成本管理研究［D］.哈尔滨商业大学，2022.

［15］毛洁.生鲜农产品前置仓电商模式发展策略探讨［J］.商业经济研究，2022（18）：94-97.

［16］弓序.新零售背景下生鲜电商前置仓模式的研究——以朴朴超市为例［J］.全国流通经济，2022（23）：39-41.

［17］林芳，陈绮红.后疫情时代背景下生鲜电商前置仓模式优化研究——以叮咚买菜为例［J］.太原城市职业技术学院学报，2022（11）：18-23.

［18］孟玥辛，王延臣.基于 SWOT-PEST 矩阵的叮咚买菜发展状况分析与对策研究［J］.投资与创业，2022，33（20）：51-53.

［19］李震，王娟.前置仓模式下叮咚买菜的供应链管理分析［J］.物流工程与管理，2022，44（10）：55-57.

［20］宋芳冰.生鲜电商的商业模式比较分析——以叮咚买菜和京东生鲜为例［J］.现代商业，2021（36）：30-32.

［21］王雪娇.生鲜电商商业模式的对比分析——以叮咚买菜和盒马鲜生为例［J］.物流工程与管理，2022，44（03）：159-160，149.

［22］王海若.新零售背景下社区生鲜电商商业模式研究——以叮咚买菜为例［J］.现代商业，2022（33）：15-18.

［23］袁妍霞.疫情时期生鲜电商商业模式创新思考［J］.合作经济与科技，2022（07）：102-103.

［24］刘蓝青.大数据时代电子商务社区团购服务模式优化［J］.现代商业，2021（18）：54-56.

［25］黎敏琦.基于数据驱动的社区团购助农产品供应链优化研究［J］.物流工程与管理，2022，44（05）：53-55.

［26］周佳宇.社区团购背景下商贸流通供应链转型升级路径研究［J］.现代商业，2022（06）：36-38.

[27] 刘畅, 姚建明. 社区团购场景下供应链末端配送资源整合优化研究[J]. 管理学报, 2022, 19(08): 1231-1239.

[28] 王悦. 社区团购发展现状及可持续发展策略浅析[J]. 现代营销(上旬刊), 2023(02): 82-84.

[29] 杨予. 社区团购探究——以美团优选为例[J]. 中国市场, 2021(36): 160-161.

[30] 胡丽丽. 生鲜农产品社区团购发展分析[J]. 内蒙古科技与经济, 2020(17): 70-72.

[31] 刘海启. 加快数字农业建设 为农业农村现代化增添新动能[J]. 中国农业资源与区划, 2017, 38(12): 1-6.

[32] 刘元胜. 农业数字化转型的效能分析及应对策略[J]. 经济纵横, 2020(07): 106-113.

[33] 楚明钦. 数字经济下农业生产性服务业高质量发展的问题与对策研究[J]. 理论月刊, 2020(08): 64-69.

[34] 寇爽. 技术引领下我国农村数字经济与农业经济的有效融合研究[J]. 农业经济, 2021(06): 12-14.

[35] 丘永萍. 发展数字农业推进农业信息化[J]. 农村金融研究, 2011(09): 24-28.

[36] 杨建利, 郑文凌, 邢娇阳, 靳文学. 数字技术赋能农业高质量发展[J]. 上海经济研究, 2021(07): 81-90, 104.

[37] 罗浚文, 李荣福, 卢波. 数字经济、农业数字要素与赋能产值——基于GAPP 和 SFA 的实证分析[J]. 农村经济, 2020(06): 16-23.

[38] 阮俊虎, 刘天军, 冯晓春, 乔志伟, 霍学喜, 朱玉春, 胡祥培. 数字农业运营管理: 关键问题、理论方法与示范工程[J]. 管理世界, 2020, 36(08): 222-233.

[39] 易加斌, 李霄, 杨小平, 焦晋鹏. 创新生态系统理论视角下的农业数字化转型: 驱动因素、战略框架与实施路径[J]. 农业经济问题, 2021(07): 101-116.

[40] 王月, 程景民. 农业生产经营数字化与农户经济效益[J]. 社会科学, 2021

（08）：80-90.

[41]李海艳. 数字农业创新生态系统的形成机理与实施路径[J]. 农业经济问题，
2022（05）：49-59.

[42]罗必良. 小农经营、功能转换与策略选择——兼论小农户与现代农业融合发
展的"第三条道路"[J]. 农业经济问题，2020（01）：29-47.

[43]吴彬，徐旭初. 农业产业数字化转型：共生系统及其现实困境——基于对甘
肃省临洮县的考察[J]. 学习与探索，2022（02）：127-135.

[44]许荣聪，宁浮洁，王凌霄. 新零售变革下半场，从需求侧到供给侧——商贸
零售行业2019年度策略报告[D]. 招商证券，2018.

[45]王宝义. 我国"新零售"实践回顾与展望——基于上半场"需求端"与下半场
"供给端"转型期视角[J]. 中国流通经济，2019，33（03）：19-30.

[46]陈国军，王国恩. "新零售"环境下"盒马村"经济模式初探[J]. 农业经济问
题，2020（07）：14-24.

[47]闵师，王晓兵，余建宇. 数字化农业助推小农户与现代农业有机衔接[EB/
OL]. （2021-01-12）[2021-10-12]. https：//www. farmer. com. cn/2021/01/12/
wap_99864599.html.

[48]国家统计局. 2017国民经济行业分类注释[EB/OL]. （2019-05-22）[2021-10-
17]. http：//www.stats.Gov.cn/tjsj/tjbz/201905/t20190522_1666232.html.

[49]国家统计局. 战略性新兴产业分类（2018）[EB/OL]. （2018-11-26）[2021-11-
03]. http：//www.stats.Gov.cn/tjgz/tzgb/201811/t20181126_1635848.html.

[50]国家统计局. 2021数字经济及其核心产业统计分类[EB/OL]. （2021-06-04）
[2021-11-10]. http：//www. stats. gov. cn/xxgk/tjbz/gjtjbz/202106/t20210604-
5071674.html.

[51]罗浩轩. 农业要素禀赋结构、农业制度安排与农业工业化进程的理论逻辑探
析[J]. 农业经济问题，2021（03）：4-16.

[52]中国信息通信研究院. 中国数字经济发展白皮书（2021年）[EB/OL].
（2021-04-23）[2022-02-25]. http：//www.caict.ac.cn/kxyj/qwfb/bps/202104/
t20210423_374626.htm.

[53]中国互联网络信息中心发布第50次《中国互联网络发展状况统计报告》[J].

国家图书馆学刊，2022，31（05）：12．

［54］国家统计局发布 2021 年农民工监测调查报告［EB/OL］．http://wap.stats.gov.cn/．

［55］农业农村部信息中心．2021 年全国县域农业农村信息化发展水平评价报告［M］．北京：中国农业出版社，2022．

［56］农业农村部，中央网络安全和信息化委员会办公室．数字农业农村发展规划（2019—2025 年）［EB/OL］．（2020-01-20）［2021-11-19］．http://www.moa.gov.cn/gk/tzgg_1/tz/202001/t20200120_6336316.htm．

［57］盛洪．分工与交易［M］．上海：上海三联书店、上海人民出版社，1994．

［58］罗必良．论服务规模经营——从纵向分工到横向分工及连片专业化［J］．中国农村经济，2017（11）：2-16．

［59］冀名峰，李琳．农业生产托管：农业服务规模经营的主要形式［J］．农业经济问题，2020（01）：68-75．

［60］陈国军，王国恩．"盒马村"的"流空间"透视：数字农业经济驱动下的农业农村现代化发展重构［J］．农业经济问题，2022：1-20．

［61］吴翌琳，王天琪．数字经济的统计界定和产业分类研究［J］．统计研究，2021，38（06）：18-29．

［62］关会娟，许宪春，张美慧，郁霞．中国数字经济产业统计分类问题研究［J］．统计研究，2020，37（12）：3-16．

［63］程大为，樊倩，周旭海．数字经济与农业深度融合的格局构想及现实路径［J］．兰州学刊，2022（12）：131-143．

［64］赵彬．农业规模经济发展的现状及其发展逻辑［J］．农业经济，2018（07）：17-19．

［65］张建华．农业与工业化［J］．经济研究，2022，57（03）：20-24．

［66］叶敬忠，张明皓．小农户为主体的现代农业发展：理论转向、实践探索与路径构建［J］．农业经济问题，2020（01）：48-58．

［67］赵礼强．严格项目管理　提升"强鑫"品牌［J］．中国农垦，2015（9）：35-36．

［68］郭芸芸，杨久栋，曹斌．新中国成立以来我国乡村产业结构演进历程、特点、问题与对策［J］．农业经济问题，2019（10）：24-35．

[69]温涛，陈一明.数字经济与农业农村经济融合发展：实践模式、现实障碍与突破路径[J].农业经济问题，2020(07)：118-129.

[70]蒙薇."盒马村"：中国数字农业新样本[J].农村新技术，2020(08)：4-7.

[71]张磊，王娜，盛丽颖.生鲜农产品"卖难买贵"原因解析及纾困策略——基于中间商购销行为的视角[J].中国流通经济，2021，35(06)：28-36.

[72]蔡倩晓，柳嘉昊.生鲜农产品滞销与疏通机制研究——以盒马村为例[J].市场周刊，2022，35(04)：11-14，23.

[73]姚伟.供应链金融对食品工业发展的影响性分析[J].食品安全导刊，2021(14)：30-31.

[74]胡劲松，刘玉红，马德青.食品安全危机预测下食品供应链动态策略制定及协调[J].中国管理科学，2021：1-11.

[75]胡健歆，陈喜文.新零售背景下生鲜业态发展的阻碍及突破——以盒马鲜生与超级物种为例[J].商业经济研究，2020(05)：108-111.

[76]王惜凡，周捷，顾意刚.新零售背景下智慧物流调配模式研究——以阿里盒马鲜生为例[J].物流工程与管理，2020，42(01)：22-25.

[77]邢惠淳."新零售"背景下生鲜电商商业模式比较分析——以盒马鲜生和每日优鲜为例[J].商业经济研究，2019(04)：85-87.

[78]袁康来，杨亦民.农业食品供应链的可追溯性研究[J].物流科技，2006(09)：121-123.

[79]黎继子，周德翼，刘春玲，蔡根女.论国外食品供应链管理和食品质量安全[J].外国经济与管理，2004(12)：30-34.

[80]张红霞.核心企业主导的食品供应链质量安全风险控制研究[D].中国农业大学，2014.

[81]石崇玉，方瑜.确定需求下应急食品调度模型应用[J].中国储运，2021(10)：78-80.

[82]陈泽云，张军.食品冷链管理工程供应链博弈风险控制方法[J].食品工业，2021，42(05)：413-418.

[83]张桥艳.低碳经济背景下航空食品供应链管理优化策略[J].食品研究与开发，2021，42(08)：225-226.

[84]蔡宇凌，姜涛. 食品行业绿色供应链管理特征分析及实施路径[J]. 供应链管理，2021，2(04)：48-56.

[85]刘为军，潘家荣，丁文锋. 关于食品安全认识、成因及对策问题的研究综述[J]. 中国农村观察，2007(05)：73-80.

[86]李艳波，刘松先. 食品安全供应链中政府主管部门与食品企业的博弈分析[J]. 工业工程，2007(01)：35-38.

[87]斯樊锋. 食品供应链管理[J]. 物流科技，2006(01)：77-79.

[88]邓淑芬，吴广谋，赵林度，吴德俊. 食品供应链安全问题的信号博弈模型[J]. 物流技术，2005(10)：135-137.

[89]顾宇婷，施晓江. 食品供应链环节的监管博弈[J]. 中国食品药品监管，2005(07)：5-8.

[90]李旭. 我国食品供应链的现状及管理对策[J]. 中国物流与采购，2004(22)：8-10.

[91]张英奎，徐广军，邹月华. 食品冷藏供应链的质量管理[J]. 中国物资流通，2001(22)：29-30.

[92]张铎，张成海. 供应链管理及其面临的问题[J]. 物流技术，1998(06)：49-51.

[93]张红霞，安玉发，张文胜. 我国食品安全风险识别、评估与管理——基于食品安全事件的实证分析[J]. 经济问题探索，2013(06)：135-141.

[94]肖静，刘子玉，李北伟. 基于 RFID 的食品供应链追溯管理系统研究[J]. 农机化研究，2012，34(02)：181-184.

[95]雷勋平，Robin Qiu，吴杨. 基于供应链和可拓决策的食品安全预警模型及其应用[J]. 中国安全科学学报，2011，21(11)：136-143.

[96]慕静. 食品安全监管模式创新与食品供应链安全风险控制的研究[J]. 食品工业科技，2012，33(10)：49-51.

[97]华红娟，常向阳. 供应链模式对农户食品质量安全生产行为的影响研究——基于江苏省葡萄主产区的调查[J]. 农业技术经济，2011(09)：108-117.

[98]许福才，蒙少东. 浅析食品供应链风险管理[J]. 黑龙江农业科学，2010(01)：82-85.

[99]肖静. 基于供应链的食品安全保障研究[D]. 吉林大学，2009.

[100]何坪华，凌远云，周德翼. 食品价值链及其对食品企业质量安全信用行为的影响[J]. 农业经济问题，2009(01)：48-52，111.

[101]李嘉琪. 盒马鲜生供应链管理的现状及对策研究[J]. 农家参谋，2020(24)：241-242.

[102]陈务远，张少峰，胡小丽，张力派. 考虑保鲜努力水平的生鲜食品供应链库存控制微分对策[J]. 中国科学技术大学学报，2019，49(06)：494-505.

[103]唐衍军. 区块链技术下的生鲜食品冷链数字化平台建设[J]. 食品工业，2021，42(08)：197-199.

[104]李文斌. 生鲜食品的冷链物流体系建设——评《农产品物流与供应链管理》[J]. 食品工业，2021，42(01)：354.

[105]王祚宇. 基于大数据的电商平台生鲜食品供应链优化研究[J]. 物流工程与管理，2021，43(01)：98-101.

[106]吕宇红. 基于供应链视角的食品质量安全管理对我国肉制品加工业的启发[J]. 品牌与标准化，2021(01)：56-58.

[107]齐志明. 实体商业企业数字化、智能化改造加快推进——数字零售体验升级[N]. 人民日报，2021-06-25.

[108]文博. 精准化产销，数字化便民——让新鲜农产品搭上互联网快车[N]. 人民日报，2021-12-07.

[109]林子涵，金晨. 社区团购，"退烧"后咋办？[N]. 人民日报(海外版)，2021-01-13.

[110]洪涛. 社区团购不意味着就是低价，反对趋同投资的社区团购[N]. 新京报，2021-01-13.

[111]李琪等. 整合SOR和承诺信任理论的消费者社区团购研究[J]. 西安交通大学学报(社会科学版)，2020(03)：25-35.

[112]王志刚，于滨铜. 农业产业化联合体概念内涵、组织边界与增效机制：安徽案例举证[J]. 中国农村经济，2019(02)：60-80.

[113]黄宗智. 怎样推进中国农产品纵向一体化物流的发展？——美国、中国和"东亚模式"的比较[J]. 开放时代，2018(01)：151-165.

［114］王桂琦. 社区团购平台消费者使用意愿影响因素研究［D］. 北京：中央民族
　　　　大学，2020.

［115］尹瑶玲. 消费者社区团购使用意愿的影响因素研究［D］. 长春：吉林大
　　　　学，2020.

［116］闻卉. 不同主体主导下生鲜农产品供应链的利润最大化策略研究［D］. 武
　　　　汉：华中农业大学，2020.

［117］国泰君安证券. 社区团购背后的信息成本与信息革命［R］. 2021-01-14.

［118］艾媒咨询. 2020 上半年中国社区团购行业专题研究报告［R］. 2020-09-11.

［119］艾瑞咨询，九曳供应链. 中国生鲜供应链市场研究报告［R］. 2020-09-21.

［120］艾媒新零售产业研究中心. 2018—2019 中国社区团购行业及企业竞争力分
　　　　析报告［R］. 2019-01-31.

［121］张侠丹. 社区团购业务模式探究［J］. 新经济，2021(11)：82-87.

［122］邵晓腾. 政策影响下社区团购平台运营策略研究［J］. 西部皮革，2021，43
　　　　(17)：139-140.

［123］张倩倩，陈晓萌. 新形式下社区团购销售模式现状研究［J］. 营销界，2021
　　　　(35)：53-54.

［124］曹艳丽. 浅析社区团购的供应链现状［J］. 中国商论，2021(12)：124-126.

［125］刘艳胜. 社区团购中生鲜产品冷链物流优化策略研究［J］. 物流科技，
　　　　2021，44(07)：156-158.

［126］刘紫玉，李亚萍. 社区电商平台供应链价值共创分析［J］. 河北科技大学学
　　　　报(社会科学版)，2021，21(03)：44-53.

［127］宋始殷. 社区团购模式优势、现存问题与治理建议——基于 4C 理论框架的
　　　　分析［J］. 商业经济研究，2021(21)：37-39.

［128］王爽英. "新 4C 法则"视角下社区团购平台企业营销优化策略［J］. 新乡学
　　　　院学报，2021，38(10)：17-21.

［129］卢川榕，陈哲玮. 从成本运营角度对社区团购选品的研究分析和建议［J］.
　　　　商展经济，2021(19)：52-54.

［130］谭舒怡. 社区团购模式下的消费者农产品购买行为分析［J］. 质量与市场，
　　　　2021(16)：154-156.

[131]豆丹丹，李利英. 基于社区团购的县域生鲜农产品流通体系优化[J]. 商业经济研究，2021(20)：135-138.

[132]尚延超. "社区团购"概念下生鲜农产品现代流通体系构建研究[J]. 商业经济研究，2021(19)：150-153.

[133]洪涛. 2021 上半年中国农产品电商的形势分析[J]. 农业工程技术，2021，41(21)：16-25.

[134]陈爽. 新媒体背景下社区电商的个性化社群营销研究[J]. 传播与版权，2021(07)：65-67.

[135]王宁宁. 社区 O2O 生鲜电商模式比较分析[J]. 河北企业，2021(10)：42-44.

[136]陈瑾垣等. 新零售背景下社区团购文献综述[J]. 中国储运，2021(11)：75-78.

[137]覃美连等. 基于社区团购的在线社区营造对成员非购买支持行为影响研究[J]. 商业经济，2021(11)：53-56，61.

[138]宏伟. 社区团购规范化发展研究[J]. 品牌与标准化，2021(05)：95-97.

[139]樊文静，潘娴. 平台经济领域的垄断逻辑与资本无序扩张——以社区团购为例[J]. 吉林工商学院学报，2021，37(04)：30-34.

[140]洪舒阳. 互联网巨头投资社区团购的利弊分析[J]. 现代商业，2021(23)：39-41.

[141]刘天雨. 时间窗口约束下社区团购生鲜第三方平台仓配模式优化问题研究[D]. 郑州：郑州大学，2019.

[142]刘颖娴. 农民专业合作社纵向一体化研究——影响因素、组织绩效与发展模式[D]. 杭州：浙江大学，2014.

[143]俞晔. 网络社区对 B2C 电子商务平台品牌忠诚影响机理实证研究[D]. 上海交通大学，2010.

[144]吴菊华等. 社会化电子商务模式创新研究[J]. 情报科学，2014，32(12)：48-52，66.

[145]张洪，鲁耀斌，向纯洁. 社会化商务环境下消费者参与意向研究：基于体验的视角[J]. 管理工程学报，2017，31(02)：40-46.

[146]闫慧丽，彭正银. 嵌入视角下社交电商平台信任机制研究——基于扎根理论的探索[J]. 科学决策，2019(03)：47-72.

[147]董葆茗，孟萍莉，周璐璐. 社交电商背景下零售企业营销模式研究[J]. 商业经济研究，2020(06)：56-59.

[148]潘建林，汪彬，董晓晨. 基于 SICAS 消费者行为模型的社交电商模式及比较研究[J]. 企业经济，2020，39(10)：37-43.

[149]张洪，鲁耀斌，闫艳玲. 社会化购物社区技术特征对购买意向的影响研究[J]. 科研管理，2017，38(02)：84-92.

[150]冯晓伟. 社会化商务背景下信息分享对购买意愿的影响研究[J]. 价值工程，2020，39(07)：68-71.

[151]刘遗志，胡争艳，汤定娜. 多渠道零售环境下消费者在线渠道迁徙意愿研究——基于 SOR 理论模型视角[J]. 大连理工大学学报(社会科学版)，2022(1)：38-49.

[152]江琳，李民. 基于 SOR 和 TAM 的社会化电商用户持续意愿影响因素研究[J]. 科技促进发展，2021，17(04)：808-815.

[153]李琪，李欣，魏修建. 整合 SOR 和承诺信任理论的消费者社区团购研究[J]. 西安交通大学学报(社会科学版)，2020，40(02)：25-35.

[154]周小兵. 新消费时代提高网络品牌忠诚的策略研究——基于承诺信任理论[J]. 商业经济，2015(15)：116-117.

[155]陈星，张星，肖泉. 在线健康社区的用户持续知识分享意愿研究———一个集成社会支持与承诺—信任理论的模型[J]. 现代情报，2019，39(11)：55-68.

[156]王学军. 分享信任和承诺对分享行为的影响研究——基于承诺信任理论和计划行为理论视角[J]. 北方民族大学学报，2020(04)：123-129.

[157]周彦莉，荣梅，冯群. 社交消费中消费者信任及持久信任关系承诺的影响机制[J]. 中国流通经济，2020，34(09)：41-55.

[158]邓之宏. 中国消费者网络团购再购意愿影响因素研究[J]. 华东经济管理，2016(02)：141-148.

[159]廖列法，王刊良. C2C 电子商务消费者满意、信任与忠诚之间关系的实证

研究[J]. 信息系统学报，2010，4(01)：20-33.

[160]Shen, S., Basist, A., Howard, A. Structure of A Digital Agriculture System and Agricultural Risks due to Climate Changes[J]. Agriculture and Agricultural Science Procedia, 2010(01)：42-51.

[161] Ozdogan, B., Gacar, A., Aktas, H, Digital Agriculture Practices in the Context of Agriculture 4.0[J]. Journal of Economics Finance and Accounting, 2017(02)：186-193.

[162]Shepherd M., et al.. Priorities for Science to Overcome Hurdles Thwarting the Full Promise of the "Digital Agriculture" Revolution[J]. Journal of the Science of Food and Agriculture, 2020, 100(14)：5083-5092.

[163] YU Li. The Application of IOT(Internet of Things)Technology in Agricultural Product Management[J]. Journal of Qingyuan Polytechnic, 2018, 11(01)：24-27.

[164]G. Sucharitha, M. Mandeep Sai. Developments in Agriculture Technology Using Internet of Things[J]. Internet of Things and Its Applications, 2021, 11(26)：341-360.

[165]Iaksch J., Fernandes E., Borsato M.. Digitalization and Big Data in Smart Farming —A Review[J]. Journal of Management Analytics, 2021, 8(02)：333-349.

[166]Mehrabi Z., et al.. The Global Divide in Data-Driven Farming[J]. Nature Sustainability, 2021, 4(02)：154-160.

[167]Margherio L, Cooke S, Monks S, et al. The Emerging Digital E-conomy[R]. U. S. Department of Commerce, Washington D. C. 1998.

[168]Rob Kling, Roberta Lamb. IT and Organizational Change in Digital Economies [J]. ACM SIGCAS Computers and Society, 1999, 29(03)：98-101.

[169]Mesenbourg T L. Measuring the Digital Economy[R]. U. S. Bureau of the Census. https：//www. census. gov/content/dam/Census/library/working-papers/2001/econ/umdigital. pdf, 2001.

[170]BEA. Defining and Measuring the Digital Economy[EB/OL]. https：//www.

bea. gov/digital-economy/pdf/defining-and-measuring-the-digital-economy. Pdf, 2018.

[171] Tapscott D. The Digital Economy: Promise and Peril in the Age of Networked Intelligence[M]. New York: Mc Graw Hill, 1994.

[172] OECD. OECD Internet Economy Outlook 2012 [M]. OECD Publishing, Paris, 2012.

[173] Rejeb Abderahman, Rejeb Karim, Keogh John G.. Enablers of Augmented Reality in the Food Supply Chain: A Systematic Literature Review[J]. Journal of Foodservice Business Research, 2021(04): 24-28.

[174] Gomez Michael, Mejia Alfonso, Ruddell Benjamin L, Rushforth Richard R. Supply Chain Diversity Buffers Cities Against Food Shocks[J]. Nature, 2021 (01): 595-604.

[175] Azam Tamoor, Wang Songjiang, Mohsin Muhammad, Nazam Muhammad, Hashim Muhammad, Baig Sajjad Ahmad, ZiaurRehman Muhammad. Does Stakeholder Pressure Matters in Adopting Sustainable Supply Chain Initiatives? Insights from Agro-Based Processing Industry[J]. Sustainability, 2021 (01): 13-22.

[176] Luciano Batista, Manoj Dora, Jose Arturo Garza-Reyes, Vikas Kumar. Improving the Sustainability of Food Supply Chains through Circular Economy Practices — A Qualitative Mapping Approach[J]. Management of Environmental Quality, 2021(04): 32-34.

[177] Simulation Modelling; Reports from Polytechnic University of ValenciaAdvance Knowledge in Simulation Modelling (Integrating Inventory and Transport Capacity Planning In a Food Supply Chain)[J]. Food Weekly News, 2020(01): 22-29.

[178] Sustainability Research; Research from University of North Carolina in the Area of Sustainability Research Described (Food Waste Management with Technological Platforms: Evidence from Indian Food Supply Chains)[J]. Food Weekly News, 2020(01): 64-70.

[179] S Balamurugan, A Ayyasamy, K Joseph. An Efficient Bayes Classifiers

Algorithm for Traceability of Food Supply Chain Management using Internet of Things [J]. International Journal of Engineering and Advanced Technology (IJEAT) , 2019(01): 1-7.

[180] Local Sourcing in the Cabo Verde Tourism Food Supply Chain[M]. World Bank, 2019(10): 24-29.

[181] Jake Astill, Rozita A. Dara, Malcolm Campbell, Jeffrey M. Farber, Evan D. G. Fraser, Shayan Sharif, Rickey Y. Yada. Transparency in Food Supply Chains: A Review of Enabling Technology Solutions[J]. Trends in Food Science & Technology, 2019(01): 91-99.

[182] Linda Ferrari, Alessia Cavaliere, Elisa De Marchi, Alessandro Banterle. Can Nudging Improve the Environmental Impact of Food Supply Chain? A Systematic Review[J]. Trends in Food Science & Technology, 2019(01): 91-94.

[183] Eleonora Bottani, Teresa Murino, Massimo Schiavo, Renzo Akkerman. Resilient Food Supply Chain Design: Modelling Framework and Metaheuristic Solution Approach [J]. Computers & Industrial Engineering, 2019 (01): 135-139.

[184] Horton Peter, Bruce Richard, Reynolds Christian, Milligan Gavin. Food Chain Inefficiency (FCI): Accounting Conversion Efficiencies Across Entire Food Supply Chains to Re-define Food Loss and Waste[J]. Frontiers in Sustainable Food Systems, 2019(01): 6-11.

[185] Casino Fran, Kanakaris Venetis, Dasaklis Thomas K., Moschuris Socrates, Stachtiaris Spiros, Pagoni Maria, Rachaniotis Nikolaos P.. Blockchain-based Food Supply Chain Traceability: A Case Study in the Dairy Sector [J]. International Journal of Production Research, 2021(19): 19-21.

[186] Pourmohammad-Zia Nadia, Karimi Behrooz, Rezaei Jafar. Food Supply Chain Coordination for Growing Items: A Trade-off between Market Coverage and Cost-efficiency [J]. International Journal of Production Economics, 2021 (01): 242-244.

[187] Hernandez Jorge E., Mortimer Martin, Panetto Herve. Operations Management

and Collaboration in Agri-food Supply Chains[J]. Production Planning & Control, 2021(32): 14-15.

[188]Shui, W. and Li, M., Integrated Pricing and Distribution Planning for Community Group Purchase of Fresh Agricultural Products [J]. Scientific Programming, 2020(08): 1-15.

[189]Williamson, O. E., The Economic Institutions of Capitalism: Finns, markets, relational contracting[M]. New York: The Free Press, 1985.

[190]Marsdn P. Commerce Gets Social: How Your Networks are Driving What You Buy[N]. Social Commerce Today, 2011-01-29(1).

[191]Hajli M. Socialcommerce Adoption Model[C]//the UK Acade-my of Information Systems Conference. UK: University of Oxford, 2012: 1-26.

[192]Amehrabian A, Russell J A. An Approach to Environmental Psychology [M]. Cambridge: MIT Press, 1974.

[193]Hsu C L,Chang K C, Chen M C. The Impact of Website Quality on Customer Satisfaction and Purchase Intention: Perceived Playfulness and Perceived Flow as Mediators[J]. Information Systems and e-Business Management, 2012, 10 (04): 549-570.

[194]Huang, L. T. Flow and Social Capital Theory in OnlineImpulse Buying[J]. Journal of Business Research, 2016, 69(06): 2277-2283.

[195]Morgan R M,Hunt S D. The Commitment-trust Theory of Relationship Marketing [J]. Journal of Marketing, 1994, 58(07): 20-38.

[196]Sahin,Azize, Kitspcl H, et al. Creating Commitment, Trust and Satisfaction for a Brand: What is the Role of Switching Costs in Mobile Phone Market? [J]. Procedia-Social and Behavioral Sciences, 2013, 99: 496-502.

[197]Kim H, Niehm L S. The Impact of Website Quality on Information Quality, Value, and Loyalty Intentions in Apparel Retailing[J]. Journal of Interactive Marketing, 2009, 23(03): 221-233.

[198]See-Pui N C. Intention to Purchase on Social Commerce Websites across Cultures: A Cross-regional Study [J]. Information & Management, 2013, 50

（08）：609-620.

［199］Chia-Ying L. How Social Commerce Constructs Influence Customers' Social Shopping Intention? An Empirical Study of a Social Commerce Websit［J］. Technological Forecasting and Social Change，2019（144）：282-294.

［200］Szymanskid M，Hise R T. E-Satisfaction：An Initial Examination［J］. Journal of Retailing，2000，76（03）：309-322.

［201］Srinivasans S，Anderson R， Ponnavolu K. Customer Loyalty in E-commerce：An Exploration of Its Antecedents and Consequences［J］. Journal of Retailing，2002，78（01）：41-50.

［202］Hsu， Chien-Lung，Lee Y D，et al. Effect of Commitment and Trust towards Micro-blogs on Consumer Behavior Intention：A Relationship Marketing Perspective［J］. International Journal of Production Economics Business Management，2010，8（04）：77-81.

［203］Morgan R M，Hunt S D. The Commitment-trust Theory of Relationship Marketing［J］. Journal of Marketing，1994，58（07）：20-38.

［204］Gilly M C，Graham J L，Wolfinbarger M F，et al. A Dyadic Study of Interpersonal Information Search［J］. Journal of the Academy of Marketing Science，1998，26（02）：83-100.

［205］Koo D M， Ju S H. The Interactional Effects of Atmospherics and Perceptual Curiosity on Emotions and Online Shopping Intention［J］. Computers in Human Behavior，2010，26（03）：377.

［206］Laros， F.， Steenkamp， E. B. M.. Emotions in Consumer Behavior：A Hierarchical Approach［J］. Journal of Business Research，2005（58）：1437-1445.

附　　录

2023 第六届"一带一路"跨境电商国际论坛工作方案

为促进"一带一路"沿线国家和地区相关政府、高校、企业、协会、研究机构的相互交流，解决"一带一路"跨境电商发展难题，推动"一带一路"跨境电商更好更快地发展，尤其是促进中巴跨境电商的发展，2018 年由华中农业大学发起了围绕跨境电商发展和农业数字服务为主题的"一带一路"中巴跨境电商国际论坛。一方面是为了进行跨境电商学术探讨和交流，另一方面可以充分利用两地留学生的资源，以高校为媒介，解决跨境电商过程中的信任缺乏问题，从而提高相关地域跨境的效能。2023 年由华中农业大学和喀喇昆仑国际大学共同发起了"2023 第六届'一带一路'跨境电商国际论坛"，为确保活动顺利开展，特制订如下工作方案。

一、活动名称

2023 第六届"一带一路"跨境电商国际论坛

二、时间地点

时间：8 月 16—25 日

地点：中国新疆喀什地区　巴基斯坦吉尔吉特市

主办：华中农业大学　喀喇昆仑国际大学

承办：华中农业大学经济管理学院

　　　喀什地区商务局

　　　　陇南市电子商务发展局

协办：新疆天果园农村发展有限公司

三、参加人员(线下约 50 人，线上 50 人)

(一)华中农业大学(联络人周德翼：15527826338)

青　平　华中农业大学副校长(线上参与)

李谷成　华中农业大学经济管理学院教授院长(线上参与)

周德翼　华中农业大学经济管理学院　教授

李　腾　华中农业大学经济管理学院　博士生(线上参与)

陈志林　武汉市洪山区守望者青少年服务中心　秘书长

熊学萍　华中农业大学经济管理学院　教授(线上参与)

王渐琴　华中农业大学经济管理学院　副教授

何德华　华中农业大学经济管理学院　副教授

夏春萍　华中农业大学经济管理学院　教授(线上参与)

王　勇　华中农业大学经济管理学院　讲师

(二)喀喇昆仑国际大学(约 6 人)

阿道乌拉·沙　喀喇昆仑国际大学副校长

萨加德·海德　喀喇昆仑国际大学国际办公室主任

拉赫马特·克力木博士　喀喇昆仑国际大学博士

法吉尔·穆罕默德　喀喇昆仑国际大学博士

伊夫蒂哈尔　喀喇昆仑农业咨询与技术公司 CEO(线上参与)

苏丹·可汗　狄哈勃网络私营公司首席执行官(线上参与)

(三)陇南市(约 4 人)(联络人赵炎强 18893351889)

王小元　市电子商务发展局局长

赵炎强　市电子商务发展局科长

徐　涛　陇南善美文化传媒负责人

张小已　陇南籍喀什自媒体达人

(四)喀什地区(联络人李德飞：18139365221)

吴晓斌　喀什地区行署副专员

姜海涛　喀什地区商务局党组成员、副局长

李德飞　喀什地区商务局中心主任

帕提曼·麦麦提　喀什地区商务局外贸科干部

阿布杜外力　喀什青年企业家协会代表

梁　超　喀什地区跨境电商协会会长

王伟华　喀什南疆快线电子商务有限公司总经理

张晓丽　新疆甜相丝路国际供应链有限公司董事长

（五）其他参会人员（14 人）

阿米尔·拉扎克　黄冈师范学院商学院　副教授

胡萌萌　淘宝教育项目经理（线上参与）

李　根　临沂腾飞环宇国际贸易有限公司

徐雪娇　世界银行跨境电商专家

丁士军　中南财经政法大学教授

陈玉萍　中南财经政法大学教授

刘科伟　西北大学教授

马俊杰　西北大学教授

杨海娟　西北大学教授

王茂丽　华侨大学教授

汪普庆　武汉轻工大学教授

李小锋　塔里木大学副教授

刘尚俊　塔里木大学副教授

石维达　塔里木大学讲师

马信春　塔里木大学讲师

丁哲利　中国热科院专家

四、活动安排

（一）第六届"一带一路"跨境电商国际论坛（陇南调研）

时间：8 月 16—18 日

地点：陇南市武都区、成县

日程：

1. 8 月 16 日，到达陇南。

2. 8 月 17—18 日，实地调研武都、成县跨境电商业务并座谈交流。

3. 8 月 19 日，乘飞机到喀什。

(二)第六届"一带一路"跨境电商国际论坛(喀什)

时间：8 月 20—21 日

地点：喀什地区

日程：

1. 8 月 20 日全天　喀什跨境电商及特色产业走访调研。

2. 8 月 21 日全天　举办 2023 第六届"一带一路"跨境电商国际论坛。

主持人：华中农业大学教授，周德翼

第一阶段：领导致辞(10:00—10:30)

1. 吴晓斌，喀什地区行署副专员致辞(约 10 分钟)。

2. 青平，华中农业大学代表致辞(约 10 分钟)。

3. 阿道乌拉·沙，喀喇昆仑国际大致辞(约 10 分钟)。

第二阶段：区域政策与机遇(10:30—13:30)

4. 喀什商务局姜海涛，介绍跨境电商发展举措和政策扶持情况(约 20 分钟)。

5. 陇南市电商局王小元，介绍陇南产业情况及跨境电商发展计划(约 20 分钟)。

6. 徐雪娇，世界银行中亚电子商务项目以及中国电商在中亚的机会(约 20 分钟)。

(中途休息 10 分)。

7. 法基尔·穆罕默德博士，"一带一路"倡议对边界贸易的影响：吉尔吉特案例研究(20 分钟)(20 分钟)。

8. 胡萌萌，淘宝教育国际产教融合的思考与探索(20 分钟线上分享)。

9. 张晓丽，进口跨境电商零关税经验分享(10 分钟)。

10. 周德翼,2023 年华中农业大学大学生海外实习项目介绍(20 分钟)。

第三阶段:签订备忘录(13:40—13:50)

华中农业大学与 kiu 的合作谅解备忘录的签署。

第四阶段:活动授牌(13:40—14:00)

华中农业大学经济管理学院电子商务研究所所长何德华为新疆天果园农村发展有限公司授牌实习基地。

华中农业大学经济管理学院王浙琴副教授为阿布都外力·吐尔逊颁发校外教学实习导师聘书。

午休。

第五阶段:企业跨境电商创新实践茶会(16:00—19:00)

主持人:赵炎强

1. 余海阔,苏丹—陇南电商公司与 Di-HUB 之间的培训合作分享。

2. 阿布杜外力,现代农业和智慧农业创业分享。

3. 陈志林,斯里兰卡实践分享。

4. 徐涛,农产品电商品牌和包装营销分享。

5. 王茂丽,海峡两岸高校学生创业实践案例分享。

6. 李根,我的跨境贸易的故事及启示(10 分钟)。

7. 喀什和吉尔吉特跨境电商企业对话。

(三)第六届"一带一路"跨境电商国际论坛(吉尔吉特调研)

8 月 22 日,喀什出发到吉尔吉特。

8 月 23 日全天,田野调查:喀喇昆仑国际大学、相关企业参观。

8 月 24 日 9:00—10:00,吉尔吉特淘宝村可能性探讨与合作模式研讨会,主持人:伊夫蒂哈尔。

8 月 24 日 11:00—12:00,华中农业大学与喀喇昆仑国际大学关于淘宝中文教学的培训合作意向书,主持人:梅福兹。

8 月 25 日返程。

后　记

　　笔者与生鲜电商结缘皆因参与华中农业大学周德翼教授的社会实践。笔者从2015年年初开始，投身于农产品质量安全与供应链管理领域的实践，积极参加一家小型生态种养型农场(约350亩)的建设，并通过微信(QQ)在项目申请人所在的社会网络(社区)中销售当地安全优质农产品，目前，已建立稳定的供应链(食品短链)，形成了安全健康的良好声誉和稳定的消费群体。实践中，笔者既是销售者(社区团购团长)又是消费者，同时也是研究者，并参与了部分生产活动，这些促使笔者开始关注并研究生鲜(农产品)电商相关问题。近年来笔者也先后主持完成农产品(生鲜)电商相关课题，例如：2017.9—2021.8，教育部人文社科项目"基于社会化商务中信誉机制的农产品质量安全治理研究"；2021.7—2022.3，2021阿里活水计划开放研究项目"社区团购供应链效率分析及其优化"；2022.6—2023.1，2022阿里活水计划开放研究项目"我国互联网内容电商成长路径与趋势研判"。同时，笔者多次参加农产品电商相关会议，例如：2019年11月的"第三届淘宝村转型与发展论坛"，第一至第六届"一带一路"跨境电商国际论坛等。

　　在完成书稿之际，首先要感谢我的恩师周德翼教授对我多年来持续的关心与指导。周老师做学问求真，做调研求实，组织活动亲力亲为，待人宽厚包容，这些使学生终身受益。同时，笔者还要特别感谢湖北省高校人文社会科学重点研究基地武汉轻工大学食品安全研究中心和武汉轻工大学管理学院的大力支持与资助。

　　感谢武汉轻工大学的雷银生教授、李建芬教授、杨孝伟教授、张葵教授、顾桥教授、陈季旺教授、程四清教授、杜江教授、龙子午教授、吴素春博士、邓义博士、狄强博士、赵伟博士、李晓涛博士、刘念博士，以及硕士研究生杨赛迪、李林栋、赵佳豪、周琪、贺壹、陈凯瑞、杨子奇、孙卓熙、郑琳、张仁义、刘晶晶和别晓薇等；感谢华中农业大学的夏春萍教授、熊航教授、何德华博士、博士研究生李腾和梁皖琪。感谢他们给予的支持和帮助。

感谢潜江市科技局尹征局长、徐慧副局长、刘传洪副局长、陈刚副局长、查忠忠科长、陈平主任、李岩科长、袁杰科长、袁漫科长，潜江市商务局雷仙枣副局长、潜江市熊口镇樊文伟副镇长，湖北满园果生态农业有限公司章龙董事长，感谢他们在我挂职期间给予的工作、生活和研究方面的帮助。

感谢阿里研究院的岳鸿飞、魏李萍、柴爱新，阿里巴巴产业电商、社区电商、湖北公共事务部总监刘涛，感谢他们为我提供的研究和调查方面的支持。

感谢甘肃省陇南市电子商务发展局局长王小元、科长赵炎强，新疆喀什地区行署副专员吴晓斌、喀什地区跨境电商协会会长梁超等，感谢他们为"2023 第六届'一带一路'跨境电商国际论坛"的成功举办提供大力支持。

感谢武汉大学出版社夏敏玲主任、沈继侠编辑等相关工作人员，正是她们的辛勤工作使得本书能够顺利出版。此外，我还要感谢我的家人，特别是我的妻子邓芳和女儿汪昱宁。本书的最终完成，饱含着她们的无私奉献和默默支持和鼓励。

总而言之，我真心地感谢所有给予关心、支持和帮助的良师益友；真心希望我国农产品电子商务产业能够抓住数字经济带来的机遇，持续健康发展，促进一二三产业融合，助推乡村振兴。

汪普庆

2024 年 1 月于武汉南湖花园沁康园